ZEITGEIST PARADOX

*Das Gleichgewicht unserer
Zeit besser verstehen lernen.*

66 Editorials aus dem

Lebens|t|räume Magazin von
WOLFGANG MAIWORM

*Mit Illustrationen von
STEFAN WIEGANDT*

*Herausgegeben von der
MAM Verlagsdienstleistungen GbR*

Inhaltsverzeichnis

1. Die Basis Ihrer Entwicklung — 11
2. Zynisches Gesundheitssystem — 16
3. „Geiz ist geil" — 20
4. Höhere Ordnung — 24
5. Sinnvolle Zukunftsgestaltung — 27
6. Formen des Sterbens — 31
7. Willkommen auf dem Jahrmarkt — 35
8. Freiheit im Geiste — 39
9. Missratene Verhältnisse — 43
10. Im Anfang liegt das Ende — 48
11. Schwachsinn Pisa-Studie — 52
12. Das kleinere Übel? — 57
13. „Hüter der Schwelle" — 62
14. Liebe und Hass — 65
15. Lesen und genesen — 70
16. Bestechung und Bestechlichkeit — 75
17. Evangelische Kirche — 79
18. Mut zum Chaos — 83
19. Frauenpower — 86
20. Wunschlos glücklich sein — 90
21. Doping — 93
22. Spiri-Wissens-Verschnitt — 97
23. „Mariposa" - mehr als ein Traum — 100
24. 9.11. und 11.9. — 103
25. Weihnachten - Fest des Lichts — 106
26. Schule — 111
27. Manfred-Kyber-Gedächtnis — 115
28. Astrologie — 118
29. Werte - und das Impfen — 122
30. Wettbewerb — 127
31. Vertrag von Lissabon — 131
32. Sterbebegleitung — 135

33.	Finanzkrise	138
34.	Vertrauen	142
35.	Hingabe des Höchsten an das Gemeine	146
36.	Management	150
37.	Arbeiten, um zu leben	155
38.	Wege aus der Politikverdrossenheit	159
39.	Alles für meine Tiere	175
40.	Mekka der Esoteriker	181
41.	Ernährende Lichtarbeit	188
42.	Schenke mit Herz, doch was es auch sei…	193
43.	Individualität - gefördert für Kinder…	199
44.	Kern und Schale	207
45.	„Links" und wach sein	211
46.	Würde	215
47.	Erziehung	220
48.	Leben und Sterben	224
49.	Schicksalsgesetze	228
50.	Weihnachtswunsch: EROS	232
51.	Was wir bekämpfen, stärken wir	236
52.	Wehret den Anfängen…	240
53.	Schickt die Philosophen in die Wüste!	247
54.	Lehren und Lernen	253
55.	Lächeln mit 65	258
56.	Liebesbekenntnis	262
57.	Kinder, Schule, Elternhaus	266
58.	Astrologie - „Teufelszeug"	271
59.	Crash	275
60.	Kirchen, Orden, Glaubensgemeinschaften	279
61.	Individualität und soziale Gemeinschaft	283
62.	Gen-Forschung	287
63.	Wahre Liebe	291
64.	In jedem Ende liegt ein neuer Anfang…	296
65.	Atomenergie	300
66.	Dein Leben - ein aufgeschlagenes Buch…	303

Mit 66 fängt das Leben an - so heißt es in einem Lied von Udo Jürgens. Dies stimmt für mich insofern, als ich tatsächlich mit 66 aufgefordert bin, mein Leben ganz neu zu gestalten. Und das ist gut so, denn es ist für mich wichtig, das Leben als Abenteuer zu begreifen und stets neue Herausforderungen zu haben. Dazu gehört die Bereitschaft, Abschied von dem zu nehmen, was seine Zeit gehabt hat, und dann immer wieder von vorne anzufangen. Was dabei nicht ausbleibt, ist, Lebenserfahrung zu sammeln - und rückblickend feststellen zu dürfen: Es war alles gut, auch dann, wenn ich es in der Situation selbst nicht gleich erkannt habe.

Seit 50 Jahren bin ich im Verlagswesen tätig. Seit fast 42 Jahren bin ich selbständig. In all dieser Zeit gab ich stets irgendein Druckerzeugnis heraus: Anzeigenblätter, Zeitschriften, Magazine und - nicht zu vergessen - viele, viele persönliche Briefe. Diese waren mir immer am wichtigsten. Deshalb habe ich es auch bis heute beibehalten, sie handschriftlich zu schreiben.

Auch die in diesem Buch wiedergegebenen 66 Editorials, die in den letzten Jahren im Magazin für Gesundheit und Bewusstsein „Lebens(t)räume" erschienen sind, habe ich zunächst handschriftlich verfasst, ehe sie gedruckt wurden. Sie sind in Form und Inhalt etwas ganz Persönliches.

Dies habe ich mit vielen Freunden, Bekannten, Leserinnen und Lesern geteilt, weil ich davon überzeugt bin, dass es wichtig ist, sich zuzumuten, sich einzumischen, sich zu offenbaren, sich vielfältige Spiegel zu holen - und damit alle Licht- und Schattenseiten aufzudecken.

Das war oft nicht leicht, aber es war hilfreich - und mich erfüllte mehr und mehr Freude, Zufriedenheit und Dankbarkeit.
Wesentlichen Beitrag hatten jene, die mir besonders nah gekommen sind: meine leiblichen Kinder Jens, Larissa und Julika, meine Zieh-Kinder Eleonore, Robert, Anja, Wassily, Reinhard und Ralph, meine Partnerinnen auf Zeit Waltraud, Sukhi und Uschi, meine Geschwister Manfred und Helga, meine Partner auf Zeit Horst und Dieter und einige Freunde aus allen Bereichen

des religiösen, kulturellen, wirtschaftlichen, politischen und wissenschaftlichen Lebens.

Entsprechend der Erkenntnisse, wie ich sie JETZT habe, weiß ich, dass ich insbesondere Claudia verdanke, dass ich mein Leben „in wachsenden Ringen" sinnvoll und voller Liebe annehmen und gestalten kann. Die nächsten dreißig Jahre möchte ich mit ihr verbringen - voller Begeisterung und Tatendrang, aus der Zweiheit EINheit zu schaffen.

Es wird köstlich sein. - Mehr davon im nächsten Buch.

Herzlich(st), Wolfgang Maiworm

ᑕᗳ

1
Die Basis Ihrer Entwicklung

Meine Anregung und Aufforderung an Sie ist eindeutig: Lassen Sie uns eine Gemeinschaft der engagierten, selbstverantwortlichen Individualisten sein, die jeweils ihre Stärken mutig in ihrem jeweiligen persönlichen Umfeld einbringen und der Jammerkultur der verwöhnten Nimmersatten, die direkt oder indirekt ständig nach staatlicher, kirchlicher, gewerkschaftlicher Hilfe verlangen, eine entschiedene Alternative anbieten:

Wir dienen dem Wohl des Ganzen, indem wir uns nicht mehr einlullen lassen von den unsere Einzigartigkeit unterminierenden Gleichmachern in den lobbyistisch unterwanderten, gesellschaftlichen Organisationen. Uns ist es ein Herzensanliegen, selbständig kreativ die Strukturen in Familien, Schule, Gemeinde, Kirche, Kreis und Land den Anforderungen des Zeitgeistes, der Ausdruck nicht angepasster Entwicklungsbereit-schaft ist, bewusst zu verändern, permanent zu pflegen, vertrauensvoll mit Neuem, Unbekanntem zu konfrontieren, um es schließlich zu integrieren.

„Lebens(t)räume" sind immer individuell, und immer gelten sie als erfüllt, wenn ich das, was ich für mich als das Beste gefordert und gefördert habe, mit anderen teilen kann.

So ist das Ergebnis der oft mit Egoismus verwechselten Selbstverwirklichung auf das hinauslaufend, was gesellschaftlicher Dirigismus glaubt, erzwingen zu müssen: eine soziale Gemeinschaft.

Wenn in einem Samen begründet ist, dass ich ein Apfelbaum werden soll, fördere ich selbstverständlich zunächst in allen Entwicklungsstufen, der schönste, beste, trächtigste Apfelbaum zu werden, hole mir das, was ich dazu von Erde und Himmel brauche - auch wenn ich im Extrem in meiner individuellen Kraftentfaltung meinem Nachbarn den Krieg erkläre und ihm das Wasser wegnehme. Später, wenn ich ausgewachsen bin, wenn ich einzigartiges Zeugnis von meiner Reife geben kann, schenke ich mein Bestes der Gemeinschaft: z. B. Früchte, Blätter, Holz, Sauerstoff, Dung und Schatten direkt, Wohlbefinden, Schutz, Geborgenheit und vieles anderes indirekt.

Je weniger mir das bewusst ist, je verführbarer bin ich, meine Individualität vermeintlich übergeordneten Interessen zu opfern.

Denken Sie mit! - Wenn in Ihrem Samen begründet ist, ein Mensch zu sein, unterscheiden Sie sich im gewählten Beispiel zum

Apfelbaum nur dadurch, dass Sie sich auf ein Oben und Unten, auf Erde und Himmel, auf Vergangenheit und Zukunft beziehen können, reflektieren können bzw. Religio verinnerlichen können, aber ansonsten sind Sie ein natürliches Wesen und als solches an Zeit und Raum, an Entwicklungsstadien wie ein Apfelbaum gebunden.

Zum Wohle des Ganzen sind Sie dann tätig, wenn Sie z. B. Ihre Früchte hervorbringen, sie so groß wie möglich machen, d.h. sie bildhaft in die äußerste Schale werfen - und sie dann loslassen, sie verschenken, damit andere sich daraus nähren, sich sättigen, Ihr Bestes mit Schale, Stiel und Kern essen, sich einverleiben, um daran zu gesunden, indem sie das für sie Brauchbare verwerten und das nicht Brauchbare wieder ausscheiden, und somit einen neuen Kreislauf für Entwicklung ermöglichen, denn das Ausgeschiedene ist der Dung für neues Wachstum.

Wie bewusstlos muss man sein, wie bewusstlos sind Sie, wenn Sie davon ausgehen, dass Sie mehr brauchten als das Bewusstsein eines Apfelbaumes, um reife Früchte, reife Kinder, hervorbringen zu können? Die göttliche Natur schafft hier die Auslese!

Wenn Sie mehr wollen, wenn Sie die Lebensbedingungen unter Einsatz Ihrer vorher genannten, menschlichen Fähigkeiten in der Weise verbessern wollen, dass entsprechend Ihrer aus dem Samen mitgebrachten Besonderheiten die Voraussetzungen für Wachstum und Reifung optimiert werden, müssen Sie künstlich und künstlerisch gestalten, Bewusstsein in die einzelnen Entwicklungsstadien stecken und der Natur nachhelfen, d.h. sie kreativ nutzen, ohne sie auszubeuten bzw. „den Tag vor dem Abend zu loben" und etwas vorzeitig verlangen.

So können Sie nicht selbstbewusst den richtigen Partner auswählen, so lange Sie nicht analysiert haben, was Sie aus Ihrer Herkunft mitbringen. Ihre Eigenanalyse fehlt. Wenn Sie ihn dennoch finden, ist es ein göttlicher Gnadenakt, kein Verdienst Ihrer eigenverantwortlichen Selbstoffenbarung.

Sie können keine dauerhaft glückliche, auf Freiwilligkeit begründete Verbindung mit anderen haben, so lange Sie nicht zu Ihren aus dem Samen mitgebrachten Bedingungen stehen, d.h. Vater und Mutter, die Ahnen, den Geburtsort und Ihre irdische Geschichte nicht leugnen, sondern sie als Basis für Ihre Entwicklung nehmen, im Bestreben, über sie hinauszuwachsen und noch edlere Früchte durch noch nachhaltigere Nutzung von Erde und Himmel hervorzubringen.

Wie aber soll eine solche Entwicklung gefördert sein, wenn Sie nicht diese Arbeit jeweils für sich machen, Ihrer ganz persönlichen Geschichte nachgehen, sondern eine Kirche oder ein Staat Ihnen vorgeben, zu wissen, was Ihnen gut tut. Das kann – positiv ausgedrückt – nur ein statistischer Mittelwert sein, der da aus einer mehr oder weniger großen Gruppe als Gleichmaß herausgefiltert und angeboten bzw. suggeriert oder gar zwanghaft eingebläut wird.

Dann führt keiner von uns mehr einen natürlichen Krieg für sich (so wie der Apfelbaum), sondern entsprechend des statistisch nummerierten Gleichmaßes werden wir im Gleichschritt in die Kriege der anderen geführt. Wir werden verpflichtet, entsprechend unserer eingegangenen Bündnisse Verantwortung zu übernehmen. So genannte Rahmenbedingungen müssen eingehalten werden. Und wenn dieser Rahmen Deutschland heißt, zu dem ich mich gemäß meiner Herkunft bekenne, wird mir wie einem unmündigen Kind der nächste Entwicklungsschritt versagt, über die Rahmenbedingungen von Familie bzw. Staat hinauszuwachsen, mir die Freiheit zu nehmen, zu erkunden, wie ich andere integrieren kann, sie als Andersartige oder gar als Gegenteil lieben lerne. Nein, ich soll Krieg führen im Sinne eines überzuordnenden Gemeinschaftsinteresses. Unsere Grenzen sollen bewahrt und gesichert, unser Wohlstand, basierend auf individuellem Werteverfall, verteidigt werden.

Das heißt, ich lasse mich nicht wie der reife Apfel von anderen nutzen, mich einverleiben. Ich suche mir aus, wem ich mich hingebe, wem ich als Nahrung diene. Was habe ich da missverstanden im Rahmen der christlichen Geschichte, die da vorgibt: „Liebe Deinen Nächsten wie Dich selbst!" -„Du sollst auch Deine Feinde lieben!" -„Herr, nicht mein, sondern Dein Wille geschehe." Allerdings:

Vielleicht ist ja gerade „die Stunde der Häscher" gekommen – und es ist Zeit für den Kreuzgang, den Schutz, materielle Unversehrtheit und individuelle Besonderheit aufzugeben, um sich dem Nichtverstehen zu überlassen, Widerstand aufzugeben und bewusst zu sterben, um, nachdem dies vollbracht ist, die Auferstehung eines Geistes in dieser, unserer Gemeinschaft zu erleben, der einen neuen Menschen hervorbringt: jenen, der sich seiner Göttlichkeit bewusst ist und alle Projektionen aufzugeben bereit ist, wer oder was in Notzeiten helfen müsste. Es käme dem Verlust der Vorstellung gleich, was gut oder böse sei. Es würde uns den Himmel auf Erden bringen - eine Weite, in der der Einzelne in seinem Bewusstsein dem Ganzen gleicht; eine Weite, in der der Ozean im Tropfen aufgeht....

◯₹

2
Zynisches Gesundheitssystem

„**G**esundheit ist nicht das höchste Gut. - Die Gesellschaft muss vom Gesundheitswahn therapiert werden". So lautete die Titelzeile eines Artikels in der „Welt am Sonntag", in dem der Wunsch nach dem „ewigen Leben" als Wahnidee identifiziert wird, die das gesamte Gesundheitswesen ruiniere. Recht hat er, der Autor Dr. Manfred Lütz, Chefarzt eines psychiatrischen Krankenhauses in Köln. - Was aber ist das höchste Gut? Woraus resultiert der Wunsch nach „ewigem (physischem) Leben"? Wie kann dem Ruin des Gesundheitswesens entgegen gesteuert werden?

Meine Antwort: Das höchste Gut ist das Leben. - Leben ist ewig. - Das System des derzeitigen „Gesundheitswesens" muss ruiniert werden. -

Mensch sein, das heißt, aus dem Paradies vertrieben zu sein, und somit abgesondert, unvollkommen, krank zu sein. Im Laufe des irdischen Menschenlebens wird dann symptomatisch aufgedeckt, was verloren gegangen ist von der Ganzheit, von der Gesundheit, vom paradiesischen (ewigen) Zustand. Durch Therapie wird versucht, das Verlorengegangene wieder zu finden. Jedem hilft eine andere Therapie, die eine handfest, grob, vordergründig, die andere rein energetisch, fein, hintergründig-geheimnisvoll. Aber für jeden ist ein Heilmittel vorgesehen - und nur das Studium des Individuums birgt die Möglichkeit in sich, das passende Heilmittel (das dem einzigartigen Individuum Verlorengegangene) zu finden.

Und dennoch: Jeder, auch der Erleuchtete, wird sterben - wird seinen Körper auch dann zurücklassen, wenn das rechte Heilmittel gefunden wurde, denn das „rechte Heilmittel" zu finden, bedeutet allein, bewusst gemacht zu haben, dass der Geist im Tempel des Körpers aufzugehen hat und dass der Körper nur die Heimstatt, der Raum auf Zeit ist, in dem der universelle Geist einen spezifischen, individuellen Ausdruck finden soll, um dann hingegeben zu werden an das Ewige - und dieses Ewige ist der Geist, der nicht stirbt, lebendig ist und bleibt über alle Zeiten und Räume hinweg. Unser Gesundheitssystem gaukelt uns aber vor, wir könnten durch äußere „Hilfe", wie z.B. Apparate und Pillen allein heil werden. Andere, die erkannt haben, dass jede Krankheit einen geistigen Hintergrund hat und deshalb eine ganzheitliche Behandlung fordern, beziehen auf diese Weise den Seelen-Aspekt des Individuums mit ein, d.h. sie wissen, dass die Seele vermitteln muss zwischen Körper und Geist, aber auch zwischen Patient und Arzt. Denn die Seele, die individuelle Form des Geistigen, muss die Arbeit vollbringen, das Manifestierte (die Krankheit) zu lösen (bewusst zu machen) bzw. aufzulösen, d.h. zu vergeistigen. Wenn die so Tätigen allerdings davon ausgehen, sie wären die berufenen Heiler, die wüssten, worum es geht, werden sie von permanenten Enttäuschungen auch nicht verschont bleiben, denn so wie jeder Patient einzigartig und neu ist, ist immer wieder neu, ob das vermeintliche Heilmittel, das bei X so wunderbar wirkt, auch bei Y den gewünschten Effekt bringt. Auch diese ganzheitlich Tätigen gaukeln sich und anderen also vielfach vor, sie seien die wahren Erneuerer unseres Gesundheitssystems. Sie haben im übertragenen Sinne wie in der Mathematik den richtigen Ansatz gefunden, aber dennoch nicht die richtige Lösung vorzuweisen, da die sich nämlich nur ergeben kann, wenn das Wissen um die individuelle Form (Körper und Seele) einhergeht mit dem Wissen, dass es immer, ohne Ausnahme, nur ein Versuch ist, mit dem vermeintlichen Heilmittel den „Stein der Weisen" gefunden zu haben, der dem Patienten ein Stück vom Paradies zurückgibt und ihn heiler macht. Es ist einer übergeordneten Kraft, die das Ganze im Überblick hat, überlassen, festzustellen, ob sie mit dem Angebotenen einverstanden ist. Deshalb sagt der reife Mensch im dienenden Aspekt wie die Jungfrau Maria im Gleichnis: Herr, Dein Wille geschehe. -

Ein Gesundheitssystem, das unterschiedliche Angebote nach äußeren Kriterien von Macht und Geld bereit hält und gleichzeitig Gesundheit als das höchste Gut anpreist, ist zynisch.

Ein Gesundheitssystem, das Patienten an bestimmte Ärzte oder Kassen binden will, ist dumm. Ein Gesundheitssystem, das die „Gesundheitsvorsorge" zum Wettbewerbsfaktor für die Kassen macht und auch noch vorgibt, wie die „Vorsorge" auszusehen hat, wenn sie anerkannt werden soll, ist in ihrem Unverständnis, was Gesundheit wirklich ist, betrügerisch und bösartig.

Ein Gesundheitssystem, das so tut, als gäbe es eine qualifiziertere Hilfe, wenn Untersuchungen in einer Hand (ggf. beim Hausarzt) blieben, verweigert die not-wendige Suche nach dem für das Individuum richtigen Therapeuten.

Ich kann nur ein Gesundheitssystem anerkennen:

- jenes, das unverblümt darauf verweist, dass jeder für sich selbst verantwortlich ist
- jenes, das staatliche Zuwendung jeglicher Art verweigert, wenn im freien Wettbewerb von Kassen, Krankenhäusern, Ärzten, Heilpraktikern, Heilern aller Art, zwangsläufig Ungleichgewichte entstehen
- jenes, das Aufklärung dahingehend betreibt, welchen ganzheitlichen Blickwinkel jedes Krankheitsbild vermitteln will und welche Angebote (ggf. Maschinen, Apparate, Schwingungstherapien, Arzneien usw. als mögliche Hilfsmittel) dafür im Markt zu finden sind
- jenes, das ein Gemeinwesen will, in dem jeder ein gleiches Recht auf die optimale Suche nach der Ursache und nachfolgend der Behandlung seiner individuellen Krankheit hat
- jenes, das in seiner Ausgabenpolitik berücksichtigt, dass der Einzelne selbstverantwortlich für die Kosten seiner Heilbehandlung aufkommt und nur dann aus einem gemeinnützigen Fond unterstützt wird, wenn nach Kriterien der Nächstenliebe (und nicht nach Kriterien der Höhe der Versicherung) Hilfe angesagt ist.

Sie sehen, das stellt das jetzige System auf den Kopf. - Dennoch: Alles andere sind lieb gewordene Schönheitsoperationen, d.h. äußeres Täuschen (bewusst oder unbewusst) der tatsächlich zu erkennenden Zeichen der Unvollkommenheit, wenn die Not wirklich gewendet werden soll.

CR

3
„GEIZ IST GEIL"

„**G**eiz ist geil" (dieser Slogan wurde der „Saturn"-Werbung entliehen). Der Titel klingt aufreizend - und das ist gut so, denn es wird höchste Zeit, dass nach der Bankrott-Erklärung unseres derzeitigen Finanzministers die wahren Ursachen unserer wirtschaftlichen Misere aufgedeckt werden. Die Hintergründe sind nämlich darin zu sehen, dass immer größere Teile der Wertschöpfung der Volkswirtschaften vieler Länder für die Bedienung von Schulden verwendet werden müssen - und parallel dazu gibt es immer weniger Leute, die das, was die Vermögenden an Neuanlagen mit ihren Zinsgewinnen schaffen, finanzieren wollen bzw. können: sie nehmen keine Kredite mehr in Anspruch. Warum sollten aber Geldbesitzer investieren, wenn sie ihr Geld nicht mehr rentabel anlegen können? Ist es nicht sonnenklar, dass jede Sparmaßnahme da erst recht nur in eine Wirtschaftskrise führen kann? - Unser System funktioniert nur, wenn entsprechend des überschüssigen Kapitals auch Schulden gemacht, d.h. Kredite aufgenommen werden.

Bei dem mittlerweile entstandenen Ungleichgewicht von Kapital und Schulden kann aber niemandem mehr geraten werden, neue Schulden zu machen, im Gegenteil, jeder sollte so schnell wie möglich seine Schulden abbauen, denn die in die Krise geratenen Banken werden zusätzliche Sicherheiten für die bis jetzt ausgegebenen Kredite verlangen und jetzige Mini-Preise in den Supermärkten werden zu Maxi-Preisen, wenn das Einkommen geringer wird, wenn die Entlassung für die Not leidenden Betriebe notwendig wird, wenn Steuererhöhungen unumgänglich geworden sind. Pleiten, von denen Sie betroffen sein könnten, werden unvermeidlich.

Ist es angesichts dieser für jeden nachvollziehbaren Logik nicht eine Schande, wie sehr wir für dumm verkauft werden, wie wir verlockt werden, weiter an dieses marode System zu glauben, verführt werden, Gold zu kaufen, Kredite wegen vorübergehend niedriger Zinsen aufzunehmen, Versicherungen abzuschließen, obwohl denen gleichfalls das Wasser bis zum Hals steht und ein Zusammenbruch wahrscheinlich nur noch eine Frage der Zeit ist?

„ALLE MACHT GEHT VOM VOLKE AUS" heißt es im Artikel 21 des Grundgesetzes. Darauf sollten wir uns besinnen, wenn wir die in die Katastrophe führende Vormundschaft des Staates überwinden wollen. Der einzelne mündige Bürger möge wachsam sein, logisch die Zeichen der Zeit werten, dann den anderen mündigen Bürger in seiner unmittelbaren Umgebung suchen und mit ihm beginnen, einen Kreis von engagierten, selbstverantwortlichen Bürgern zu aktivieren, um sich in die bestehende Politik, die feige und unaufrichtig ist, einzumischen.

Damit hört dann auch das unqualifizierte Jammern auf, mit dem wir verloren gegangene Besitzstände beklagen. - Nun könnte mancher darauf kommen, dass die oben ausgesprochenen Warnungen und pessimistischen Einschätzungen der weiteren Entwicklung im bestehenden System aus der gleichen „Jammerkultur" kämen. Nein, wir lassen uns von der Weisheit der Dakota-Indianer leiten, die besagt: „Wenn Du entdeckst, dass Du ein totes Pferd reitest, steig ab."

Doch wir versuchen es immer wieder mit anderen Strategien, nach denen wir in einer solchen Situation handeln:
1. Wir besorgen uns eine stärkere Peitsche, 2. Wir wechseln den Reiter, 3. Wir sagen: „So haben wir das Pferd doch immer geritten", 4. Wir gründen einen Arbeitskreis, um das Pferd zu analysieren, 5. Wir besuchen andere Orte, um zu sehen, wie man dort tote Pferde reitet, 6. Wir erhöhen die Qualitätsstandards für den Beritt toter Pferde, 7. Wir bilden eine Task-Force, um das tote Pferd wieder zu beleben, 8. Wir stellen die Vergleiche unterschiedlich toter Pferde an, 9. Wir ändern die Kriterien, die besagen, dass ein Pferd tot ist", 10. Wir kaufen Leute von außerhalb ein, um das tote Pferd zu reiten", 11. Wir schirren mehrere tote Pferde an, damit sie schneller werden, 12. Wir erklären: „Kein Pferd kann so tot sein, dass man es nicht noch schlagen könnte", 13. Wir machen zusätzliche Mittel locker, um die Leistung des Pferdes zu erhöhen, 14. Wir machen eine Studie, um zu sehen, ob es billigere Berater gibt, 15. Wir kaufen etwas dazu, das tote Pferde schneller laufen lässt, 16. Wir erklären, dass unser Pferd „besser, schneller und billiger" tot ist, 17. Wir bilden einen Qualitätszirkel, um eine Verwendung für tote Pferde zu finden, 18. Wir überarbeiten die Leistungsbedingungen für Pferde, 19. Wir richten eine unabhängige Kostenstelle für tote Pferde ein, 20. Wir schicken die toten Pferde in ein anderes Krisengebiet....

Wenn in Politik und Wirtschaft wieder mutige und glaubwürdige, nicht von den Interessenverbänden abhängige, weitblickende, nach ethischen Gesichtspunkten handelnde Personen das Sagen haben, sollten die angeregten Bürgerinitiativen und außerparlamentarischen Initiativen wieder sinnvoller Weise in ein staatliches System integriert werden, doch zur Zeit kann es nur um den Aufruf zum Ungehorsam gegenüber den handlungsunfähigen, mutlosen, allein dem Wehklagen der Machtvollen und Besitzenden ihr Ohr schenkenden, Führungsverantwortung missachtenden, die „toten Pferde" reitenden Systemverwaltern gehen.

4
Höhere Ordnung

Einer, der sagt, er meine es gut mit mir, schrieb mir eine Mail. Darin unterstellt er mir Klugheit und Bescheid zu wissen über die Dinge in der Welt, und er könne sich auch meinen Ausführungen anschließen, aber dann sagt er:

„Doch, lieber Wolfgang, auf einer anderen Ebene ist nichts falsch, was auf der Welt passiert, denn es ist auch nicht richtig. Es ist einfach. Der Weise versetzt keine Berge, er lässt sie dort, wo sie sind. Sein scharfes Bewusstsein erkennt, dass seine Wirklichkeit eben nur seine ist und dass in der absoluten Wirklichkeit nichts geschieht.

Aber in diesem großen Spiel suchen wir uns eben das aus, was zu uns passt, mehr nicht." - Was soll ich davon halten? -

„Der Weise neigt bescheiden den Kopf, wo der Kluge ihn hebt", heißt das auch von mir öfter zitierte Sprichwort. Ja - und auch meine Vorstellung von Einheit und „absoluter Wirklichkeit" deckt sich mit den Ausführungen dieses Freundes. Nichts ist alles, alles ist Nichts. Aber wir sind in der Welt, haben hier unsere Aufgaben, hier wird das Spiel des Lebens gespielt - und dazu gehört es, das Pro und Contra aufzudecken, zu unterscheiden, zu analysieren. Die Weisheit unterscheidet sich hierbei von der Klugheit, dass es geschieht, ohne sich über den anderen zu erheben. Ansichten und Standpunkte werden nebeneinander zur Wirkung gebracht, dürfen sich je nach Reife des Gegenübers wie in einem Puzzle-Spiel zusammensetzen lassen - und manchmal fügen sich dann die Teile zu etwas Größerem, Übergeordnetem, vielleicht sogar zu einem Ganzen. Dann triumphiert für den Weisen der Logos, für den Klugen die Logik. - Für meinen Freund „passen" die „Lebens(t) räume" nicht mehr in sein Weltbild. Ist er ein Zen-Meister, der, selbst ein Berg, feststellt: „Ein Berg bewegt sich nicht"? Ist er so zentriert, dass er von den Bewegungen der Welt unberührt und unbeeindruckt bleibt? - Ja, dann, viel Freude in diesem Bereich der Erleuchtung! Es gibt einen anderen: Einzutauchen in die Welt, sie närrisch umzutreiben, sie zu konfrontieren mit dem Widersinn, der Achtlosigkeit, der Schläfrigkeit und der Träumerei.

In meinem „scharfen Bewusstsein" erkenne ich, dass meine Wirklichkeit wirklich nur meine ist. Aber ich teile sie - genauso sinnhaft wie sinnlos - gerne mit Ihnen. Ich bin wie der Zen-Meister, der, um eine größere Schule (für mehr Bewusstsein) bauen zu können, zum Sammeln auf die Straße geht. Ich bin wie der Zen-Meister, der, um etwas zu verdeutlichen, die erhellenden Geschichten seiner Vorgänger erzählt. Ich bin wie der Zen-Meister, der Offenheit und Weite als höchsten Sinn der absoluten Wahrheit vermittelt und dem jede Art von Heiligkeit suspekt ist.

Haben auch Sie dazu (weltliche) Resonanz, wenn unser möglicher, nicht zufällig von unseren gewählten „Christen"- und „Liberal"-Politikern ausgesuchter neuer Bundespräsident Köhler ein „Zinsgeldprofi" genannt wird, der als Banker unseres kapitalistischen Systems Sozialabbau, Lohnkürzung, Verschlechterung der Arbeitsbedingungen, fortschreitende Entrechtung als Vorbedingung „zur schöpferischen Zerstörung sklerotischer Strukturen"(FAZ-Interview Febr.2003) begreife?

Wenn ja, nehmen Sie sich wichtig, ohne sich wichtig zu nehmen: Schauen Sie wach zu, ob dieser Bundespräsident wirklich die Interessen des Volkes vertritt oder nur die Interessen des Kapitals - und gehen Sie nicht davon aus, dass die sich für Sie subjektiv ergebende Erkenntnis der Nabel der Welt ist. Stellen Sie Ihre Erkenntnis neben die Erkenntnisse anderer. Dann beginnt nach einer höheren Ordnung das Spiel der freien Kräfte, bei dem es nicht mehr auf Zeit ankommt. Im rhythmisch sich vollziehenden Gesetz wird das Konglomerat aller M-EINungen zum Puzzlestein einer höheren Instanz.

Einen Beitrag möchte ich gerne im Zusammenhang noch dazu einbringen: „Alle Menschen, alle Völker, die sich dem Dogma ´Wachstum durch Lohnverzicht´ unterwerfen und sich dem ruinösen Wettbewerb der Standorte stellen, werden sich am Ende ihrer Bemühungen in der vollständigen Versklavung wiederfinden!"

Ist das im Sinne einer höheren Ordnung? Dann sind wir alle, ob wir wollen oder nicht, ausgesuchte „Global Player" für eine selbstversklavende „Globalisierung", deren Vertreter insbesondere auch unser möglicher, neuer Bundespräsident ist. Sind wir -jeder an seinem Platz- immer nur ERfüllungsgehilfen für das, was nach einem höheren Plan sein soll? Wer trägt für was Verantwortung?

Wäre es besser gewesen, zu schweigen, als das zu sagen, was hier zu lesen ist?

5
Sinnvolle Zukunftsgestaltung

Die Europa-Wahl ist vorbei. Das Ergebnis steht fest. Für jene, die parteipolitisches Denken pflegen, gibt es teils Grund zum Jubeln, teils tiefe Frustration. Das kann ich sagen, obwohl heute, zum Zeitpunkt des Verfassens dieses Editorials, erst der 3. Mai ist, denn es ist immer gleich: Erfolg drückt sich in diesem Zusammenhang immer in Prozenten und Parlamentssitzen aus.

Für mich gibt es nur Gewinner. Ganz gleichgültig, ob mein Wunsch in Erfüllung ging, dass die „Unabhängigen Kandidaten" mit dem von mir geförderten Kandidaten auf dem zweiten Listenplatz, Professor Declan Kennedy, ins Parlament gekommen sind oder nicht. Denn die Tatsache, dass die nationalstaatlichen Grenzen fallen und auf wirtschaftlichem und politischem Terrain weiter um Gemeinsamkeiten gerungen wird, werte ich als Zeichen inneren Wachstums, als Ergebnis geistiger Höhenflüge und spirituellen Bewusstseins.

Als ich bei der Frankfurter Societätsdruckerei, wo zur Zeit die „Lebens(t)räume" gedruckt werden, von 1962 bis 1964 meine verlagskaufmännische Lehre absolvierte, nahm ich parallel an Berufswettkämpfen teil und hatte als fleißiger und ehrgeiziger „Stift" das Glück, mehrfach zu den Siegern zu gehören. Belohnt wurde ich u.a. mit der Teilnahme an so genannten Europa-Symposien, während denen wir Visionen zu einem vereinten Europa entwickelten. Viele „Brainstormings" lieferten unendlich viele Vorschläge zu vermeintlich umsetzbaren Konzepten. Die größte Gefahr eines Scheiterns sahen wir damals in der Person von Charles de Gaulle, da wir ihm unüberwindbares nationalstaatliches Denken unterstellten. Vierzig Jahre sind mittlerweile vergangen. Viele scheinbar unüberwindbare Hürden wurden genommen. Doch die Vision erwies sich als stark genug, Widerstände zu meistern, Rückschläge zu verkraften und Parteiengezänk auszuhalten. Nach unzähligen Kriegen, nach dem offenen Ausleben der Gegensätzlichkeiten, offenbarte sich, dass aus Zwietracht Eintracht und aus Missklang mehr und mehr Harmonie entsteht. Endlich können die Menschen sehen, dass durch Widerspruch letztlich Einklang entsteht und dass sich das Ringen um einen Konsens lohnt. Ein solcher Prozess ist nie ganz abgeschlossen, immer wieder geht es um Feinheiten, um eine Verbesserung und ggf. Vervollkommnung.

Rückblickend ist jenen zu danken, die das Unmögliche möglich machten, die der Idee eine Seele einhauchten, Pläne machten und über Städte- und Gemeinde-Partnerschaften reale Brücken bauten. Das zwischenmenschliche Verstehen, das Akzeptieren des Anders-artigen, der Austausch der Einzigartigkeiten, das Erkennen der gemeinsamen Wurzeln, das Überwinden von Vorurteilen, die Bereitschaft zur Vereinigung der äußeren Gegensätze, das Abstreifen der konfessionellen Verpackungen zur Gottgläubigkeit - das sind JETZT die Prämissen zu einer sinnvollen Zukunftsgestaltung.

Alle Parteien aller fünfundzwanzig bis jetzt zu dem vereinten Europa zählenden Länder haben dazu den gleichen Beitrag zu leisten. Und sie werden ihn leisten, ob sie wollen oder nicht. Der Unterschied wird nur der sein, ob sie die Ein-Sicht haben, dass der Zug zur weiteren Ver-EIN-igung nicht mehr aufzuhalten ist und freiwillig das Getrenntsein aufgeben oder aber durch die Sachzwänge leidvoll dahin gedrückt werden müssen. Auf Zeit kommt es in diesem Prozess nicht an. Aus einem erhabenen Blickwinkel ist es auch klar, dass dafür noch viele Opfer gebracht werden müssen. Sie sind im wahrsten Sinne des Wortes notwendig. Doch das Ergebnis wird sein, dass zusammenkommt, was zusammen gehört.

Persönlich wünsche ich mir, dass die Ziele, die von den „Unabhängigen Kandidaten" für Europa formuliert wurden, von möglichst allen Parteien übernommen werden:
- Volksabstimmungen, Bürgerentscheide und direkte Demokratie sowie eine langfristig angelegte Politik - Bürgerinnen und Bürger können aktiv mitwirken und werden bei wichtigen Entscheidungen gefragt, z.B. bei der gemeinsamen europäischen Verfassung
- Ein friedliches, tolerantes Europa, in dem die Vielfalt der Kulturen und Religionen geachtet und gelebt wird
- Klare und nachvollziehbare Regelungen statt einer unüberschaubaren Menge an Gesetzen und Verordnungen
- Ein gerechtes Finanz- und Wirtschaftssystem für solide Unions- und Staatsfinanzen. Der Weg dorthin:
- Horizontale Vernetzung und Entscheidungen „vor Ort" statt undurchsichtige hierarchische Strukturen
- Eine schnelle Kommunikation zwischen Betroffenen durch Förderung und Nutzung moderner Informationstechnologien, z. B. des Internets

- Statt kräftezehrendem und kostspieligem Bürokratismus eine positive Würdigung von Eigenverantwortung und persönlichem Einsatz. - Packen wir´s an!

☙

6
Formen des Sterbens

Viele von Ihnen haben auf meinen Aufsatz zur „Spirituellen Sterbebegleitung" reagiert und gefragt, warum wir denn dieses wichtige Thema unter dem Oberbegriff „Senioren-Tipps" in „Lebens(t)räume" veröffentlicht hätten, wo doch Jung und Alt gleichermaßen Bewusstsein in dieses Thema lenken sollten. Um es kurz zu machen: Sie haben natürlich absolut recht. Am liebsten wäre es mir persönlich, wenn Sie alle zu einem Seminar mit Dr. Gabriel Looser oder Veetman Maßhöfer gingen, um zu erfahren, wie wichtig und hilfreich es ist, sich auf das Sterben vorzubereiten. Insbesondere die spirituelle Dimension habe ich dabei im Blickfeld, denn der dramatische Prozess der Herauslösung des Bewusstseins aus der Materie wird ins Bewusstsein gerückt. Wenn Sie sich einmal in Ihr eigenes Sterben „eingefühlt" haben, wenn Sie Ihre Gefühle und Ängste angesichts des Sterbens angeschaut, angenommen und vielleicht sogar überwunden haben, werden Sie frei, werden Sie zu einem Helfer, einer Helferin für andere. Sterben ist ein ganz zu sich selber kommen. - Wenn Sie dafür sensibilisiert sind, machen Sie eine Fachausbildung in Sterbebegleitung - zum Segen für Ihre Angehörigen, zum Segen für Ihre Mitmenschen.

Eine andere Form des Sterbens erleben wir derzeit in unserem Staat. Nicht nur, dass dem Kommerz ohnehin ethische Werte zum Opfer fallen und dem einseitigen naturwissenschaftlichen Denken musische Bildung geopfert wird, wird jetzt das Kind mit dem Bade ausgeschüttet, indem es die Bundesregierung offenbar zulassen will, dass nach einem Urteil des Europäischen Gerichtshofs für Menschenrechte künftig eine Berichterstattung über Personen des öffentlichen Lebens nur zulässig sein soll, soweit es um deren offizielle Funktion geht. Das ist der Tod der Pressefreiheit! Demokratische Grundwerte sterben Zug um Zug - und das mit Vorsatz. Nur weil es ein paar widerliche Paparazzis gibt, die die Grenzen des Anstands nicht wahren, machen die „Personen des öffentlichen Lebens" ein Gesetz für sich und versuchen uns einzureden, es sei gar nicht so schlimm und letztlich in keiner Weise in Zusammenhang mit einer befürchteten Zwangszensur zu bringen. Zuviel schlechte Erfahrungen habe ich persönlich mit den in unserer Demokratie Herrschenden gemacht, als dass ich in diesem Punkt vertrauen könnte. Sie wollen doch schon lange Mittel an die Hand bekommen, die ihnen die Möglichkeit geben, zu steuern, was über sie berichtet wird und was nicht. Sie sind vielfach der Vorteilsannahme, des Lügens und Betrügens überführt worden. Die Presse hat es in aller Regel aufgedeckt. Das ist offenbar lästig. - Wie sollte es in einer Demokratie zugehen? Dort wird durch das Volk für das Volk regiert. Wenn aber Gesetze der vorliegenden Art gegen das Volk gemacht werden, sollten wir uns alle diesem Staat verweigern und die so genannten Volksvertreter vom Volk abkoppeln und sie nicht mehr wählen. Natürlich wird das System damit nicht verbessert, denn diejenigen, die noch wählen, sind jene, die zu träge sind, sich um die Folgen einer gegebenen Parteidiktatur Gedanken zu machen, und jene, die es erfolgreich eingeimpft bekamen, sie hätten tatsächlich eine Chance, ihre Demokratie mitzugestalten. - Nein, es ist selbst unter dem Vorzeichen, dass viele Zeitungen und Zeitschriften, die sich „unabhängig" nennen und keineswegs unabhängig sind, eine Tatsache, dass die Basis einer wenigstens halbwegs funktionierenden politischen Freiheit die Pressefreiheit ist. Diese ist, da selbst die Gerichtshöfe vielfach parteipolitisch instrumentalisiert sind, noch die verlässlichste Größe in unserer Werte vernichtenden Gesellschaft. - Da bleibt zu hoffen, dass die Chefredakteure vieler Zeitungen und Zeitschriften mit Ihrem Appell an Gerhard Schröder, die Zensur zu stoppen, letztlich Erfolg haben. -

Erfolg wünsche ich auch der Tagung zum Thema „Astrologie und Psychosomatik", die im Johanniterhof stattfinden wird. Alle, die sich über das Biertisch-Niveau hinaus mit Astrologie beschäftigen, wissen, dass eine individuelle Behandlung, die wir uns in den verschiedenen Lebensbereichen wünschen, nur möglich ist, wenn die Zusammenhänge und Wechselwirkungen zwischen Körper, Seele und Geist erkannt sind. Aus meiner Sicht dürfte keiner sich Arzt, Heilpraktiker oder Priester nennen, der nicht ein Grundstudium zum senkrechten (analogen) Weltbild absolviert hat, da er nicht fähig ist, festzustellen, was dem Einzelnen verloren gegangen ist - und was wiedergefunden werden muss, um nachhaltig Gesundung bzw. Ganzwerdung zu erwirken. Die Kapazitäten im astro-medizinischen Bereich versammeln sich bei der Tagung, um anhand vieler Beispiele deutlich zu machen, wie sich dem Individuum aufgegebene geistige Vorgaben somatisieren, wenn sie nicht verwirklicht bzw. offenbart werden. Dr.

med. Werner Nawrocki, Wolfhard H. König, Michael Roscher und Wilfried Schütz erwarten Sie; sie sind alle durch Bücher, Seminararbeit und ihre praktische Tätigkeit als Arzt bzw. Psychologen und Astrologen bekannt. Sie verdienen Vertrauen.

○○

7
Willkommen auf dem Jahrmarkt

War das nicht ein tolles Jahr 2004? Wir leben immer noch, obwohl die Welt ringsum sich fast zu Tode jammerte. Diese Welt ist nicht untergegangen, obwohl es wie jedes Jahr vielfältige Prophezeiungen gab, dass dies nun endgültig im Plan Gottes sei.

Tag für Tag haben wir unsere Arbeit getan. War sie nicht köstlich? Unsere Fähigkeiten konnten bewiesen werden, wurden honoriert und führten uns zu neuen Ergebnissen und Erlebnissen.

Unsere Kinder sind gewachsen. Wenn wir Glück haben, werden sie sogar erwachsen. Unsere Eltern haben uns wirklich losgelassen. Mit ihrem Erbe dürfen wir selbstverantwortlich prassen. Dürfen wir mehr verlangen?

Es gab manche Überraschungen. Einige davon schreiben wir unserem Unternehmungsgeist, unserer Abenteuerlust, unserem närrischen Treiben zu. Andere resultierten aus unserer mangelnden Wahrnehmungsfähigkeit, das wachen Auges zu erwarten, was ohnehin angesagt war. Ist das nicht wunderbar, dass man sich auf nichts verlassen kann und will? Nicht ´mal auf sich selbst?

Einen Freund, eine Freundin haben Sie hoffentlich. Eine/n, dem/der man alles anvertrauen kann - auch die tiefsten Sehnsüchte und Geheimnisse. Das ist wirklich Gold wert. Einen solchen Freund muss man hüten und bewahren wie Gold. Jeder Aufwand dafür lohnt sich. Haben Sie das auch so erfahren? -

Einer meiner Freunde hat mir ein Geschenk gemacht, das ich heute zum Jahresausklang mit Ihnen teilen möchte. Dieser Freund Martin schickte mir die Geschichte vom Karussell. Gemeint ist das Karussell des Lebens. Er hat diese Geschichte in einem Buch von Karl Renz gefunden, das im Verlag eines mir sehr wertvollen Bekannten, nämlich Joachim Kamphausen, erschienen ist. Es heißt wohl „Das Buch Karl". Also: das ist ein heißer Tipp für ein sinniges Geschenk zu Weihnachten - und mein heißer Tipp zur Gestaltung des Lebens im Neuen Jahr 2005:

„Willkommen! Willkommen auf dem Jahrmarkt! Wie ich sehe, sitzt du schon auf dem Karussell! Toll, wie du fährst! Du hast einen schnittigen Wagen. Du hast ein Gaspedal. Du kannst sogar bremsen. Aber vor allem hast du ein Lenkrad. Damit kannst du mächtig kurbeln, und das tust du auch. Komischerweise geht es immer nur im Kreis. Du lenkst nach links und nach rechts und bremst und tust, aber es geht immer nur in eine Richtung,

So lenkt dein Ich. Das so genannte Ego. Es lenkt nach links, es lenkt nach rechts, und ist nicht immer ganz zufrieden mit dem Ergebnis. „Ich sehe mal nach den anderen", denkt es. „Wie fahren denn die? Wie stellt der da drüben sich an?" Der legt sich entschieden mehr in die Kurve. Das machst du nun auch. Aber es geht weiter im Kreis. Ab und zu hält das Karussell. Kurze Pause. Die Tibeter nennen es „Bardo". Dann suchst du dir ein anderes Fahrzeug. „Vielleicht nehme ich auch mal das Pferd. Jetzt reite ich mal ‚ne Ecke. Wahrscheinlich ist das meine Bestimmung!" Sehr klug von dir. Oder richtig weise: Du nimmst den kleinen Roller, weil du nach all den ermüdenden Runden voller Demut und Bescheidenheit bist.

Ja, dein Ich ist bei all der Kurbelei mächtig gereift. Und wenn du mal zufällig in die gleiche Richtung lenkst, wie das Karussell fährt, kannst du endlich triumphieren: „Wow, das habe ich aber gut gemacht' Ich glaube, jetzt habe ich es raus!" Nun hast du entdeckt, wie die ganze Sache funktioniert. „Ich habe voll die Kontrolle, seht mal her!" Du befindest dich in Harmonie mit dem Kosmos, in Übereinstimmung mit der Schöpfung. Ein derartig stimmiges Ich lenkt genau so, wie das Karussell fährt. „Seht doch mal, wie ich lenken kann! Das ganze Karussell bewegt sich, weil ich so lenke! Hier, ich, hierher sehen!" Wenn du die Kunst so unvergleichlich beherrschst, kannst du sogar den anderen sagen, wie sie fahren müssen. „So müsst ihr's machen! Wie ich!

Jetzt bist du ein voll erwachter Fahrer. „Ihm nach", rufen ein paar andere begeistert. Am besten, du übernimmst gleich den Bus: „Alle bei mir einsteigen und hinter mich setzen! Ich bin eins mit dem Karussell!" Dann bist du ein Guru. Wenn du mehr im Stillen wirken willst, kannst du natürlich auch andere wichtige Aufgaben übernehmen, zum Beispiel das Feuerwehrauto fahren. Oder den Krankenwagen. Oder du fährst einfach hinter dem Krankenwagen her, sicherheitshalber.

Wichtig bei alledem ist nur, dass du den Überblick behältst. Dass du im richtigen Moment Gas gibst und im richtigen Moment bremst. Und vor allem, dass du mit größtem Geschick lenkst. Das hilft allen. So hältst du nicht nur dein Fahrzeug perfekt auf dem Weg. Du trägst zur gelungenen Fahrt des gesamten Karussells bei! Wenn nur jeder so fahren würde!

Du hast alles im Griff. Bis du einmal versehentlich den Lenker loslässt. Nanu! Jetzt wunderst du dich. Es geht ja auch von allein! Das Ding fährt von selbst! Stimmt. Es fährt selbst. Das Selbst fährt. Du brauchst dich nicht anzustrengen. Du kannst dich zurücklehnen und genießen. Es geht immer direkt ins Glück.

Ich wünsche Ihnen eine gute Fahrt in ein erfülltes Leben im Tun und Nicht-Tun!

CR

8
Freiheit im Geiste

Zum Beginn des neuen Jahres erreichen uns die vielfältigsten Wünsche, Voraussagen, Warnungen und Trend-Vorgaben. Zwischen Angst und Zuversicht suchen wir dann unser Selbstverständnis, indem wir uns bewusst machen, was uns jetzt aus der Vielfalt der Informationen wirklich angeht und was getrost durch´s Raster fallen darf. Ich gebe Ihnen nachfolgend ein paar Stichworte (dem „Seiwert-Tipp" des Seiwert-Instituts, www.bumerang-prinzip.de, entnommen), und Sie reagieren darauf - und genau dieses Pro oder Contra teilen Sie mir dann bitte mit, damit ich wiederum viele mit Ihrer Ansicht über „Lebens(t)räume" konfrontieren kann...

1. high speed/Hohe Geschwindigkeit: Tempo ist das Gebot unserer Zeit, doch langsamer ist effektiver
2. high complex/Hohe Komplexität: Technischer Fortschritt und Flexibilität sind die Herausforderungen der Zukunft
3. high relax/Hohe Erholung: Wellness und Relaxing laden die Akkus wieder auf
4. high feel/Hohes Gefühl: Werte wie Frieden, Freundschaft, Liebe und soziales Engagement geben Lebensqualität
5. high balance/Hohes Gleichgewicht: Glück entsteht erst im Gleichgewicht zwischen Job und Privatleben

Ich möchte zwei Trendmeldungen hinzufügen:
a) Politisches Engagement ist eine Frage des Anstands
b) Sich von jeder Art von Politik fernzuhalten, ist eine Frage des Anstands

Dazu ein paar Sätze zum Nachdenken: Bei gegebener Abhängigkeit der Politik von den wirtschaftlichen Gegebenheiten ist eine anständige Politik nur zu machen, wenn sich Wirtschaft und Politik, dazu Kultur, Religion und Wissenschaft, darauf verständigen, für alle Bereiche gesellschaftlichen Zusammenlebens ethische und spirituelle Grundlagen zu schaffen, die bei allen Entscheidungen oberste Priorität haben. Dazu ist die gesamte Struktur des derzeitigen Staatsgefüges mit komplementären Lösungen zu ergänzen, d.h. die entscheidenden Instanzen müssen darauf ausgerichtet sein, den Grundsätzen der Charta der Vereinten Nationen in allen Lebensbereichen zu entsprechen, ohne Wenn und Aber. Eine Trennung von Kirche und Staat ist dann selbstverständlich und eine Politik der Stärke, die ohne ethisch-spirituelles Verständnis wirtschaftliche Ressourcen mit militärischer Stärke einseitig vereinnahmt, ist unanständig.

Eine solche Bewertung erfordert eine Begriffsklärung: „Anstand" ist das, was uns allen ansteht, nach einem übergeordneten Gesetz zu befolgen. Dieses „übergeordnete Gesetz" muss sich unabhängig von äußeren Gegebenheiten für alle denkenden Wesen dieser Welt nachvollziehen lassen. Wer etwas vom Schöpfungsplan weiß, wer nachvollziehen kann, wie sich der Geist in die Materie ergießt, ehe dann im Materiellen der „rechte Geist wieder aufgehen" kann und soll, der wendet sich als Anständiger von einer Politik ab, die Mehrheiten für die Durchsetzung eines Lebensbereichs (z.B. Geld-Interessen) instrumentalisiert und am Gängelband hält, ohne zu berücksichtigen, dass es das oberste Gesetz ist und bleiben muss, dem Individuum innerhalb der Gesellschaft zur Entfaltung seiner spezifischen Potenz zum Wohle des Ganzen zu verhelfen.

Daraus ergibt sich, dass es niemandem übel zu nehmen ist, der als Betroffener einer nicht nach dem Gesetz des Anstandes betriebenen Politik den Rücken kehrt, nicht mehr wählt, nicht mehr zwischen Schwarz und Rot unterscheidet, sondern dem Weiß, dem Farblosen, dem Unschuldigen, dem im Licht Vereinigten, zustrebt - und in diesem Sinn bewusst „weltfremd" wird.

Für mich gilt Folgendes: Ich streite für eine gerechtere Politik. Ich halte die Demokratie für wenig hilfreich, vom Volk ausgehende kluge oder gar weise Politik zu machen, da die Mehrheit unbewusst, ungebildet, unselbständig, unsicher und unflexibel ist. Folglich regiert entweder die Dummheit oder der zufällig Kluge, der seine Schäfchen hinter sich zu bringen wusste und sie dann mit Schlagworten dirigiert, die das erste Interesse befriedigen, nämlich das materielle und die an die Materie gebundenen Gefühle. Die Alternative dazu ist paradoxerweise die Demokratie, aber jene, in der es oberstes Gesetz ist, Wirtschaft und Politik und Religion und Wissenschaft und Kultur unabhängig voneinander zu halten, und allen diesen genannten Ressorts eine nach spirituellen Kriterien handelnde Werte-Kommission vorzusetzen, sozusagen als Kontrollorgan, das alle nach Außen wirkenden Gesetze nach dem Maßstab der in der Charta der Vereinten Nationen festgelegten und von allen Staaten anerkannten Bestimmungen gutheißt oder ablehnt, also auch richtende Instanz ist.

Als Magazin für Gesundheit und Bewusstsein sind die „Lebens(t)räume" für Sie, liebe Leserinnen und Leser, dabei wie ein Wecker wirkend. Wir, die wir für „Lebens(t)räume" arbeiten, haben es uns zur Aufgabe gemacht, nicht nur zu philosophieren, wie wir uns an Höherem orientieren könnten, wie wir dem göttlichen Impuls in uns individuellen Ausdruck geben könnten - nein, wir möchten, dass jeder, also auch Sie, wach wird für die sichtbare Offenbarung seiner Potenzen, für das angstfreie Rebellieren gegen parteipolitische Gängelei, konfessionelle Machtansprüche und gegen jede Art -ismus (z. B. Kapitalismus, Kommunismus, Terrorismus, Masochismus, Sadismus, Dilletantismus, Nihilismus, Fanatismus). Heil und gesund ist nämlich nur der, der seine Materie (u.a. seinen Körper) mit der ihm eigenen Art (Seele) nach gründlicher Analyse seiner wahren Potenz hingibt für mehr Freiheit im Geiste, für einen gleichermaßen selbstbewussten Partner, für eine die Gesellschaft bereichernde Aufgabe, für ein Leben in restloser Hingabe an das, was er als Individuum an einzigartiger Aufgabe aus dem göttlichen Plan übernommen hat bzw. wozu er inkarniert (Fleisch geworden) ist.

In diesem Sinne: Ein erfolgreiches, gutes neues Jahr!

9
Missratene Verhältnisse

Als ich in Frankfurt wohnte, erlebte ich die Lokal-Feindschaft zwischen der Main-Metropole und dem benachbarten Offenbach. Es gab viele Witzchen, manche Anzüglichkeit und viele, viele kaum ernst zu nehmende Vorurteile. Später lebte ich auf der Kanaren-Insel Lanzarote und erfreute mich am lokalen Gefrotzel zwischen den Insel-Bewohnern von Lanzarote und Fuerteventura. Jetzt bin ich in Villingen-Schwenningen und erlebe gleichermaßen die historisch gewachsenen Spannungen zwischen zwei Nachbarn, doch hier ist kein bisschen Humor erkennbar, wenn es um das Austragen alter Fehden geht.

Seit mehr als dreißig Jahren gehören die beiden Städtchen nach politischem Willen zusammen, doch die Eifersüchteleien, die als Gegensätze verpuppt sind, sind so krass, dass sich in jüngster Zeit sogar der Oberbürgermeister der Doppelstadt dazu hinreißen ließ, von einer Polarisierung der Stadtteile zu sprechen, wenn die Einwohner bei einem Bürgerbegehren nicht so abstimmen, wie er es gerne hätte. Damit ist er natürlich der Spaltpilz, denn die Leute schauen auf „die da oben" und wenn die nicht täglich Integration der Gegensätze üben und ihre parteipolitische Engstirnigkeit auch in jene Positionen tragen, die sie eigentlich zu einer verantwortlichen Haltung für das Ganze auffordern, sind sie nur Rattenfänger, die jene einfangen, die blind hinterherlaufen, weil sie zu träge sind, selbständig zu denken.

Am Beispiel Villingen-Schwenningen lässt sich noch mehr Grundsätzliches festmachen:

Da ist für 2010 eine Landesgartenschau geplant. Das Land Baden-Württemberg stellt für die Ausrichtung ca. 20 Mio. Euro zur Verfügung, die Stadt muss ca. 10 Mio. dafür aufbringen. Parallel dazu werden aus Kostengründen u.a. Musikschule und Freizeitpark geschlossen, Kindergarten-Planstellen gestrichen und Kindergarten-Gebühren erhöht, Renovierungs- und Baumaßnahmen an öffentlichen Gebäuden und Plätzen aufgeschoben und der gesamte Haushaltsplan auf Sparkurs getrimmt. Damit ist gesagt, dass die Stadt eigentlich die 10 Mio. Euro, die sie selbst aufbringen muss, um die Gartenschau zu installieren, nur hat, wenn an Kindern, Bildungs- und Freizeiteinrichtungen und an für die Allgemeinheit wichtigen Bauten gespart wird - und das zusätzlich angesichts der Tatsache, dass die Haushaltslöcher in den letzten Jahren stets größer waren als gedacht. Um diese zu schließen, wurden eine Zeitlang mehr Kredite aufgenommen. Dem hat das Regierungspräsidium einen Riegel vorgeschoben. Mit den bestehenden Mitteln muss die Stadt zurechtkommen. Also wird bei kommenden Haushaltslöchern immer mehr für die vermeintlich weniger wichtigen Bereiche (wie oben genannt) übrig bleiben, um auf jeden Fall das Geld für die Gartenschau in 2010 übrig zu behalten. Die dem Volk untergejubelte Logik heißt, es wäre dennoch zu rechtfertigen, da die Gartenschau die einmalige Chance beinhalte, dass man Zuschüsse vom Land bekäme. Außerdem mache man sich lächerlich, wenn man eine solche Gelegenheit kleinkariert kaputt rede und verhindern wolle. Kaufleute sind gegen eine solche Vorgehensweise, weil sie vorrechnen, dass das, was hereinkommen sollte, um Soll und Haben wenigstens auszugleichen, nur möglich ist, wenn ein Wunder geschieht und viel mehr Besucher die Gartenschau frequentieren als es bis jetzt eine realistische Vergleichsrechnung mit vergleichbar großen Städten zulässt. Andere geben schlicht und einfach vor, dass man nur ausgeben könne und solle, was man wirklich hat. Den größten Zündstoff aber bietet die Bewertung, was dem Volk mehr bringe - und dann eine Gartenschau Vorrang vor sozialen Einrichtungen und Leistungen erhält. (Zum Zeitpunkt der Veröffentlichung dieses Editorials wird entschieden sein, ob ein Bürgerbegehren, die Landesgartenschau zu canceln, Erfolg hatte.)-

Dieses Beispiel lässt sich auf die politische „Kultur" in Deutschland übertragen. Da wollen sich z. B. Oberbürgermeister zu Amtszeiten ein Denkmal setzen, biegen die Haushalte mit ihren machtpolitisch agierenden Handlangern so hin, dass für spektakuläre Bauten oder Aktionen Geld geliehen wird, von dem man weiß, dass es die Zinslast idiotisch aufbläht, dass es nicht einmal in zwei Generationen zurückgezahlt werden kann, dass von ihm nach Abzug der Zinslast immer weniger zur Verteilung an die Ressortchefs übrig bleibt. Wider besseres Wissen werden dem Wahlvolk gegenüber Rechnungen aufgemacht, die auf Zukunft setzen und die Gegenwart ausblenden. Man lebt allüberall auf Pump - und wundert sich, dass einem schließlich die Schulden über den Kopf wachsen und im sozialen Bereich das Vertrauen verloren geht.

Jetzt betrachten wir uns aber auch einmal die Sache vom so genannten „kleinen Mann" aus, der bisher den Oberen vertraute, diese einfach lange Zeit ungestraft machen ließ und nur seine Ruhe haben wollte:

Er hat nun weniger in der Tasche, weil die Schulden, die er seine Oberen in seinem Namen machen ließ, den größten Batzen vertilgen. Selbstkritisch könnte er sich jetzt an die Brust schlagen und sagen: Ich war zu träge, zu blind, zu stumm. Ich werde mich künftig mehr kümmern - um meinetwillen - und für mehr Stabilität sorgen, indem ich erst einmal aufgebe, in meinem Haushalt weiter auf Pump zu leben. Danach werde ich wach dafür bleiben, alle jene auszubremsen, die mit meinem Geld einen öffentlichen Haushalt auf Pump konstruieren. Aber nein - so reagiert kaum einer von uns. Wir sind es gewohnt, dann, wenn's nicht wie im Schlaf läuft, die Schuld bei anderen zu suchen. Wir bremsen dann jene aus, die den Mut haben, etwas zu ändern und mit den verführerischen Sonntags-Versprechungs-Reden aufzuhören.

Wäre es sonst denkbar, dass derzeit lt. (auch zweifelhafter) Meinungsumfragen 49 Prozent der Wahlberechtigten eine Partei zu wählen bereit sind, die bisher konservativ jede Art von Reform als Bedrohung ihrer lobbyistisch abgesicherten Macht-Domänen begriff. Vielleicht erweist sich das aber noch als ein „Teil von jener Kraft, die das Böse will und doch das Gute schafft", denn die widdrigen Mutigen in der jetzigen Regierung haben zwar die Mauern der Stagnation im Land eingerissen, allerdings keine Geduld bewiesen, ein stimmiges Konzept für die Abkehr der Fehlentwicklungen in der Vergangenheit mit dem Wahlvolk abzustimmen. Das rächt sich, denn dann regiert König Ego, der jedes individuelle Interesse als das allein Seligmachende erklärt. Die Mutigen werden folglich abgewählt und es folgt die Zeit des Aussitzens der Probleme in Eintracht mit denen, die von erhabener, wirtschaftlich abgesicherter Position die Drahtzieher des missratenen Kapitalismus sind. Das bedeutet, dass, wenn auch wider Willen, die „Geduld" aufgebracht wird, dem Letzten klar zu machen, dass es Entwicklungen gegeben hat, die zwingend vorgeben, dass das Parteien-System gesprengt und dem besser aufzuklärenden, für mündig befundenen Volk mehr Macht und Verantwortung zufallen muss. - Im politischen Zirkus bis zur Wahl wäre ein Clown willkommen, der als Pausenfüller mit breitem Grinsen den ernsten Hintergrund zu Rot und Schwarz aufzeigt: Rot ist die Farbe des Lebens, Schwarz die Nicht-Farbe des Schattens, der dem Rot folgt. - Stendhal gibt in seinem Buch „Rot und Schwarz" zu bedenken: Was Du von der Sekunde ausgeschlagen, gibt keine Ewigkeit zurück.

10
Im Anfang liegt das Ende

Vor mir liegt der Lebensplan des Comed-Verlages, in dem die „Lebens(t)räume" erscheinen. Am 20. Juli 1995 wurde um 9.29 in Schwalbach am Taunus der Notarvertrag unterzeichnet, der die verbindliche Aussage widerspiegelt, welche Aufgabe der Verlag in der Welt zu erfüllen hat, welche Mittel dafür zur Verfügung stehen und welches Ergebnis sich im Rhythmus der wechselnden Ereignisse am Ende ergeben wird.

Um es vorweg zu nehmen: Jetzt, nach zehn Jahren, ist ein ganz entscheidender Punkt im Wandel der Ereignisse angezeigt. Entsprechend der anerkannten „Münchner Rhythmenlehre" nach W. Döbereiner, wonach alle sieben Jahre nach gesetzmäßigem Plan, in stufenförmiger Entwicklung, ein neues Thema ins Licht des Bewusstseins drängt, wird nämlich offenbart werden, ob der Verlag wirklich das „ans Licht der Welt" bringt, was er soll. Jede Institution hat nämlich genauso wie jeder Mensch die Vorgabe, das zu wollen, was sie/er soll. Das heißt, alles und jeder hat eine spezifische Aufgabe in dieser Welt, ist ein Rädchen im gesamten Uhrwerk dieser Welt und hat jeweils an seinem Platz eine bestimmte Funktion zu übernehmen. Was wann dran ist, ergibt sich daraus, wann etwas seinen Anfang nimmt, denn im Anfang liegt das Ende, so wie im Samen die Frucht liegt. Demnach soll es die Funktion des Verlages sein, Uranus- und Neptun-Qualitäten gemäß individueller Erkenntnisse in die Welt zu bringen - und sich gegebenenfalls dafür ans Kreuz dieser Welt nageln zu lassen. Jetzt ist es an der Zeit, zu überprüfen, ob diese schicksalhafte Herausforderung von den das Verlagsgeschehen bestimmenden Personen erfüllt wurde, oder ob die Hybris der Ego-Interessen zu wenig darauf achtete, den Dienst am Höheren, an der sie tragenden Institution, zu erfüllen.

Was heißt das? -

Sie als Leserinnen und Leser sind für den Verlag der Spiegel, ob die Aufgaben, die dem Verlag gestellt sind, auch erfüllt werden. Demnach müssen alle Aktivitäten auf Erneuerung des Bestehenden ausgerichtet sein, ggf. die geltenden Normen sprengend, um das Neue in einem erweiterten Raum gleichberechtigt zur Wirkung kommen lassen zu können.

Die materiellen Ressourcen, die sich aufgrund der Anzeigen- und Abonnement-Erträge ergeben, müssen immer wieder in neue, ständig wechselnde, spontane Kreationen umgesetzt werden. Dabei muss es gleichgültig sein, ob für diese Kreationen Beifall gespendet wird oder nicht. Denn alles, was vom Verlag aus nach Außen gegeben wird, soll entsprechend des (göttlichen) Auftrags erfolgen, bestehende Normen zu überwinden, zu rebellieren, komplementäre Möglichkeiten aufzuzeigen.

Haben Sie, liebe Leserinnen und Leser genau diese Resonanz, wenn Sie mit dem Magazin, deren Mitarbeiterinnen und Mitarbeiter konfrontiert sind?

Wir wissen, dass alle im Comed-Verlag arbeitenden Personen in dem Geist agieren müssen, der sich gemäß der Anfangskonstellation am 20.7.95 ergibt. Tun sie das nicht, werden sich im Alltag Herausforderungen ergeben, die sie nicht mehr meistern können. Es läuft ihnen sozusagen alles aus dem Ruder. Sie, liebe Leserinnen und Leser, sind der Spiegel dafür - und deshalb fragen wir Sie, ob Sie mit dem, was Sie durch uns persönlich erfahren, einverstanden sind, ob Sie sich liebevoll angenommen fühlen und bereits ein Vertrauensverhältnis zu uns aufgebaut haben, das komlementäre, die gesellschaftlichen Normen teilweise in Frage stellende Positionen gut aushält oder sogar fördert, indem in unterrepräsentierten Bereichen eine gemeinsame Kraft entwickelt wird, zu mehr Gesundheit und Bewusstsein beizutragen.

Der „Geist", der erfüllt werden will, ist in der Medizin, in der Spiritualität, in allem Zukunftsträchtigen, in der transpersonalen Psychologie und in allen Disziplinen, die grenzüberschreitendes Denken erlauben, zuhause.

Alle Partner des Comed-Verlages sind entsprechend dieses Anfangsgeistes auszuwählen. Geschieht dies nicht, werden sie jetzt im rhythmischen Geschehen abgelöst bzw. gekündigt. Dabei ist auch umgekehrt nicht auszuschließen, dass langjährige Partner plötzlich und unerwartet die Zusammenarbeit kündigen und die gewachsene, gute Freundschaft „verraten". - Sie liebe Anzeigen- und Beilagen-Kunden, Lieferanten, Kundenberater bei Bank und Steuerbüro, fragen wir: Was halten Sie von uns? Sind Sie das, was wir wollen, nämlich echte Partner, mit denen wir durch Dick und Dünn gehen können? Haben wir die Basis mit Ihnen dafür geschaffen?

Durch Ihre Impulse von Außen ergeben sich neue Impulse für

Umgestaltungen im Verlag. (Ein Umzug ist bereits vollzogen.) Alles wird auf Expansion ausgerichtet. Der höchste Lohn ist, dass alles, was durch Sie herein kommt, wieder in die Durchsetzung neuer Ideen reinvestiert werden kann.

Wir, die Herausgeber der Magazine, Manfred und Wolfgang Maiworm, sind entsprechend unserer mitgebrachten Stier- bzw. Widder-Qualität die Gehörnten, die auf geistiger Ebene Übersetzungshilfe zur Um- und Durchsetzung des Comed-Anliegens bieten müssen. Dabei fällt es dem Widder zu, gegen alle Widerstände spirituelle Anliegen in den Findungsprozess, was den Verlag wirklich weiterbringen könnte, einzubringen, und dem Stier obliegt es, nach diesem Prozess die Entscheidung zu treffen, was vermeintlich den Verlag dem Himmel der Glückseligkeit näher bringen soll. - Mit Ihnen, liebe Leserinnen und Leser, sehen wir uns immer in einem Boot. Was wäre ohne Sie? Nichts. Sie sind in der machtvollen Position, uns durch Ihr Abonnement, durch Ihren Anzeigenauftrag, durch Ihren Leserbrief, durch Ihren Kongress-Besuch, durch Ihr Wohlwollen im Gespräch mit anderen, zur Marktdurchdringung zu verhelfen. - Wenn Sie alle wie aus einem Munde durch die „Lebens(t)räume" sprechen, werden wir Großes erreichen:

Unabhängig von den Ich-Willen werden bestehende Grenzen gesprengt werden, und entsprechend des sich wandelnden Zeitgeistes wird es sich ergeben, dass das, was heute noch rebellisch oder revolutionär klingt, morgen als das Ideale willkommen geheißen wird.

Ein großes Feld der Liebe und Akzeptanz wird entstehen. Wir werden verinnerlichen, was das Sprichwort vorgibt: Sich nahe zu sein, ist eine Sache des Herzens, nicht von Entfernungen.

11
Schwachsinn Pisa-Studie

Gehören Sie zu jenen, die aus mangelndem Bewusstsein zu ihrer Herkunft und Gutgläubigkeit gegenüber Presseberichten und politischen Instanzen annehmen, was uns die so genannte Pisa-Studie als Mangel am deutschen Schulsystem vermitteln will?

Ich hoffe nicht. Denn wir haben guten Grund, diese Pisa-Studie zwar als bewusstseinsfördernde Anregung zu begreifen, aber ihre Interpretation hinsichtlich erfüllter und unerfüllter Standards ist für ganzheitlich denkende Menschen Schwachsinn. - Das ist es immer, wenn man Richtlinien herausgibt, die schablonenhaft übergestülpt werden, ohne zu berücksichtigen, dass diejenigen, die betroffen sind, ganz unterschiedliche Voraussetzungen mitbringen, die aber berücksichtigt werden wollen, wenn man ihnen wirklich gerecht werden will, und nicht nur politischen Dirigismus im Sinn hat. Bei der Pisa-Studie hat man einen Europa-Standard kreiert, und zwar im Hinblick auf das, was man politisch fördern will: Naturwissenschaften und die vielfach damit verknüpfte Engstirnigkeit, dafür andere Bildungskomponenten streichen oder vernachlässigen zu können. Die linke Hirnhälfte wird damit gefördert, die rechte als minderwertig eingestuft.

Konkret heißt das, dass Bildhauerei, Malerei, Literatur, Musik, Kreativität aus dem Unbewussten, Phantasie, Visionssuche und Träume nicht zum geförderten schulischen Alltag zählen. Dafür sind im internationalen Wettbewerb, der fast ausschließlich um technischen Fortschritt bemüht ist, keine Mittel - vor allem keine Einsichten - da. Zu dieser miesen Entwicklung gehört auch, dass alle über einen Leisten geschlagen werden und Englisch lernen müssen und dafür mehr und mehr Deutsch verlernen dürfen, denn das scheint nicht zukunftsträchtig.

Was ist da Ursache, was Wirkung? - Es ist ja längst festzustellen, dass die Deutschen ein mangelndes Selbstbewusstsein in der Weise ausleben, und dass sie bereit sind, alles besser zu finden, was jenseits des deutschen Kulturkreises liegt. Im Bildungsbereich hat man blindlings gemäß der Pisa-Studie Finnland und Schweden als die neuen Leitbilder angenommen, im universitären Bereich gelten die englischen oder amerikanischen Hochschulen als die kompetenteren - und damit einer geht der Verlust einer Identifikation mit dem Kulturgut, das urdeutsch ist und sich besonders auf Dichter und Denker bezieht. Aufgrund der jüngeren

Geschichte haben wir Deutsche erst recht den Mut verloren, uns zu unserer Herkunft zu bekennen. Wir machen daraus eine „Tugend", indem wir uns mehrheitlich multikulturell geben und eintauchen in Internationalität, ohne unsere Hausaufgaben gemacht zu haben: nämlich analysiert zu haben, was uns als Deutsche auszeichnet.

Im Zusammenhang mit dem Thema Bildung dürfen wir zum Beispiel für uns in Anspruch nehmen, dass wir angesichts unserer Geschichte bereit waren, hart mit uns ins Gericht zu gehen. Wir haben die Schuld auf uns genommen - und sind damit Vorbild für die meisten Nationen. Aber - was zu weit geht, geht zu weit!

Sich mit seiner deutschen Herkunft zu identifizieren, heißt insbesondere, Wert darauf zu legen, sich auf Deutsch zu verständigen, über die Sprache einen lebendigen Bezug zueinander zu haben, sich über die Sprache vor Entfremdung von den eigenen Wurzeln zu schützen und unsere geistige Macht über die bewusste Pflege der deutschen Sprache an deutschen Schulen zu dokumentieren.

Selbstbewusst Deutsche/r zu sein, heißt dann auch, mutig jenen zu begegnen, die nur den kurzfristigen Effekt im Auge haben, die traditionelle Werte auf dem Mode-Markt der Eitelkeiten opfern - und das sind jene Politiker, die ihre Seele für ihre Fortschrittsgläubigkeit in Technik aller Art verkaufen, das sind jene Unternehmer, die um des schnellen Reibachs willen jede Unternehmenskultur, die den einzelnen Mitarbeiter in seiner individuellen Einzigartigkeit würdigt, verraten, und das sind auch jene Verleger, die ihre Publikationen wegen ihrer politischen (und damit verbundenen wirtschaftlichen) Abhängigkeit insbesondere über ihre Leitartikel-Schreiber zu willfährigen Vasallen der gerade Regierenden macht. - Das Schlimmste dabei ist, dass man auch daraus eine Tugend macht und feststellt: So machen´s doch alle im „Haifischbecken", wo es heißt „Entweder:Oder - Du oder ich - eh ich mich fressen lasse, fress ich lieber Dich". - Tatsächlich ist eines fast aufgefressen worden: Differenzierteres Denken hinsichtlich dessen, was wir als „die Kraft, die aus der Herkunft stammt"(Dr. Peter Orban) bezeichnen können, und dem, was wir als das Andersartige, Fremde zu integrieren haben.

Was wollen uns denn die Interpreten der Pisa-Studie weismachen? Dass wir Deutschen im Verhältnis zu anderen weniger Kenntnisse haben, und zwar in jenen Bereichen, die nach politisch-wirtschaftlicher Auffassung die wichtigsten sind. Wir hinken hoffnungslos hinterher, weil wir nicht konzentriert genug unser Schulsystem „auf die Anforderungen der Zeit" ausgerichtet haben.

Zu diesen Anforderungen der Zeit ist ein natürliches Gegengewicht gesetzt: Vordergründig haben wir Deutsche zwar das eigenständige Denken vielfach an den Nagel gehängt, doch in unseren Genen steckt noch der alte Zeit-Geist, der erfasst im Unter-bewussten, dass unsere wahre Stärke in der Nutzung der rechten Gehirnhälfte liegt: im Voraus"denken", im Visionären, im Erfinderischen, im Kreativen, im Musischen - dort, wo man über die Grenzen von Schablonen hinausgeht.

Aus diesem Blickwinkel ist nur eines abhanden gekommen:

Das Innerste wieder nach außen zu bringen. Daraus ergäbe sich, dass die Pisa-Studie sein darf - für die, die aufgrund ihrer Geschichte zur Anpassung an aktualisierte, schnellem Verfall preisgegebene Normen neigen und sich -positiv ausgedrückt - besonders wendig, weil ohne Geschichte, den Mode-Markt zu Eigen machen.

Für uns Deutsche sollte die Pisa-Studie genauso wenig gelten wie für die selbstbewussteren Franzosen und Engländer, denen es nicht im Traum einfiele, Bildungsstandards, die in anderen Teilen der Welt gelten, als besser anzusehen als jene im eigenen Land.

Wir haben alles, was uns besonders macht. Wir müssen es nur als Eigenwert anerkennen, als Schatz begreifen - und aus der Pisa-Studie das machen, was sie ist: ein Stück Papier, das wir gerne lesen, um festzustellen, dass wir anders sind - nicht schlechter. -

Diese Gedankengänge habe ich dem vorangestellt, was unser Anliegen in dieser „Lebens(t)räume"-Ausgabe ist. Wir möchten Sie bitten, auf sich zu achten, das heißt, das aus Ihrem Leben hinauszuwerfen, was seine Zeit gehabt hat, damit Freiraum entsteht, in den wieder Neues eingebracht werden kann. Das ist Bildung! Sie bilden damit Eigentum, Eigenwert. Ein Eigenheim ist dann wirklich mehr als das Heim, das auf Ihren Namen in einem Grundbuch eingetragen ist; es ist Ausdruck des Eigenen, des unverfälscht Einzigartigen. So sei es mit allen Dingen, die zu Ihnen gehören!

Bei allem Werte-Wandel, auf den Sie achten müssen, um nicht krank zu werden, ist es also notwendig, dass Sie sich von sich und von dem Andersartigen, das Sie in die Freiräume einbringen, ein genaues BILD machen - feststellen, was zueinander passt und was nicht. Somit ist BILDung für jeden etwas anderes. Jeder ist nämlich sein eigenes Ziel. Jeder bildet sich, indem er danach trachtet, das mitgebrachte Erbgut zu veredeln.

☙

12
Das kleinere Übel?

Wir sind am Anfang des Jahres 2006. Was wird es bringen? Was fügen wir dem, was ist, hinzu? Was lernen wir aus dem, was uns auf dem Weg, von Tag zu Tag, begegnen wird? - Im politischen Bereich dürfen wir gespannt sein, was die nimmersatte Fortschrittsgläubigkeit wieder an Kriegstreiberei, Aggression und Wahnsinn hervorbringt. Das Magazin „New Yorker" berichtete, dass im Iran bereits seit einiger Zeit US-Kommandotruppen unterwegs seien, um alles für den „Tag X" vorzubereiten, zu dem Israel - nicht die USA, da sie sich nicht neu vorhalten lassen will, einen Angriffskrieg vom Zaun zu brechen - die 500 von USA bezogenen BLU-109-Sprengkörper gegen den Iran einsetzen würde, um die Bunker zu zerstören, in denen angeblich eine Uran-Anreicherung stattfinden würde. Dies mit der Maßgabe, dass sich Israel gegen eine als akut empfundene massive Bedrohung seiner Existenz wehren müsse.

Unsere Bundeskanzlerin hat zum Jahresanfang in einer millionenschweren Anzeigen-Kampagne das Wort an uns Bürger gerichtet und dazu aufgefordert, für eine bessere Zukunft gemeinsam Mut und Menschlichkeit einzubringen, indem wir mehr Kinder machen, für die dann der Staat auch Sorge tragen wolle. „Überraschen wir uns damit, was möglich ist und was wir können!", ruft sie uns zu.

Sie bezieht das auch auf die „nötigen Reformen", die in der Wirtschaft notwendig seien, damit die Sozialsysteme finanzierbar und leistungsfähig blieben. Nun, was dazu nötig sei, erfährt in den verschiedenen politischen Gruppierungen unterschiedliche Beurteilung - und nach meiner Meinung ist es eine beklagenswerte Einstellung der Mehrheit der Bevölkerung, dass wir um jeden Preis den wirtschaftlichen Wohlstand sichern müssten, selbst wenn wir unseren gesunden Menschenverstand und unsere nationale Ehre und persönliche Würde dafür an den Nagel zu hängen haben: Wir bleiben zum Beispiel in der Abhängigkeit der USA, obwohl die einen verbrecherisch agierenden Präsidenten dulden, der um dieser wirtschaftlichen Vorteile, die die meisten in der westlichen Welt gegenüber dem Rest der Welt behalten möchten, seine Macht derart nutzt, dass er mit Hilfe der Verbündeten Gesetze bricht, in Christi Namen lügt und im Namen einer anmaßenden Welt-Polizei einseitig vorgibt, was Recht und was Unrecht sei.

Sind Sie wirklich sicher, dass dies das kleinere Übel gegenüber den dazu gegebenen Alternativen ist? -

Kehren wir vor unserer eigenen Tür: Da ist derzeit festzustellen, dass sich Politik und Wirtschaft zu einer Solidargemeinschaft besonderer Art zusammengeschlossen haben. Es wird derzeit von Presse, Meinungsforschungsinstituten, Vertretern fast aller Parteien, Wirtschaftsverbänden unisono vermittelt, es ginge wieder wirtschaftlich aufwärts - für jeden von uns. Da sagen die dazu vorgetragenen Statistiken einen Aufschwung voraus, der zumindest nicht das widerspiegelt, was in der Bevölkerung wahrzunehmen ist: nämlich zunehmende Verzweiflung, Angst, Misstrauen, Verdrossenheit, Null-Bock-Stimmung. Was provoziert werden soll, ist Vertrauen. Und das ist tatsächlich die einzige Möglichkeit, etwas zu ändern, denn der Geist bestimmt jetzt die Materie. Wir werden das manifestieren, was wir geistig kreieren - und da die meisten bereit sind, sich von oben manipulieren zu lassen, wird diese Stimmungsmache Früchte tragen und kurzfristig die Bereitschaft wachsen lassen, wieder auf Pump zu investieren und den Konsum auch im Binnenmarkt zu aktivieren.

Wo so viel Schatten ist, gibt es auch viel Licht!

Die Bereitschaft zur Veränderung ist breit angelegt. Eine stille, innere Revolution hat eingesetzt. Viele gehen nicht mehr zur Wahl, weil sie feststellen, dass nicht die Besten (der Verantwortung Gewachsenen) gewählt werden können, sondern vorwiegend die politisch Wendigsten. Viele besinnen sich auf ihre eigenen Stärken und warten nicht mehr darauf, für ihre bisherige Bereitschaft, vertrauensvoll in Rentenvorsorge und Versicherungen zu investieren, auch die versprochenen Leistungen zu erhalten. Viele geben im direkten und übertragenen Sinn ihre Standpunkte auf und orientieren sich bewusst neu. Viele haben das Geldsystem mit Zinsen und Inflation entlarvt und treffen innerlich Vorsorge für den Tag X, zu dem dieses System zusammenbrechen muss. Viele wenden sich von den etablierten Kirchen ab, weil sie es leid sind, eine vorwiegend auf der Historie aufgebaute Glaubenslehre anerkennen zu sollen und parallel dazu gezwungen zu werden, dem, was sie nicht mehr nachvollziehen können, auch noch steuerliche Zwangsabgaben zur Verfügung halten zu sollen.

Mehr denn je verlassen Deutschland, um dem Leistungsdruck zu entgehen, der die Langsameren in unserer Gesellschaft, die oft die Einfühlsameren sind, ausgrenzt.

Viele suchen privat jene Lehrer, die ihnen eine spirituelle Grundlage zur Bewältigung des Alltags geben, die Ihnen die Erlösung in der Überwindung der Polarität anbieten und die Quinta Essentia darin erkennen, dass alles Tun und Lassen aus dem individuellen Auftrag abzuleiten ist, dass jeder seine eigene Wahrheit hat und jeder ganz persönlich seinen Christus-Weg gehen muss, der ihn an jenen Golgatha-Punkt führt, dass er/sie erkennt, nach welchem Gesetz er/sie angetreten ist - im Unterschied zu seinem Nachbarn, der vielleicht noch gebunden ist an die Welt und deren Machthaber im Materiellen und allem Seelischen, das sich daran bindet.

All diesen stillen Revolutionären ist eines gemeinsam: Sie sind die Lichtträger dieser Gesellschaft, sie wirken energetisch, so lautlos wie das Licht selbst. Sie bewirken unaufhaltsam, dass über die offenen Grenzen der Kommunikationstechnik hinaus auch die Offenheit gegenüber den machtpolitisch Ausgegrenzten wächst. Die Schummel-Etiketten werden abgenommen und der gemeinsame Kern von Christentum, Judentum, Buddhismus, Islam, Hinduismus usw. wird entdeckt. Religionskriege werden dadurch unmöglich werden, auch wenn uns Politiker Ihre Machtpolitik unterschwellig über den Aufruf unterjubeln möchten, wir müssten unsere Glaubenssysteme verteidigen.

Die Schummel-Etiketten werden abgenommen, wonach Globalisierung ein Synonym für maximale Gerechtigkeit und Sicherung des Wohlstands sei. „Wohlstand" definiert sich nicht in wirtschaftlichen Kategorien allein, sondern will auf ethisch verlässlichen Maximen begründet werden - und das ist bei dem Durchsetzungsfanatismus der Globalisierungs-befürworter wahrhaftig nicht gegeben.

Die Schummel-Etiketten von „biologisch einwandfrei" und „ökologisch unbedenklich" werden entfernt, und es wird klar werden, dass überall, wo materielle Interessen gegeben sind, dem Volk Honig ums Maul geschmiert wird, um von dem Kuchen, der gerade über Bio-Produkte und Ökologische Förderprogramme zu vernaschen ist, möglichst viel zu bekommen.

Die Schummel-Etiketten von Seminar-Programmen, die versprechen, Heilwirkung zu haben, werden abgelöst - und an diese Stelle tritt der Arzt oder Heilpraktiker oder Lehrer oder

Seminarleiter oder Coach, der sich rein als Übersetzungshelfer versteht, der seine Kenntnisse, die er vor anderen erworben hat, einbringt, und darum bittet, dass von einer höheren Warte der transformierende Geist eingebracht werden möge, dass das Mittel, das er einzusetzen hat, bewusstseinsfördernd und damit helfend wirken kann.

Auch die „Lebens(t)räume" können und sollen nichts anderes sein als ein Medium, das Ihnen Brücken baut zu Ihrem höheren Selbst, zur Erkenntnis Ihrer Bestimmung als unverwechselbares Rädchen im Uhrwerk dieser Welt.

13
„Hüter der Schwelle"

„Sich nahe zu sein, ist eine Sache des Herzens" - und aus meinem Zentrum, meinem Herzen, schicke ich Ihnen den Lebensfunken, der Anstoß sein möge, Flammen zu entfachen. Flammen der Lebensfreude. Flammen der Begeisterung. Flammen des innigen Bekenntnisses zur Entfaltung des Potentials, das einzigartig und unverkennbar in jedem von uns steckt.

Wir begegnen uns an dieser Stelle nun schon jahrelang. Sie nehmen auf, was mich gerade reizt, was mich anstachelt, was mich aus einer geheimen Quelle auffordert zu verbreiten. Dabei habe ich keinen Anspruch, dass Sie dazu Ja oder Nein sagen; es muss einfach gesagt werden, nachdem sich die Worte in meditativer Stille im Innern bauten und schließlich aus mir heraus wachsen.

Der „Hüter der Schwelle" ist stets zugegen und mahnt mich, nichts um der Ego-Interessen schön zu reden, nichts aus Angst vor Widerstand oder Strafe zu verbiegen, nicht im Vorfeld ermessen zu wollen, was zum Unermesslichen gehört, nicht überzeugen zu wollen, sondern nur Zeugnis abzulegen von meiner subjektiven Warte.

Ich danke Ihnen aufrichtig, dass Sie mir ein Forum für die Funken der Empörung, der unstillbaren Sehnsucht nach Wachsein, Bewusstsein, Gesundwerdung, Religio und Heimholung des Friedens sind. Auch wenn Sie nicht lautstark telefonisch oder per Leserbriefen reagieren, spüre ich doch, dass Sie ein lebendiges Gegenüber sind. Sonst hätte sich das Erscheinen der „Lebens(t)räume" längst ad absurdum geführt. -

Wahr ist aber auch, dass die Welt bestochen werden will. Zahlen müssen beweisen, was den Wert einer Sache ausmacht - und fast alles ist versachlicht. Selbst die erfahrbar alle Grenzen überschreitende Liebe soll eingekastelt werden in Zählbarem. Zum Beispiel in den Mitgliedszahlen von kirchlichen Institutionen, in der Höhe von Spendengeldern, im materiellen Wert der Geburtstagsgeschenke - und auch in der Zahl der Abonnenten eines so geliebten Magazins, wie es die „Lebens(t)räume" sind.

Heute halte ich es für wesentlich, Sie auf den Liebesbegriff von Wolfgang Römhild hinzuweisen. Er unterrichtete bis zu seinem 65. Geburtstag als Oberstudienrat Sprache, Dichtung und Denken der Griechen, Römer und Russen. Seit 30 Jahren hält er Biogarten-Vorträge und tritt heute für „bedingungslosen

Frieden im Garten" ein. Das heißt, er ist gegen jede Form der Ausrottung von „Schädlingen" im Garten. Er ist aus eigener Erfahrung davon überzeugt, dass wir ohne Ernteverluste, ohne Gift und Gewalt, in Einklang mit den Schnecken, Insekten, Käfern und Läusen kommen können. Er zeigt einen Weg, wie wir als Führungsverantwortliche in Liebe und Ehrfurcht zu einem paradiesischen Garten kommen können, in dem unsere einstigen Feinde zu wichtigen Helfern beim Erzielen höherer Erträge werden. Das passt in die Frühlingszeit. Das ist wieder so ein Funke, der auf uns alle überspringen möge: Wach zu werden für unsere Verantwortung gegenüber Pflanzen und Tieren; bereit zu sein für ein freudvolles Miteinander, für die Zuwendung dem uns Anvertrauten, für die sinnvolle Nutzung des von der Natur Geschenkten.

Es mag für manche ein weiter Weg des Umdenkens sein, doch ein Weg von tausend Meilen beginnt mit einem Schritt!

Mit „Lebens(t)räume" verbindet sich symbolisch dieser Schritt in die Zukunft. Wir wenden uns bewusst dem zu, was wir das Feindliche nennen und was die Menschen bewusstlos macht: der Manipulation mit der Angst, der Ausnutzung der Gutgläubigen, dem Verkauf der Tugendhaftigkeit für politische und wirtschaftliche Vorteile, der Engstirnigkeit der religiösen Dogmatiker, der Verwissenschaftlichung der dem Jenseitigen (Unfassbaren, nicht Messbaren) zuzuordnenden Lebensschulen, Begabungen und Neigungen. Wir verurteilen es nicht. Wir wollen aber den Spiegel vorhalten und die Einseitigkeit solcher Einstellungen und Meinungen deutlich machen. - Aus dem Teufelskreis dieser Welt finden wir alle nur heraus, wenn wir „das Gesetz, nach dem wir angetreten" (Goethe) für uns ganz persönlich definieren und nichts von den Wahrheiten für gesichert halten, die als objektiv ausgegeben werden und doch nur subjektiv erfahrbar waren und sind. In der Pendelbewegung zwischen Pro und Contra ergibt sich die eine Wahrheit, die Quinta Essentia, die Gut und Böse zusammenfallen lässt - so wie es der Zen-Meister empfiehlt: „Nimm Gut und Böse zusammen, forme sie zu einer einzigen Kugel - und wirf sie weg!"

CR

14
Liebe und Hass

Da gibt es fast jeden Tag eine Meldung, dass sich wieder einmal einer in Hingabe an seine Überzeugung selbst in die Luft gesprengt hat. Er reißt in aller Regel viele andere mit sich in den Tod - und diejenigen, aus deren ideologischer Mitte er kommt, feiern ihn als Helden.

Was sind das nur für Menschen? Sind sie die Verkörperung des Bösen? Sind sie die Vasallen des Satans, der die Welt ständig in Schrecken hält? - Was haben wir diesen Kräften entgegen zu setzen?

Viele unter uns, die sich auf einen Bewusstseinsweg machten, sind ja der Meinung, dass sich in einer polaren Welt Liebe und Hass bedingten, dass sie sich also in gleicher Stärke befänden. Ich glaube das nicht. Es würde heißen, das Göttliche, Erhabene - das, von dem alles kommt, in die Polarität zu zwingen. Es würde bedeuten, es als falsch zu erachten, wenn gesagt wird: Gott ist die Liebe. Wenn aber alles aus Liebe, aus dem Göttlichen entstanden ist, so ist die Liebe zuerst da und Hass ist lediglich ein Zeichen von Maya, ein Zeichen der Verblendung, eine Störung im Weltenlauf. Er hat - auch dann, wenn es zeitweise so aussieht - keine Chance, über die Liebe zu triumphieren.

Störungen, die sich in Hass niederschlagen, ergeben sich von Geburt an: Einem wird die Mutterbrust versagt, dem anderen wird sie wider Willen aufgedrückt. Einem fällt es zu, in die Kaste der Privilegierten hinein geboren zu werden, dem anderen geschieht es, dass er von Beginn an unterdrückt und gedemütigt wird. So baut sich Hass auf, ein Hass, der aus verletzter Liebe entstanden ist, ein Hass, der unaufhaltsam ist, ein Hass, der aus transzendentalen Tiefen kommt. Und so wie das Transzendentale unermessliche Dimensionen kennt, steigert sich dieser Hass bis zu unübersehbarem Massenwahn.

Dennoch: Der Hass ist nicht der Vasall des Bösen. Wäre das so, würde der Anti-Christ triumphieren. Er würde sagen: Ich will das Böse aus reinstem Herzen und würde dafür am Kreuz (von Zeit und Raum) sterben und gebe dafür mein Blut hin.

Liebe ist Leben in der Totalität des Körperlichen, Seelischen, Geistigen und Transzendentalen. Hass bringt physischen und psychischen Tod. - Da es aber in der Natur kein endgültiges Sterben gibt, sondern nur Transformation, ist Hass nur eine vorübergehende Erscheinung, ein prozessuales Geschehen, an deren Ende die Auferstehung der Liebe steht. Das Geistig-Transzendentale, Unvergängliche, triumphiert über das Vergängliche.

Wenn sich dieses „Unvergängliche", diese Liebe, immer wieder neu in die Welt begibt, zeitigt es das für den Sehenden nun leicht zu durchschauende Spiel des Satans in der Welt. - Wenn ich denn sehen kann, nähre ich mich aus dem Organ der Liebe: der Güte.

Diese Güte wird allen und allem zuteil, was in dieser Welt ist: auch den so genannten Terroristen und ihren in Fanatismus entarteten, vielfältigen „-ismen" (Kapitalismus, Fundamentalismus, Kommunismus, Imperialismus, Sexismus usw.)

Auch wenn dies die Basis allen Denkens, Fühlens und Handelns geworden ist, bin ich dennoch ein Krieger, ein Soldat der Menschenliebe, der täglich versucht, Leben zu retten, indem ich die Welt ihrer Träume beraube und auf das Todbringende, Vergängliche, hinweise.

Dem Amerikanismus muss entschieden entgegen getreten werden. Er gaukelt uns den Traum von einem ewigen Fortschritt im Materiellen vor und spiegelt damit doch nur den aus verletzter Liebe geborenen Hass wider, der entstanden ist, als das von den USA vertretene Amerika von der „alten Welt" als Sklaven-Kolonie, kultur- und geschichtslos gebrandmarkt wurde. Nun haben sich die Erben zum Büttel des Satans gemacht und alle, die „um das goldene Kalb tanzen", zu ihren Verbündeten gemacht. Amerikanismus psychologisiert wild und nahezu unkontrolliert in der Welt herum und stülpt seine Glaubenssätze den Abhängigen über.

Diejenigen, die sich dagegen wehren, aber nicht von Güte geleitet sind, sondern sich aus dem Hass nähren, der entstand, als ihre Liebe zu ihren ererbten Wertvorstellungen verletzt wurde, kommen aus demselben Schattenreich wie die Vertreter des Amerikanismus, heißen aber Islamisten. Auch ihnen muss entschieden entgegen getreten werden. Sie gaukeln uns den Traum von einem ewigen Leben im einseitigen Sinne Mohammeds vor.

Extremer können die Werte nicht angesiedelt sein: hier das Grobe, Materielle, dort das Feine, Unfassbare, Transzendentale. Welcher Wertmaßstab bleibt da in dieser Welt? Ich meine: allein der Maßstab des Not-wendigen!

Und der ist, sozusagen im Geheimen, auch tatsächlich die Grundlage der bereits geführten Kriege und der noch bevorstehenden Kriege. Die USA und deren Verbündete halten es für notwendig, im Namen ihrer Völker die wirtschaftliche Absicherung zu gewährleisten, dass alle den erworbenen Wohlstand erhalten können. Dafür müssen sie die Rohstoffe dieser Welt auf ihre Seite bringen und sei es mit Gewalt. Ihre Legitimation nehmen sie aus ihrer verletzten Liebe zum Vaterland oder zur Charta der Vereinten Nationen (die sie selbst nicht einhalten) und überziehen diejenigen, die ihren Interessen entgegenstehen, mit Hass, erklären sie zu Terroristen, weil sie nicht so denken wie sie.

Die zum Beispiel dem Islam zugeneigten Völker sehen sich von der Macht des Geldes bedrückt, merken, dass die vereinigenden religiösen Werte für Dollars verkauft werden. Auf der materiellen Ebene können sie der breiten Phalanx der Amerikahörigen auf Dauer nichts entgegensetzen, folglich suchen sie die Macht der Religion in die Waagschale zu werfen - siehe Iran.

Und nun, liebe Leserinnen und Leser, fordere ich Sie auf, den Amerikaner und den Iraner in sich zu entdecken. Es sind der Realist in Ihnen und der Idealist in Ihnen. Haben nicht beide die gleiche Berechtigung in Ihrer ganz persönlichen Existenz? Wer erschlägt da von Zeit zu Zeit wen? Wie oft haben Sie sich von diesem in Ihnen tobenden Widerspruch terrorisiert gefühlt? Wie oft hatte dieser in Ihnen tobende Kampf eine solche Sprengkraft, dass Sie selbstzerstörerisch „den Teufel mit dem Beelzebub austreiben" mussten? -

Was konnte Sie in diesen Situationen wieder zur Ruhe bringen? - Die Entscheidung, was JETZT notwendig ist, um zu überleben! Der Hass auf die eine oder andere Seite in Ihnen hat auf Dauer nichts gebracht, war lediglich eine vorübergehende Stimmung. Aus Liebe zu Ihrem Gesamt-Organismus haben Sie heute diese, morgen jene Komponente (Person) in Ihnen befriedet, und haben damit das Entweder:Oder überwunden und dem Sowohl:Als auch zum Sieg verholfen.

Dieses Leben in Liebe ist gefährlich - lebensgefährlich. Die eine wie die andere hasserfüllte Seite zerreiben Sie in der Mitte, denn jede wollte Sie zu fassen kriegen, jede wollte Sie für sich polarisieren. Aus diesen Feind-Bildern nährt sich die Welt.

Fazit: Sie sind der verlorene Sohn, hinausgeschickt in die Welt, um zu entdecken, was es alles gibt, um dann am Ende festzustellen: Es gibt keinen kategorischen Imperativ des Bösen. Nein, am Ende steht fest: Aus Zwietracht entsteht Eintracht, aus Missklang höchste Harmonie - in Ihrem Herzen, dem Zentrum der Liebe.

ଔ

15
Lesen und genesen

„Sei die Veränderung, die du dir für diese Welt wünschst", sagte Mahatma Gandhi. - Abgewandelt sage ich: Lies ein Buch, lies viele Bücher, lies jene Bücher, die geeignet sind, dich zu verändern - und du wirst die Welt ändern. Du wirst genesen und die Welt wird genesen:
- Deine Einsamkeit wandelt sich in ein Zugehörigsein zur großen Seelen-Gemeinschaft, und die Städte werden lebendige Zellen offener Kommunikation, in der Nachbarschaft wieder gepflegt wird.
- Du gibst Geld aus, kaufst und verkaufst die Dinge - und bist nicht mehr Sklave im Konsum-Zirkus, sondern glücklich bei der Auswahl des für dich Wertvollen.
- Du hast kein Mangel-Gefühl mehr, fühlst dich nicht ausgegrenzt im Vergleich von Arm und Reich, sondern weißt, dass Gott keinen - auch dich nicht- über seine Kraft belastet.
- Sozialabbau, Arbeitslosigkeit, Krieg sind Begriffe, die du in deinem Innern bewegst und zu denen du genauso viele Pro- wie Contra-Stimmen sammelst, ohne dabei zu verzweifeln.
- Du siehst die Fehler, die in der Welt gemacht werden - und siehst im Spiegel dazu deine eigenen Fehler. Du stehst dazu und fängst an, bewusst zu verändern:

Du hörst auf, die Politik und die großen Konzerne für die Missstände alleine verantwortlich zu machen. Du siehst, dass du durch Wahl oder Nicht-Wahl jene groß gemacht hast, die jetzt regieren oder führen. Jetzt suchst du die Gemeinschaft mit gleichgesinnten, bewusst und verantwortlich Handelnden. Das Mitläufertum hat seine Zeit gehabt. Dein Alltag ist es nun, wach dafür zu sein, wie du mit kleinen, alltäglichen Handlungen deine Umgebung infizieren, inspirieren, initiieren kannst. Dessen ganz gewiss, was uns Erich Kästner ins Stammbuch schrieb: Es gibt nichts Gutes, außer: man tut es.

Welche Bücher sind es, die diese Stimmung in uns wachrufen und uns nicht mehr ruhen lassen, ehe wir unseren spezifischen Dienst zum Wohle des Ganzen erfüllt haben?

Es sind zunächst einmal alle Heiligen Bücher, jene Bücher, die nicht von Menschen erfunden, sondern im besten Falle nachempfunden und - nachdem sie von höherer Warte diktiert wurden - aufgeschrieben wurden, wie zum Beispiel die Tora, die daraus resultierende Bibel, der Koran, der Sohar, die Bhagavadgita, die Upanishaden.

Danach kommt erst einmal lange nichts, ehe wir uns zu jenen herantasten, die uns diese Ursprungswerke bezogen auf die vier Seinsbereiche (Körper, Seele, Geist, Transzendenz) interpretieren helfen.

Unter diesem Aspekt verehren wir die Mystiker Rumi, Novalis, Rilke, Meister Eckardt dann gleichermaßen wie die Philosophen Heraklit, Sophokles, Kant, Nietzsche und Blüher(!). Verneigen uns vor den uns Übersetzungshilfe leistenden Meistern Osho, Ramana Maharshi und Punjaji und den in ihrem Sinne tätigen Lehrern Om Parkin, Gangaji und Mario Mantese.

Diese Genannten lassen uns auf vielen Ebenen Leben begreifen, sie holen uns jeweils dort ab, wo wir sind - ohne überheblich zu sein. Sie lieben die Menschen und haben endlose Geduld - mehr noch als es Zeit bedürfte, alle Bücher dieser Welt zu lesen.

Sie wissen, dass wir zwar von jetzt auf nachher erwachen können für das Wesentliche, aber in aller Regel viele Worte verloren (vergessen) haben müssen, ehe wir das eine Wort finden, das uns schlagartig erhellt, erleuchtet - selig macht.

So suchen wir beim Lesen jedes Buches ein Stück Befreiung aus der Not, aus Verzweiflung und Bedrücktsein. Entsprechend der Neigung des Menschen, sich in Jenseits-Welten zu flüchten, wenn es im Diesseits nicht nach Wunsch läuft, sollen die meisten Bücher dann die Träume nähren, die Illusionen verstärken und die Wünsche erfüllen helfen. Andere Bücher sollen Rezepte sein, die am Beispiel anderer zeigen, wie man zum Erfolg in den verschiedenen Lebensbereichen findet; und wieder andere sollen einfach nur die Zeit vertreiben, leichtverdauliche, anspruchslose Kost sein und Entspannung vom schweren Alltag bewirken.

So breit gestreut, findet jeder sein Buch. Jedes ist dann auch - subjektiv betrachtet - das beste. Dazu ist es faszinierend, festzustellen, dass man in jedem Lebensabschnitt genau das Buch findet, das einem Wegweiser sein kann, wenn man die Botschaft verstanden hat, die einem über das Buch zufallen sollte. Die Fragen, die einen beschäftigen, werden beantwortet - dann, wenn ich wach bin und Rilkes Rat folge, der da heißt: Lebe deine Fragen, so werden es eines Tages deine Antworten sein.

Machen Sie doch einmal die Probe, ob diese Aussage stimmt, indem Sie die Sie gerade im Innern bewegende Frage im Bewusstsein halten, während Sie irgendein gerade greifbares Buch nehmen, es willkürlich irgendwo in dem Bewusstsein aufschlagen, dass Sie auf diese Weise die Antwort auf Ihre Frage erhalten. Lesen Sie! - Die Antwort, die Ihnen zufällt, ist nicht mit der Ratio zu verbiegen, sondern als die vom Himmel herabregende, segensreiche Antwort zu begreifen - aus der Gewissheit heraus, dass das Unterbewusstsein immer mehr weiß als das Oberbewusstsein und diese Art der selbstbestimmten Manipulation die denkbar verantwortungsbewussteste ist. „Quod licet Jovi, non licet bovi", heißt das Sprichwort, was bedeutet, dass Sie den Jupiter (Jovi) in sich als primus inter pares zu Wort kommen ließen und nicht mehr dem triebgebundenen Ochsen in Ihnen; Sie handeln dann im Vertrauen auf die übergeordnete Führung (des Himmels) und sind nicht mehr vom Pro und Contra dieser Welt abhängig.

So werden Sie von der Welt genesen - durch das Lesen.

Wenn Sie dann zum Beispiel die Bibel als das „Buch der Bücher" demnächst wieder einmal in die Hand nehmen, ergibt sich aus dem Zusammentreffen von Wissen und Glauben jene höhere Vernunft, die aus einem gewöhnlichen Buch ein „heiliges Buch" macht: Sie werden nämlich feststellen, dass es einen Unterschied ausmacht, ob man ein Buch liest, das eine subjektive Wahrheit vermittelt, die Wahrheit des Autors, der das Buch geschrieben hat, oder ob man ein Buch liest, das alle Wahrheiten (= alle unterschiedlichen Standpunkte in dieser Welt) in sich vereinigt und somit die Wirklichkeit beschreibt.

Das „Wissen" in der Bibel drückt sich in der mathematischen Genauigkeit aus (so weit sie kein Jota von der Tora der Juden abweicht / siehe alle interpretierenden Werke von Friedrich Weinreb). Der „Glaube", den die Bibel einfordert, liegt in der Weite des Wortes „Liebe deinen Nächsten wie dich selbst", gib dir den Wert wie du ihn dem anderen gibst (Bekanntes/Wissen und Unbekanntes/Nicht-Wissen). Wenn dies im Gleichgewicht der Akzeptanz ist, bist du heil. -

Wenn Sie sich in diesem Sinne verändern, ändert sich die Welt. Stellen Sie sich vor, dass Sie ab sofort jedem Menschen auf dieser Welt zugestehen würden, dass er ein Recht darauf hat, um seiner selbst willen geliebt zu werden - genau so, wie Sie es für sich in Anspruch nehmen, um Ihrer selbst willen geliebt zu werden und nicht für eine Rolle, die Ihnen die so genannte Umwelt aufdrücken möchte.

Indem Sie dies lesen, mögen Sie genesen!

☙

16
Bestechung und Bestechlichkeit

Sie sehen heute wieder bestechend aus. Wen möchten Sie denn heute bestechen? – Mit Ihrer bestechend schönen Arbeit haben Sie die Stellenausschreibung gewonnen. Ihre Mitbewerber bleiben deshalb arbeitslos. Ist Ihnen das bewusst?

Ihr bestechender Geist hat schon so manchen fasziniert. Sind Sie sich über die Folgen, die dies haben kann, im Klaren?

Ihre bestechenden Fähigkeiten wirken auf viele sehr bestechlich. Hält das Ihren moralischen Grundsätzen stand?

Das Geschenk, das Sie machten, ist als aktive Bestechung gewertet worden. Können Sie das nachempfinden? Fühlen Sie sich schuldig?

Sind Sie bestechlich, wenn Ihnen Ihr Geschäftspartner verspricht, dass Sie im Preisausschreiben, bei dem der Rechtsweg ausgeschlossen ist, den Hauptpreis gewinnen werden, wenn Sie ihm den lukrativen Auftrag geben? –

Halten Sie es für Bestechung, dass Sie zu Weihnachten eine Kiste Wein frei Haus geliefert bekamen, weil Sie in Ihrer Gemeinde im Gemeindevorstand sind und dort für das Wohl aller eintreten?

Bestechung und Bestechlichkeit sind im Alltag offen und verdeckt, erkannt und unerkannt, ständig präsent. Ich behaupte, dass wir alle in irgendeiner Weise bestechlich sind. Allerdings entspricht es meiner persönlichen Erfahrung, dass es im Wirtschaftsleben System geworden ist – und das seit langer Zeit. Wer in unserer so genannten freien Marktwirtschaft etwas werden will, muss mit den Wölfen heulen – und das bedeutet, einen (Schleich-)Weg finden, wie man durch Zugaben an jenen Auftrag kommt, den sonst ein anderer erhalten würde. Die Politik hängt da mit am Tropf, denn sie ist in wirtschaftlichen Zwängen, die es bedingen, dass sie im System mitschwingt.

Wenn ich fairer Weise erst einmal vor der eigenen Tür kehre, stelle ich fest, dass zu jenem Zeitpunkt, als ich Lehrling bei der Frankfurter Neuen Presse war, Redaktion und Anzeigen streng getrennt wurden. Auch damals gab es schon Großkunden, die redaktionelle Zugeständnisse haben wollten, wenn sie große Anzeigen-Aufträge erteilten. Doch die moralischen Grundsätze wurden in aller Regel eingehalten: Der Redakteur ließ sich nicht bestechen; folglich hatte der Kunde keine Möglichkeit, über den Anzeigenleiter zu bestechen. Dann gab es eines Tages die Public Relations, redaktionell gestaltete Anzeigen, die in der Regel kaschierte Preiszugeständnisse waren. Wehe, wenn dies die Wettbewerbshüter von der Zentrale zur Bekämpfung unlauteren Wettbewerbs mitbekamen. Dann gab es empfindliche Geldstrafen. Schließlich brachen aber alle Dämme, als im Rahmen einer Europäischen Gesetzgebung die Zugabe-Ordnung aufgeweicht wurde. Jetzt durfte gehandelt werden. Preislisten wurden mehr oder weniger überflüssig, denn kein Kunde ließ es sich nehmen, zu handeln. Im Wettbewerb kam es nun darauf an, den jeweiligen Gesprächspartner mit irgendetwas zu bestechen, dass er sein Werbebudget dem zukommen ließ, der entweder den höchsten Rabatt auf die Anzeige gab oder eine möglichst große redaktionelle Zugabe versprach. Leserreisen konnten eventuell kostenlos abgegeben oder Gegengeschäfte für Produkte verabredet werden. In jedem Fall ist es bis heute ein „kreativer" Prozess, herauszufinden, womit der König Kunde „bestochen" werden kann.

Da ändert auch das 1999 eingebrachte Gesetz nichts, wonach Bestechung und Bestechlichkeit als Straftat und nicht als Kavaliersdelikt betrachtet werden. Im Gegenteil: Jetzt ist man gehalten, es nicht ans Licht kommen zu lassen, was überall üblich ist. Es ist ähnlich wie mit der Prostitution: Sie ist verboten, wird aber stillschweigend geduldet.

Diese doppelte Moral ist einfach nur ätzend!

Man betrachte sich nur das öffentliche Schauspiel, bei dem Herr Ackermann straffrei bleiben kann, ein bestochener Schiedsrichter Hoyzer aber verurteilt wird. „Die Großen lässt man laufen, die Kleinen will man hängen", so heißt es allerorten. Wenn dann noch die Erinnerung an die verschiedenen politischen „Skandale" wach wird, in denen Bestechung nachgewiesen wurde, ist die Volksseele überfordert. Einerseits weiß man, dass man selbst in vielerlei Hinsicht Täter und nicht Opfer ist (siehe die einführenden Sätze, die im Grundsatz unser aller Bestechlichkeit spiegeln), andererseits schockiert die Unverfrorenheit, mit der man im großen Stil sich Vorteile verschafft, indem bewusst Millionenbeträge für Bestechung eingesetzt werden. – Aber spielt die Größenordnung der Bestechungsgelder wirklich die entscheidende Rolle, ob es akzeptabel oder verwerflich ist?

Die Realität ist, dass der Werteverlust in unserer Gesellschaft so gravierend ist, dass das, was wir von Bestechung und Bestechlichkeit wissen, nur die Spitze des Eisbergs ist. Dahinter liegen in der Analogie die vielfältigen Krankheiten, z.B. Bandscheibenvorfall, Stoffwechsel-Beschwerden, aber auch Identitätsverlust, Burnout-Syndrom und Depression, Politik-Verdrossenheit, Null-Bock-Einstellung – und die Flucht in magisch-mystische Spinnereien, die inhaltlich nichts mit einer ernsthaften Esoterik, die – richtig verstanden - aus dem Jammertal helfen könnte, zu tun haben.

Damit gebe ich mir selbst das Stichwort, wie wir aus der Falle der doppelten Moral herausfinden können. Jetzt! – Die geistigen Gesetze geben vor, dass wir das ernten, was wir gesät haben. Wenn wir heute so viel Unlauteres zu beklagen haben, wenn das unsere Ernte ist, dann muss zeitlich davor die Saat dazu eingebracht worden sein. Wir haben es damals zugelassen, jetzt hängen wir mit da drin. – Lassen Sie uns verstehen, wie es dazu kommen konnte. Lassen Sie uns „den Schatten umarmen" und verzeihen – auch den Siemens-Managern. Und gleich danach lassen Sie uns eine neue Saat einbringen (ich hoffe, dass wir noch einen geeigneten Acker dafür finden; andernfalls müssen wir ganz aus dem System aussteigen…)und uns auf die alten Werte besinnen: die Tugend, Ethik, Anstand.

Das Paradoxe daran ist, dass diese Werte sich aus ihrem Gegenteil nähren – so wie alles in unserer polaren Welt. Insofern können wir den Bestechenden wie den Bestechlichen auch dankbar sein. Das wäre – aus meiner Sicht – bestechend.

17
Evangelische Kirche

Der Mitgliederschwund in den deutschen Amtskirchen ist gravierend. Die Evangelische Kirche in Deutschland reagierte nun darauf, indem sie Reformperspektiven bis 2030 entwickelte. Noch wird lediglich darüber diskutiert, und es geht im Zusammenhang um sinkende Finanzkraft und den Bevölkerungsrückgang. Dies lässt darauf schließen, dass der „Mitgliederschwund" wieder einmal nicht im Licht der verlorenen inhaltlichen Werte gesehen wird, sondern äußere, nicht selbst verschuldete Kriterien für die Misere angeführt werden.

Wie seinerzeit Martin Luther stelle ich heute ketzerisch Thesen auf, die darauf zielen, das Bestehende in Frage zu stellen und Reformen einzuklagen, die notwendig sind, wenn es nicht um Finanzen und die Quantität der Mitglieder geht:

1. Die Evangelische Kirche in Deutschland (EKD) will eine Brücke zu Gott bauen. Sie will unabhängig von materiellen und ideologischen Vorgaben sein und bleiben. Sie nährt sich aus der in der Historie ihrer geistigen Mutter, der Katholischen Kirche, gewonnenen Erkenntnis, dass die Vermischung von Staat und Kirche einem Seelenverkauf gleichkommt und deshalb unbedingt vermieden werden muss.

2. Die EKD verpflichtet sich, ihre kritische Distanz gegenüber Dogmatismus und Bevormundung jeglicher Institutionen und Instanzen zu bewahren. Sie steht für die freie Entfaltung des Individuums in einer auf den Grundwerten Tugend, Freiheit und höherer Vernunft errichteten Gesellschaft.

3. Die EKD sucht den Austausch mit allen Religionen und Weltanschauungen und ist bereit, von anderen zu lernen – wohl wissend, dass andere Kulturen unterschiedlichen Zugang zu der einen Gottheit haben und der eigene Zugang zum Höheren auch nur eine Wahrheit im Spektrum der Wahrheiten ist, die es zu einer Wirklichkeit gibt.

4. Die EKD hat ihre innere Heimat in der Fürsorge für die verlorenen Seelen, d.h. den in der Welt nach Sinn Suchenden, den in der Welt Verlorenen, den in der Welt nach Entwicklung Drängenden, den in der Welt Verzweifelten.

5. Die EKD offenbart ihre Kraft in der Förderung des Einzelnen unabhängig von dessen Herkunft und Zugehörigkeit zu einer politischen oder religiösen Gemeinschaft. Diese Förderung liegt in der Bewusstseinsbildung, dass es keine Sünde und keine

Schuld gibt. Jeder Mensch muss lediglich lernen, die Polarität dieser Welt anzuerkennen und sich auf etwas Höheres (genannt Gott) auszurichten, dem er in Freude dient.

6. Die EKD anerkennt die symbolische Bedeutung einer „Mutter Maria", die als „reine Magd" um ihren Auftrag in dieser Welt weiß, nämlich zu dienen, sich an ein Du zu verschenken. Die EKD übernimmt diesen Wert, indem sie bekennt, ihre ganze Potenz hingeben zu wollen, damit alles in dieser Welt Lebendige die Bedeutung des Geistigen und Transzendentalen erfahre, um am Ende aller Tage heimzufinden zu einem Verständnis, das die ehemals „verlorene Seele" in einer Weltenseele ruhen lässt.

7. Die EKD macht in allen Lehren deutlich, dass vor Gott alle gleich sind und dass es darum geht, seinen Nächsten zu lieben wie sich selbst. Dabei geht es nicht um eine vordergründige Harmonie, sondern um das bewusste Aufdecken des Pro und Contra in der polaren Welt. Erst am Ende eines ewigen Sterbeprozesses erfährt so der wache Mensch, dass nur durch andauernden Wandel alles in dieser Welt zur Ruhe, ins Gleichgewicht, kommt.

8. Die EKD bietet verlässlichen Schutz für alle geistigen Strömungen. Sie verpflichtet sich, stets ein Sammelbecken auch für all jene zu sein, die als Minderheiten verfolgt oder geächtet werden. Es gibt für die EKD kein Tabu, das sie berechtigte, irgendetwas oder irgendjemandem die Hilfe als Brückenbauer zum Göttlichen zu verweigern.

9. Die EKD ist eine Gemeinschaft, die das Evangelium jeweils entsprechend des Zeitgeistes in Worten und Taten umsetzt. Im 21. Jahrhundert ist es das „Wassermann-Evangelium", das als frohe Botschaft vermittelt werden soll. Das verlangt ein Bekenntnis zur Veränderung des Bestehenden, zur Aufdeckung der Schwachstellen in Systemen, zum Verlassen eingefahrener Strukturen und deren „Schriftgelehrten".

10. Die EKD stellt sich mit den vorher genannten Thesen bewusst an die Spitze der christlichen Glaubensgemeinschaften, denn sie übernimmt die Verantwortung für alle sich daraus ergebenden Konsequenzen. Sie erhebt keinen Anspruch, dafür von ihren derzeitigen Mitgliedern geliebt zu werden. Sie möchte in ihrem Grundwerte-Verständnis lediglich geachtet werden. Es geht ihr um Qualitäten, nicht um Quantitäten. Ihre Orientierung ist auf das einende Göttliche ausgerichtet, nicht auf die polare,

weltliche Gemeinde.

11. Die EKD ist sich darüber im Klaren, dass diese Haltung als Verrat am Bestehenden ausgelegt werden wird. Sie ist bereit, den Preis dafür zu zahlen.

12. Die EKD weiß sich im Einklang mit der All-Einheit des Göttlichen. Sie übernimmt alle ihr in der Welt gestellten Aufgaben gegenüber dem Einzelnen, der Familie, der Gesellschaft, den Völkern, in der Wirtschaft, in der Wissenschaft, in der Politik und in der Religion entsprechend der Weisungen, die die sie vertretenden, wachen Bischöfe, Dekane, Pfarrer, Diakone und Laien in ihrer jeweiligen individuellen Hinwendung zu Gott als sinnstiftend erfahren haben.

Sie kann unter diesem Gesichtspunkt nichts verkehrt machen. Oder doch?

18
Mut zum Chaos

„Das ist elefantös, sagenhaft, supergeil, galaktisch!" – Großartiges muss heutzutage so beschrieben werden, damit den Bewohnern in den Teilen der übersättigten, inflationären Welt das über die Normalgrenze Hinausgehende überhaupt noch ins Bewusstsein rückt – und was sich in der Sprache zeigt, ist Anfang und Ende unseres Lebenskreises.

Es gibt so Vieles, was in kurzer Zeit jedes vorstellbare Maß „überschritten" hat. Ja, es sind keine Schritte mehr, die wir innerhalb kontinuierlichen Wachstums machen, es sind Quantensprünge. Diese sind allerdings längst nicht von jedem inhaltlich nachvollziehbar – und somit entsteht ein Loch: ein Bewusstseins- und Erkenntnisdefizit. Die Grenze des Verstehbaren ist erreicht. Deshalb wird Wissen um Wissen angehäuft. Immer mehr drängen zur Universität. Jeder hat die Hoffnung, dann am ganz Großen, Wunderbaren teilhaben zu können; und schnell soll es gehen.

Orientierung bieten dabei immer noch – teilweise neu verkleidet – die alten Muster, die rational verarbeiteten Modelle, die erprobten Meister - mit dem Ergebnis, immer besser nachvollziehen zu können, wie die Welt funktioniert, aber ohne Erkenntnis des Sinns; der hält sich nach wie vor verborgen, liegt hinter der Erkenntnisgrenze. Das erzeugt zunächst Unzufriedenheit, dann Angst, schließlich Depression. Man konnte sich nicht mit den vorgestellten Mitteln in kurzer Zeit dessen bemächtigen, was man haben wollte.

Dieser Punkt der Verzweiflung ist das Nadelöhr, durch das das Genie (der an das Jenseitige – noch nicht Erforschte – Glaubende) durchgeht und die Masse wie in einem Sodom und Gomorra immer nur rückwärts blickend erstarrt.

Risikobereitschaft, Abenteuerlust, Mut zum Chaos sind die Attribute des die Angst überwindenden Wanderers in dieser Zeit. Die anderen machen das vor dem Nadelöhr Liegende zum Selbstzweck. Gigantomanisch werden die Teile, die zur Grenze des rationalen Erkennens geführt haben, aufgebläht: zum Beispiel in der Technik (Handel, Wirtschaft), Psyche (Therapie), Intellektuellem Wissen (Naturgebundener Geist).

Alles wird zur inflationären Droge, wird Selbstzweck, ist nicht mehr auf das Höhere, auf die Grenze, das Nadelöhr, durch das man durch muss, ausgerichtet. Die Teile geben vor, sich selbst genügen zu können, grenzen sich ab, sind in ihrer selbst gewählten Enge und Kleinheit schließlich nur noch Marionetten der Masse, die von jenem gelenkt werden, der ihre Angst, Unzufriedenheit, Depression am inflationärsten (mit den größten Versprechungen des Aufblähens in bestehenden Formen und Grenzen) anzusprechen versteht.

Da gibt es in Wirklichkeit keinen Unterschied bei dem verschiedenen -ismus.

Wo immer Geld um des Geldes willen verdient, Wissen um des Wissens willen gesammelt und Gefühle um der Gefühle willen ausgedrückt werden, ist es notwendig (die Not wendend), sich auf das Ziel (das Nadelöhr) zu besinnen; dabei nicht darauf lauernd, was bei unseren Anstrengungen herauskommen müsste, sondern geduldig wartend, was hereinkommt, während wir selbstbewusst handelnd unterwegs sind.

Eines ist sicher: Wir erreichen dieses Ziel. Die Frage ist nur, in welchem Bewusstseinszustand. –

Gut, dass wir die „Lebens(t)räume" haben, die auffordern, das Träumen im Schlaf hinter uns zu lassen, und stattdessen traumhaft wach zu sein, um wahrnehmen zu können, was wirklich ist. –

„Träumende leben in einer Welt allein, Wachende in einer Welt gemeinsam!"

CR

19
Frauenpower

„Frauenpower" zeigt sich für mich am deutlichsten im gleichnishaften Beispiel der „Mutter Gottes", Maria. Mar (Meer), Mater (Mutter), Materie - das sind die Begriffe, die symbolträchtig im Namen Maria schlummern und zu inhaltlicher Bedeutung geführt werden wollen: in unserem Bewusstsein.

Inayat Khan, der Sufi-Meister, sagte einst: „Das Meer geht im Tropfen auf". So ist es. Maria steht für das unermesslich große Meer, für alles, was aufnehmenden und hingebenden Charakter hat (wie eine Mutter) und für die Vielfalt in der Materie.

Ihre „Power" liegt darin, die sich in Rhythmen vollziehende Entwicklung ihrer individuellen Potenz zu entfalten, zu schützen, zu fördern, zu reinigen, zu erkennen und zu analysieren. Aus der Gewissheit des „Ich bin" erhebt sich in ihr die Frage: Wozu bin ich? Wofür soll ich mich hingeben? Was soll ich aufnehmen? Was fehlt mir?

Sie erhält die Antwort aus dem Jenseitigen, dem Andersartigen, aus der Nicht-Mater(ie): Du bist dazu berufen, einen Geist- oder Gottes-Funken aufzunehmen!

Maria hat die Botschaft in der dunklen Nacht, im Traum, empfangen. Keiner weiß davon. Keiner kann es sehen. Es ist eine unbefleckte Empfängnis. –

Diese Interpretation macht sich die Katholische Kirche zunutze, indem sie das, was nachfolgt, nämlich die Befleckung durch Josef, den Zimmermann, den Formenbauer, unterdrückt. Er ist nur ein Begleiter für Maria, einer, der nicht zeugte, sondern nur als Zeuge für die geistige Empfängnis auftritt.

Das ist äußerst raffiniert, denn damit wird der Frau die Fähigkeit abgesprochen, das Geistige in der Weise zu erfassen, dass sie es verstehen und in die Verwirklichung umsetzen könnte. Dies blieb dem Mann vorbehalten und verdammte die Frau, dem Mann untertan zu sein und keinen legitimierten Anspruch auf Zugang zu jenen Quellen zu erlangen, die sie die Wahrheit allen zyklischen Geschehens hätte erkennen lassen:

Maria nimmt die „Botschaft des Himmels" als Auftrag an, dem Gehörten (dem Wort) eine Seele einzuhauchen, indem sie die Unschuld der unbefleckten Empfängnis opfert und sich Josef hingibt, damit er im Materiellen zeuge, was im Geistigen beschlossen ist. Das äußere Zeichen für das entstehende Leben in der Form ist das Blut (des schuldig Werdens bzw. der Befleckung).

Genau durch diesen Vorgang ist in dieser, unserer Welt jeder von uns aufgefordert, der Frau bzw. dem Weiblichen die Schlüsselstellung für das Werden in der Form zuzugestehen. Sie ist es, die uns ständig mahnt, uns daran zu erinnern, dass das Geistig-Göttliche sich in die Welt geopfert hat, indem ein Sohn mater-(ialisiert) wurde, der sichtbares Zeichen ist für den Höheren Willen, dass aus der Frau, Maria, dem Meer, der Mater, der Materie, etwas hervorgegangen ist und immer wieder hervorgehen soll, das in der Welt, in der Natur, in jedem von uns als das Unermessliche, das absolut Freie, Über-legene erkannt werden kann und soll.

Je mehr sich heutzutage Frauen dieses Auftrags bewusst werden, je mehr machen sie ihre Rechte geltend. Sie drücken es anders aus, weil die Urbilder vergessen gemacht oder eigennützig verfälscht wurden, aber das Gegen-Bild zu Gott-Vater, die Gott-Mutter, wird mehr und mehr gleichberechtigt kreiert.

Die Fantasien, Vorstellungen, Konstrukte, Konzepte, Befindlichkeiten und Empfindlichkeiten, Maßnahmen, Handlungen und Behandlungen, die im Laufe der Jahrhunderte eingesetzt wurden, um zur angestammten Gleichberechtigung von Geistigem und Materiellem zu gelangen, offenbaren das Gute (Göttliche), das stets geschaffen wird, wenn ein Pol in dieser polaren Welt überstrapaziert wird.

Mittlerweile ist es in der Welt, in der man (vorübergehend) das Kriegerische der Vergangenheit reflektieren kann, klar, dass es um die Gleichberechtigung, das Sowohl:Als auch, geht.

Aber es sind immer nur wenige, die hinter die Kulissen blicken und die Schleier der Maya (Maria) durchdringen. Deshalb hat natürlich die Verwaltung der Katholischen Kirche (aber auch die Verwaltung fast aller anderen Religionsgemeinschaften) keinen Grund, etwas zu ändern an der Politik, die vorgibt, dass Maria körperlich unbefleckt empfangen habe. Im Gegenteil: Sie werden so lange es geht, dafür argumentieren, dass gerade in der Ausnahme-Erscheinung der Frau Maria sich das Wunderbare dergestalt ausdrücke, dass es etwas in dieser Welt gäbe, das unschuldig genannt werden kann, während wir, also alle anderen, schuldig wären.

Meine Meinung: Unschuldig ist nur jener Funke, der vorgab und vorgibt, dass wir uns schuldig machen MÜSSEN, um echte

Religio (Rückbindung zu Gott-Vater-Mutter) zu leben. Genauso könnte ich sagen: Es gibt keine Schuld, außer jener, dass ich es mir schuldig bin, mir bewusst zu machen, wozu ich in dieser Welt berufen bin: mir klar zu werden, was mir fehlt, was mir verloren gegangen ist.

Als Mann suche ich die Frau – mit aller Power, die mir/ihr zur restlosen Verausgabung bei der Ich-Hingabe an das Du zur Verfügung steht.

CR

20
Wunschlos glücklich sein

An dieser Stelle habe ich schon mit vielen Tabus gebrochen, weil es mir ein Bedürfnis ist, jenen zu widersprechen, die ihre subjektiven Thesen mit den Worten untermauern: „Dies ist die einzige Wahrheit!" Zuletzt erlebte ich das während des „Licht- und Farb-Kongresses" auf Lanzarote, als sich ein sehr anerkannter Professor darüber ereiferte, dass ich sagte, es gäbe genau so viele Wahrheiten, wie es Standpunkte zur Wirklichkeit gibt.

Zugegeben, die größere Faszination liegt darin, dass jemand mit einem großen Namen verkündet: Ich habe die Wahrheit. - Wir sind dann unsicher, weil der kluge Kopf so selbstsicher wirkt und seine ganze Autorität einbringt.

Wenn ich mit meiner Autorität den Widerspruch wage, laufe ich Gefahr, gleichermaßen in die Falle der Selbstherrlichkeit zu tappen. Doch ich bitte Sie, mir zu glauben, dass ich fast bei jedem Wort, das ich zu Papier bringe, zögere, weil ich ja nicht wissen kann, was jeder Einzelne von Ihnen aus meinen Worten macht. Jedes Wort kann bedeutsam sein, kann zu entscheidenden Konsequenzen führen. Worte können so viel bewegen, können aufbauen und zerstören.

Ich habe zwar keine Angst vor eventuellen Missverständnissen, doch es liegt in meiner gefühlten und akzeptierten Verantwortung, wach zu sein und mich nicht verleiten zu lassen, von anderen erworbenes bzw. geborgtes Wissen als meine Wahrheit auszugeben. In mir schwingt ständig ein „vielleicht". Vielleicht irre ich mich. Vielleicht ist alles noch viel paradoxer als ich es ohnehin schon bei meinem Selbststudium erkannte.

Doch ich bekenne mich zu meinem aufwärts strebenden Feuer. Eine Flamme ist in mir, das alles Wasser, das gleichzeitig da ist, verdunsten lässt. Es ist wie ein Bekenntnis zum Leben an sich. Ich folge meiner Spur als doppelter Widder, Pionier und Himmelsstürmer und schreibe mir von der Seele, was mich bewegt – dabei darauf achtend, dass ich Ihnen möglichst nichts aufzwinge und Sie erkennen können, dass Sie Ihrer eigenen Spur zu folgen haben – nicht der meinen. –

Letzte Woche fiel mir ein schönes Buch in die Hand: „Momoko", das den Untertitel „Von der Kunst, wunschlos glücklich zu sein" trägt. Ich habe mich gleich mit dem Autor, B.M. Tang, der das Buch im Eigenverlag herausgibt, in Verbindung gesetzt, weil ich selbst vor zwölf Jahren die Erfahrung des wunschlosen Glücklichseins machte. Ich schrieb eine Mail folgenden Inhalts: „Ja, es ist ein traumhaft schöner Zustand, wunschlos glücklich zu sein. Für mich ergab es sich so, als ich Ende 1992 von Lanzarote zurück kam nach Deutschland, der Liebe zu meiner Frau folgend. Dann kam auch noch ein zweites Wunschkind (26 Jahre nach meinem Sohn Jens) – Larissa – zur Welt. Ich machte ohnehin bis dahin schon vierzehn Jahre nur das, was mir von Innen heraus Spaß machte. Was sollte es mehr geben? Ich war wunschlos glücklich. Da war nur eine bohrende Frage in mir: Was ist dieses Leben außerhalb aller Form, das jedoch alle Formen durchdringt? Mein Zen-Weg hatte mir viele Antworten darauf gegeben, doch sie waren nicht transzendiert. Wenn es keinen Wunsch, auch keine Vision mehr gab, was sollte dann noch für ein Sinn in diesem Hier-Sein liegen? Konnte ich dann nicht genauso gut tot sein? Die Antwort war: JA. – Die Wahrheit offenbarte sich in diesem Punkt: Leben ist Tod, Tod ist Leben. Es gab nichts mehr zu tun, das mit einer Zielprojektion zu tun hatte. Was bedeutete in diesem Zusammenhang „Verantwortung"? – Ich bat um ein Zeichen. – Ich erhielt es. Ich wurde erfreulicherweise krank. Die Umstände erforderten, dass ich genau zwölf Tage im Krankenhaus warten musste, bis die Operation möglich war (symbolisch wichtig: Gallenblase). Es waren zwölf Tage der Einweihung, in denen ich erfuhr, dass das wunschlose Glücklichsein einmünden durfte in eine neue „Bundeslade", eine neue Verantwortung, die ich in der Welt für einen bestimmten Kreis zu übernehmen habe. –

Jetzt hat mein Leben (wieder) höchsten Sinn….."

Das ist kein Widerspruch zu dem, was ich als dahinter liegende Wahrheit für mich erkannte: Das Leben hat kein Ziel. Es ist absolut absichtslos. Es ist ein wundervolles Spiel – feurig bewegend, von Liebe durchflutet.

21
Doping

Haben Sie sich schon Ihre Meinung zum Doping gebildet? Ist es Betrug, ist es ein Kavaliersdelikt? – Ich jedenfalls wundere mich über die Geschlossenheit der Front, der sich jetzt die „Sünder" gegenüber sehen. Wehe, wenn sich einer mit den Aufklärern, den Geständigen, den Anti-Doping-Akteuren in den Sportverbänden, in der Presse und der Politik mit besonnenen Worten konfrontiert und zur Mäßigung mahnt. Er wird verbal vernichtet, gilt als unmoralisch und weltfremd. - Sie wissen ja, dass es zur Bewusstseinsarbeit gehört, wahr zu nehmen, dass dort, wo Licht ist, auch Schatten ist – und dass es wichtig ist, den Schatten umarmen zu lernen.

Daraus leiten wir ab, dass es im Individuellen wie im Allgemeinen ein Ungleichgewicht gibt das es über die Frage „Was fehlt?" zu erkennen und nachfolgend wieder in Harmonie, in Ausgewogenheit, zu bringen gilt. Allein das führt zur Heilung, zur Harmonie, zur Bereinigung, zur Klärung und „Befreiung von Sünden".

Was fehlt denn beispielsweise im Radsport, wo man glaubt, dass die Doping-Sünden am größten seien? Wenn man die Masse betrachtet, NICHTS, denn die Begründung, dass man gedopt habe, weil dies jeder mache und man nur Nachteile (gehabt) hätte, wenn man nicht mitspielte, kann auf andere Gesellschaftsbereiche direkt übertragen werden: Fast jeder versucht, irgendetwas dem Finanzamt vorzuenthalten. Fast jeder trinkt am Morgen Kaffee und am Abend sein Bier, um sich zu dopen und den (Über-) Forderungen des Alltags gerecht zu werden. Fast jeder schluckt die Widerworte, die er vielfach schon auf der Zunge hat, wieder krampfhaft hinunter, damit er seinen Arbeitsplatz nicht verliert. Fast jeder hat in seinem Umfeld Bestochene und Bestechende, die dem Druck in bestimmten Situationen nicht entgehen konnten. Fast jeder hat in seinem Leben schon so genannte „Not-Lügen" gebraucht, um vermeintlichem Schaden zu entgehen. Fast jeder kennt und nutzt Mittelchen, die in ihm wichtigen Bereichen unterstützend wirken sollen. Man stelle sich nur vor, dass Viagra auf die Doping-Liste gesetzt würde…. Fast jeder hat von Politikern gehört, die nicht widerstehen konnten, für Geld Ideale zu verraten. Fast jeder hat von Journalisten gehört, die sich, um ihren Job nicht zu verlieren, der politischen Redaktionsleitlinie unterordneten.

Fast jeder hat von Funktionären gehört, die ihre Macht-Position zu sichern suchten, indem Sie gezielt Intrigen spannen. –

So in die „normale" Gesellschaft eingewoben, durften sich die „Doping-Sünder" lange Zeit relativ sicher fühlen. Immer war zwar klar, dass die, die auffielen, auch bestraft wurden, um der genauso verbreiteten Scheinheiligkeit willen, aber genauso mehrheitsfähig war die Einstellung, dass man nur geschickt genug zu sein hatte, nicht aufzufallen. Wer dennoch erwischt wurde, war dann halt selbst schuld. –

Ist nun die Zeit gekommen, dass man sich tatsächlich wieder auf echte Werte besinnt und individuell Verantwortung übernimmt, auch dann, wenn sich persönliche Nachteile damit verbinden? Oder geht es jetzt nur um das Abwägen, wo man mehr verdienen kann: als Geständiger durch Honorare der Aufklärer oder als Beschuldigter durch das bewährte Aussitzen, bis Gras über die Sache gewachsen ist?

Wie naiv muss man eigentlich sein, um anzunehmen, dass das, was verboten ist, nicht erst recht den Reiz in sich trägt, es auszuprobieren? Jeder halbwegs Wache weiß das, wenn er Kinder wie Erwachsene beobachtet. Was meinen Sie wohl, wie viele Mediziner in Bereichen forschen, die aus irgendwelchen Gründen offiziell nicht erlaubt wurden? Der Mensch macht, was er kann – bis er und sein Umfeld vernichtet sind. Gott sei Dank hält Mutter Erde mehr aus, als manche sich vorstellen können; sonst wäre sie schon längst in die Binsen gegangen. Sie erneuert sich immer wieder aus sich selbst heraus. –

Und genau das ist der Teil jener Kraft der als geschlossene Phalanx auftretenden Doping-Bekämpfer, die wie Inquisitoren das Böse geißeln und dabei tatsächlich das Gute hervorbringen: Der einzelne Beschuldigte erkennt die Heuchler-Garde, sieht, dass Mehrheiten leicht zu steuern sind und jene, die heute noch Freunde sind, morgen die Verräter sein werden, weil sie wie Schafe den meinungsbildenden „Erziehern" der Gesellschaft folgen. (Erinnert Ihr Euch noch an Helmut Kohl? Er hat die Spender nicht verraten.) Sie finden somit zur Selbstverantwortung, im besten Falle zur Rückbesinnung auf die ihnen innewohnende Instanz, die ganz individuell vorgibt, was recht und was unrecht ist. –

Es ist wie bei der Abtreibung. Die Verantwortung hat jeder im Verhältnis zu dem zu treffen, was ihm an Werten dazu mitgegeben ist.

Es ist wie beim Heroin. Die Verantwortung wird unterschiedlich empfunden. Ein Verbot hat aber noch nie etwas genutzt. – Es geht um Aufklärung, um Herzensbildung, um das Verstehen der Not, in der die Dopenden sind. – Ich habe ihnen längst verziehen, weil mir klar ist, dass die meisten zu schwach sind, um sich in dieser mit der Angst dirigierten Gesellschaft zu behaupten. - Deshalb: Einer für alle, alle für einen: Jan Ullrich verdient unseren Respekt, unsere Liebe. Er ist einer von uns, einer, der schwach wurde angesichts der Verlockungen, denen fast jeder unterliegt – mit einem Unterschied: Er war erfolgreicher als viele von uns. Ich bewundere das. Für mich bleibt da allein Dankbarkeit für das Erleben vieler Stunden, die ich ihn als Radfahrer sehen und als Beispiel für die Bereitschaft, äußeren wie inneren Schmerz auszuhalten und durchzugehen, begreifen durfte.

22
Spiri-Wissens-Verschnitt

Es ist schon erstaunlich, was Werbung bewirkt. Auch Sie hat sicherlich die breit angelegte Kampagne zu „Bleep" und „Secret" erreicht. Beide Schöpfungen vermitteln, wie angeblich der Paradigmenwechsel nun breite Bevölkerungsschichten erfasst habe und endlich die Wissenschaftler den Beweis für seit langem bekannte esoterische Thesen geliefert hätten oder aber jeder von uns die Möglichkeit hätte, sich das Universum geneigt zu machen und durch die Kraft der Vorstellung, des Wünschens und Kreierens sein Leben zu einem Wonnebett der Freuden zu gestalten.

Ehrlich gesagt, mich haben beide Filme (als DVD´s) gelangweilt. – Es ist die Gegenreaktion, wenn Selbstverständlichkeiten in gestelzter oder reißerischer Sprache als gerade neu entdeckte, die Menschheit nun von den Sockeln stürzende Erkenntnisse verkauft werden. Das betrifft insbesondere „Bleep", während in „Secret" die so genannte Kraft des positiven Denkens noch einmal übersteigert wird und den Leuten weis gemacht wird, sie müssten nur richtig wünschen und dann verliefe das Leben so, wie sie es wollen.

In meinem Umfeld hat mich überrascht, wie selbst jene, die seit langem auf dem Weg zu mehr Bewusstheit sind, sich überschwänglich begeistert über diesen Spiri-Wissens-Verschnitt äußerten.

Ja, es gibt mir zu denken, ob ich nicht wieder einmal aufgerufen bin, mein Aufgabengebiet zu ändern. Denn schon vor zwanzig Jahren war ich im eigenen Betrieb kontraproduktiv, indem ich jene, die in das Esoterische Zentrum auf Lanzarote kamen, um sich von der Realität dieser Welt zu distanzieren und auf „Wolke Siebzehn" zu gehen, aus deren Sicht die Härte zeigte, sich auf dem Boden der Tatsachen auf dieser Erde das Paradies zu gestalten. Allerdings nicht durch frommes Wünschen sondern durch das inhaltliche Studium ihres Lebensplanes, in dem verankert ist, dass Glück sich allein daraus ergibt, wie der Einzelne begreift, das zu wollen, was er soll. Die gesetzmäßigen Grundlagen dazu sind das Resonanz- und das Polaritätsgesetz. Das, was die Wissenschaftler im Film dazu erfassen, ist allein die Reduktion, wie Geist auf den Körper wirkt. Doch die Zusammenhänge und Komplexitäten und Vielfältigkeiten auf den verschiedenen (!) Bewusstseinsebenen, die sich bei Berücksichtigung der zum Sein gehörenden Aspekte

Ein brasilianisches Sprichwort sagt: „Wenn einer alleine träumt, ist es nur ein Traum. Wenn viele Menschen träumen, ist es der Beginn einer neuen Wirklichkeit." – Wieder gefunden habe ich diese Zeilen im Prospekt der Träumer Helga und Hans Jürgen Müller, die 1984 begannen, die „geistige und künstlerische Krise unserer Zeit" zu überwinden, indem sie auf Teneriffa mit Künstlern und Kunsthandwerkern einen Ort der Schönheit schufen, der als Treffpunkt für Politiker, Unternehmer, Wissenschaftler und Künstler gedacht ist: MARIPOSA (Schmetterling).

Es ist ein Modell der Hoffnung, der Zuversicht, des nicht endenden Vertrauens, dass in jedem Menschen das Gute, Wahre, Schöne angelegt ist. Auch dann, wenn diese Werte heute vielfach dem vordergründigen Kommerz mit Korruption, Doping, Spionage, Mord geopfert sind, bleibt die Gewissheit, dass der Mensch gut ist, wenn wir ihn in seinem Wesenskern – und nicht an der Schale – erfassen.

Müllers haben in dreiundzwanzig Jahren mit vielen diesen Traum lebendig werden lassen und eine Wirklichkeit geschaffen, die auf zwanzigtausend Quadratmetern inmitten subtropischer Pflanzen, Skulpturen, Kunstobjekten aller Art, Häuser, Jurten, Konferenzräume und einzigartige Plätze für freudvolles Zusammensein birgt.

Sie nennen es „eine Denkwerkstatt ganz besonderer Art". –

Ich kenne die Müllers seit 1993. Von Anfang an fühlte ich mich ihrem Denken verwandt, unterstützte sie in Gedanken und Gesten. Das gefühlte Verbindende drückt sich in unserem Denken, Fühlen und Handeln aus, das sich in unseren Seminarzentren Centro-Lanzarote und Johanniterhof im Schwarzwald spiegelt. Es geht darum, zur Ruhe zu kommen, Zeit zu finden, Raum zu erleben, Schönheit zu empfinden, Perspektiven zu gewinnen, Vorstellungen zu klären, Positionen zu verändern, Visionen zu entfalten.

Es ist mir deshalb ein Bedürfnis, Ihnen MARIPOSA näher zu bringen. Am besten kaufen Sie sich das gerade erschienene Buch „Die Geschichte einer Idee: MARIPOSA", ISBN 978-3-938023-33-4, oder Sie las-sen sich Unterlagen zuschicken: Tel. 0711-6366884, www.mariposa-projekt.de

Lassen Sie uns gemeinsam die Welt gestalten. Wir wollen uns

mit allen Sinnen auf etwas Höheres beziehen und in Freiheit und mit den Tugenden der Zehn Gebote ausgestattet (aber nicht allein im christlichen Sinne interpretierend) eine Umwelt schaffen, die paradiesisch genannt werden kann. Jetzt, hier! Dazu müssen wir lernend unterwegs sein und nach Alternativen zu dem trostlos Anonymen im Null-Bock-Sumpf suchen. Noch besser: Lassen Sie sich finden, wenn Sie mit Alternativen Lebenskonzepten konfrontiert werden. Am Anfang ist es immer einer, der die Idee - geboren aus einem Traum bzw. einem Jenseits-Erlebnis - hat, der das Empfangene weiter erzählt, der sich Verbündete sucht, die helfen, dem Ungeformten eine Seele einzuhauchen, aus der sich das Wunderbare im Alltäglichen schließlich gestaltet.

Mariposa und meine Seminarzentren sind Projekte, die jetzt auf die Zukunft vorbereiten. Hier ist der Himmel schon ein Stück weit auf die Erde gebracht. Viele bewundern das – und meinen, sie hätten das nicht gekonnt. Stimmt! Einer allein kann das nicht. Gemeinsam müssen wir träumen, wenn es Wirklichkeit werden soll.

Sie sind eingeladen, Ihr Bestes hinzugeben für die weitere Gestaltung der Zukunft. Für jeden bedeutet „das Beste" etwas anderes; ein Opfer ist es immer: Geld, Zeit, Kraft.

Wenn Sie sich zum Beispiel für das CENTRO auf Lanzarote (www.centro-lanzarote.com) engagieren wollen, lassen Sie sich Details dazu nennen. Bereiten Sie sich auf Ihre Zukunft vor!

24
9.11. und 11.9.

Wenn Sie diese Ausgabe erhalten, haben wir ein magisches Datum hinter uns: 9.11. Erleben wir es, wissen wir, dass die Thesen der Verschwörungstheoretiker, von denen es viele gibt und die brillant logisch argumentieren, zumindest dieses Mal nicht aufgegangen sind, denn sie sagen, dass der 11.9., der nach dem Zusammenstürzen der Zwillingstürme in den USA den Rachefeldzug von George W. Bush auslöste, gemäß der Entschlüsselung von Bibeltextstellen ein Parallel-Ereignis erfahre. Genannt wird in diesem Zusammenhang ein atomarer Anschlag auf Berlin.

Stellen Sie sich vor, das wäre tatsächlich geschehen:

Dann wären wir in jenem 3. Weltkrieg, der von Nostradamus vorausgesagt wurde – und es wäre mit Sicherheit so, dass ein solcher Anschlag dem Iran zugeschrieben würde. Wir wären dann wieder überzeugte Verbündete der dann weiter von den Neokonservativen regierten USA und die von ihrem jeweiligen Gott eingesetzten Volksführer Ahmadined-schad, Olmert und Bush würden uns in einen Krieg (ver)führen, an dessen Ende die Erlösung vom Übel der den falschen Göttern Zugeneigten stünde.

Das geschieht alles nach einem göttlichen Bauplan, in dem die Genannten als Erfüllungsgehilfen unbewusst agieren und in den Kinderschuhen ihres Verstandes steckend erst einmal nur haben wollen, Öl, Gas, Gold usw., ehe sie wachsen und der Natur folgen, die einfach nur ist, der man sich einfach nur überlassen braucht. Auf das aggressive Stadium der Durchsetzung folgt die Beruhigung, die Hinwendung zum Andersartigen, schließlich zur Vereinigung mit dem Fremden und zum gemeinsamen Hervorbringen von Neuem. Es geschieht einfach so – immer ganz natürlich. Dazu braucht es keine Disziplin, kein Glaubensbekenntnis, kein Dogma und keine Religion. Es braucht nur Vertrauen in eine der Natur folgenden Existenz.

Ich bin im Vertrauen, dass alles gut wird. Mein Bemühen richtet sich darauf, in allen Entwicklungsstadien des Menschseins meinem Nächsten zuzurufen: Hallo, wach auf, mach es Dir bewusst, Du bist der Same Gottes, Du bist eine Möglichkeit in dieser Welt, den Zweifel und damit die Angst vor dem Tod und die Angst davor, nicht genug in diesem Leben zu haben, zu überwinden und die Wahrheit zu entdecken, dass in dem Maße, wie Dein Vertrauen wächst, Dein Leben ein nimmer endendes Abenteuer wird. Du überwindest den

Cocon, kriechst sozusagen aus der Hülle, die Dich schützen sollte und von der Du ausgingest, Du müsstest sie wie ein „Vaterland" verteidigen. Wie ein Vogel in der „freien Natur" kriechst Du aus der Ei-Hülle hervor, vertauschst das Bekannte gegen das Unbekannte, fliegst auf und verlierst Dich irgendwo im weiten Himmel. Du weißt nicht, was passieren wird, niemand weiß es. Du hast auch kein Ziel vor Augen. Du fliegst ohne Absicht und Plan, schwingst Dich einfach immer nur weiter und nutzt den Wind, dass er Dich zu fernsten Horizonten, zu dem Unbekannten tragen möge. –

Es ist so unendlich gleichgültig, ob die Verschwörungstheorien stimmen oder nicht, ob wir belogen, betrogen, verschaukelt werden und ob morgen oder übermorgen die Bomben fallen, denn die Geistigen Gesetze sind nicht von Atombomben zu zerstören. Diese sind nur das Spielzeug, mit dem die großen Kinder ihre Dummheit bezeugen, nicht erkannt zu haben, was dem Leben mehr Sinn gibt als so genannter Fortschritt durch das Ansammeln von durch Diebstahl und Unterdrückung angesammelte Güter. Wir, die wir diesen großen Kindern diese Instrumente in die Hand gegeben haben, sie gewählt haben als unsere Führer, müssen wach werden, um zu erkennen, wie sehr sie uns schon eingelullt haben mit ihrem Haben-wollen-Denken.

Hört wieder einmal auf Heraklit, wenn er sagt:

„Es wäre nicht besser für die Menschen, wenn alles, was sie wollen, in Erfüllung ginge. Wer nicht hofft, dass das Unhoffbare eintritt, wird nie zur Wahrheit vordringen; denn sie ist unaufspürbar und unzugänglich. Die Natur versteckt sich gern. Der Gott des Orakels von Delphi verrät nichts und verschweigt nichts - er gibt Zeichen."

25
Weihnachten - Fest des Lichts

Bald ist es so weit: Wir feiern Weihnachten, das Fest des Lichts. Viele Kerzen werden entzündet, um die Dunkelheit zu durchdringen, um symbolisch darauf hinzuweisen, dass nun die Phase im Jahreslauf erreicht ist, in der das Licht wieder wächst: die Tage länger werden und die Dunkelheit zurückweicht. So geht es im ewigen Wandel. Licht und Dunkelheit bedingen einander, gehören zusammen.

Das Licht wird in der Dunkelheit geboren. So ist es (symbolisch) folgerichtig, dass der Lichtbringer, derjenige, der die Dunkelheit durchdringt, Jesus, in dunkler Nacht geboren werden musste, in Armut, zurückgezogen in einem Stall, einer Höhle, nur von den Weisen als herausragenden Kopf-Menschen und den Hirten als wachsamen Herzens-Menschen auffindbar.

Genauso folgerichtig ist es, dass der Morgenstern, das aufgehende Licht, Luzifer genannt wird. Dass im Laufe der Zeit aus diesem Lichtbringer der Teufel gemacht wurde, der den neugeborenen Christus zu verschlingen droht, ist eine einseitige, christliche Interpretation, die aber Sinn macht, wenn man mit dem Unsinn aufhört, dass Göttliches nur mit dem Licht gleichgesetzt werden könne.

Allmächtig zu sein, bedeutet, Herr über Licht und Dunkelheit zu sein. –

Wie wunderbar ist es, dazu die Worte von Osho aufzunehmen, der – wer sehen kann, der sehe - selbst den Christus-Weg ging und sich von seinen Häschern an das Kreuz seiner Zeit schlagen ließ, um deutlich zu machen, dass man für seinen individuellen geistigen Auftrag zu sterben bereit sein muss, wenn man heim finden will zu dem, von dem man gekommen ist. (Die Schlange, der Messias – Luzifer und Jesus – erhebt sich am Baum dieser Erkenntnis.)

„Es gab Leute, die sagten: „Gott ist Licht." Aber was fängst du dann mit der Dunkelheit an? Dann musst du erklären, woher die Dunkelheit kommt. „Gott ist Tag", haben viele gesagt: „Gott ist die Sonne, das Licht, die Quelle des Lichts!" Aber wo kommt dann die Nacht her? Wo kommt das Dunkle her, der Teufel, die Sünde? Woher? Und warum haben die Menschen von Gott als Licht gesprochen? Man muss das psychologisch verstehen. Die Menschen haben Angst vor der Dunkelheit, aber im Licht fühlen sie sich sehr wohl. Die Vorstellung stammt aus eurer Angst. Warum nennt ihr Gott „Licht"?

Der Koran schreibt: „Gott ist Licht"; die Upanishaden sagen: „Gott ist Licht." Die Bibel sagt: „Gott ist Licht". Nur eine kleine esoterische Schule wich davon ab, und in dieser kleinen Schule wurde Jesus gelehrt und aufgezogen, auf das Göttliche vorbereitet; man nannte sie die „Essener". Sie waren die Lehrer und Meister von Jesus. Nur diese Schule sagte: „Gott ist das Dunkle, die Nacht". Auch sie schlossen das Gegenteil aus, sagten nie: „Gott ist Licht". Sie gehen zum anderen Extrem, aber das ist schon beachtlich genug.

Versucht, die Symbolik von Licht und Dunkelheit zu verstehen. Ihr habt im Licht keine Angst, weil ihr sehen könnt. Keiner kann bei hellem Tage so leicht angreifen. Du kannst dich verteidigen oder fliehen, du kannst entscheiden, ob du kämpfen oder die Flucht ergreifen willst. Du kannst etwas tun, du kennst dich aus. Licht ist das Symbol des Bekannten. Gegenüber dem Bekannten verspürst du keine Angst. Dunkelheit ist das Unbekannte. Angst schnürt dir dein Herz zu. Du weißt nicht, was um dich herum geschieht. Alles ist möglich; du bist wehrlos. Licht ist Sicherheit; Dunkelheit ist Unsicherheit. Licht ist wie Leben; Dunkelheit wie Tod.

Licht hat immer eine Begrenzung, Dunkelheit ist grenzenlos, ist unendlich. Licht ist im Grunde genommen aufregend, es regt dich an, regt dich auf, Dunkelheit ist absolut nicht aufregend. Licht ist warm, Dunkelheit ist kühl, kühl wie der Tod und geheimnisvoll. Licht kommt und geht; Dunkelheit bleibt. Darum setzten die Essener Gott mit der Dunkelheit, der Nacht gleich, weil das Licht kommt und geht, die Dunkelheit aber bleibt. Dunkelheit ist ewig. Licht ist ganz offenbar etwas Vergängliches. Man kann Helligkeit herstellen, aber nicht Dunkelheit, das geht über unsere Kapazität. Man kann Licht ein- und ausschalten, aber man kann Dunkelheit nicht an- oder ausschalten. Sie steht über dir. Sie ist. Licht ist gefügig. Wenn es dunkel ist, kannst du Licht machen, aber du kannst keine Dunkelheit machen; du kannst über Dunkelheit nicht verfügen. Sie liegt einfach außerhalb deiner Kontrolle. Du zündest dein Licht an und weißt, dass dieses Licht zeitgebunden ist. Wenn der Brennstoff aufgebraucht ist, geht das Licht aus; aber die Dunkelheit ist ewig, sie ist immer da. Sie existiert, scheint es, ohne Grund, grundlos. Sie war immer, sie wird immer sein.

Und so haben sich die Essener für die Dunkelheit als Symbol Gottes entschieden."

Liebe Leserinnen und Leser, so lässt sich offenbar rational alles von einem extremen Pro- oder Contra-Standpunkt erklären. Hier arbeitet die Vernunft, die unterscheidet in Entweder:Oder. So wie Sie jetzt mit dieser Meinung entweder konform gehen oder sie ablehnen. Die Verwirrung ist total, wenn nun gesagt wird: Gott ist beides, Licht und Dunkelheit. Dann ist der Verstand verwirrt. Dann ist es irrational. Dann verstecken wir uns selbst lieber hinter Rationalisten wie Gandhi, die einseitig ihr Eintreten für den Frieden als Bekenntnis zum Licht verstanden wissen wollen. Oder wir verstecken uns hinter Nietzsche, der sagt, Gott sei Krieg. Wir sind dann mit jenen im geistigen Bund, die sich nicht vorstellen können, dass Gott auch Frieden ist.– Hören wir weiter Osho zu, wenn er jenen interpretiert, der das Polare aufhebt und Sowohl:Als auch sagt, Heraklit.

„Was wäre Frieden ohne Krieg? Ist Frieden ohne Krieg überhaupt möglich? Und wäre ein solcher Frieden ohne Krieg nicht einfach nur ein Friedhof? Stellt euch vor: kein Krieg auf der Erde, nur Frieden, was für eine Art von Frieden wäre das? Es wäre ein kalter Frieden, wie eine schwarze Nacht, tot. Krieg liebt Intensität, Dynamik, Schärfe, Lebendigkeit. Aber wenn es nur Krieg und keinen Frieden gäbe, wäre das genauso tödlich.

Wenn du dich für eine Seite des Gegensatzes entscheidest, wenn du nur einen Pol wählst, stirbt alles ab, weil das Leben nur durch Polarität gedeiht. Krieg und Frieden, Dunkelheit und Licht: beides. Überfluss und Mangel, Zufriedenheit und Unzufriedenheit: beides. Der Weg und das Ziel: beides. – Schwer zu verstehen, aber das ist die Wahrheit.

Es ist Gott, der in dir begehrt, und es ist Gott, der in dir gestillt wird. Wer das akzeptieren kann, akzeptiert total. Die Leidenschaft in dir ist Gott, und Gott ist es, der in dir erleuchtet wird. Die Wut in dir ist Gott, und wenn aus ihr Mitgefühl geworden ist, dann ist das auch Gott. Da gibt es nichts zu wählen. Aber blicke der Tatsache ins Auge: wenn es nichts zu wählen gibt und alles Gott ist, verschwindet dein Ego einfach, weil es nur durch die Wahl existiert. Wenn es nichts zu wählen gibt, und alles ist einfach so wie es ist, dann kann man nichts tun, dann ist Gott beides. Wenn der Wählende, wenn die Wahl verschwindet, verschwindet zugleich das Ego. Dann akzeptierst du, akzeptierst du einfach! Ob du hungrig oder satt bist, beides ist gut! – Das ist schwer zu begreifen. Der Verstand kommt ins Schwanken, verliert allen Halt, verliert allen Boden unter den

Füßen, ihm schwindelt wie an einem Abgrund. Der Verstand will eine klare Wahl: entweder dies oder das."

Daraus leitet sich ab: Himmel und Hölle sind eins. Gott und Teufel sind eins. Für alles, was in dieser Welt vor sich geht, ob wir es göttlich oder teuflisch, lichtvoll oder dunkel-schwarz malen, sind wir verantwortlich, ob wir uns dessen bewusst sind oder nicht, ob wir schlafen oder wachen. Deshalb hat auch der Papst Recht, wenn er darauf hinweist, dass es ein Auswuchs im religiösen Verständnis ist, einseitig das Individuelle zu verherrlichen. Nein, Karma ist angesammelte Schuld (egoistisch einseitig die Welt betrachtet und behandelt zu haben) – und die ist nicht individuell, sondern universell. Wir gehören alle zusammen. Jeder ist für jeden verantwortlich. Wir sind ein Organismus, in dem der Einzelne vom anderen beeindruckt wird. Haben wir die Grippe, ist das nicht auf einen Teil des Organismus, zum Beispiel den Kopf beschränkt, sondern der ganze Organismus ist betroffen. Regeneriert der Kopf, geht es allen anderen Organen auch wieder besser. So ist es in allem. Werden Veetman, Tony Parsons, Roy Martina oder Vishwananda erleuchtet, habe ich Anteil daran. Es ist wie in einem Netz: Wenn man es berührt, schwingt das ganze Netz. Egal, von wo die Berührung ausgeht, das Ganze vibriert! –

Wenn wir in der Pyramide im CENTRO auf Lanzarote unsere Kerzen anzünden, tun wir das für das Ganze, denn alles, was wir tun, tut Gott, der Schöpfer des Ganzen; alles, was wir sind, ist Gott, alles was sich aus unserem Tun gestaltet, wird Gott.

Die Kerzen, die Sie, liebe Freundinnen und Freunde, irgendwo in der Welt anzünden, sind Zeichen innerhalb Ihrer begrenzten Zeit, in der Sie Lichtbringer sein dürfen, die darauf hinweisen, dass die ewige Dunkelheit, die Angst, die Enge, eine Weite in sich trägt, die für uns in dieser Welt Freiheit, Liebe, Energie, Licht bedeutet.

CR

26
Schule

Viele von Ihnen haben Kinder oder Enkelkinder in jenem Alter, dass Sie Ende Februar, Anfang März damit konfrontiert sein werden, vom Klassenlehrer die Empfehlung für eine weiterführende Schule zu erhalten, denn in den meisten Bundesländern maßen sich die Kultusminister an, den Elternwillen mit der Begründung zu dirigieren, dass diese Grundschulempfehlung auf den erbrachten schulischen Leistungen und den daraus erkennbaren Entwicklungspotentialen beruhe.

In Baden-Württemberg bin ich seit fünfzehn Jahren mit dieser Gegebenheit vertraut. Drei Kinder haben ihre Empfehlung hinter sich. Sie waren alle falsch. Das lag nicht daran, dass die jeweiligen KlassenlehrerInnen nicht die Kriterien des Kultusministeriums berücksichtigt hätten, sondern an der Fehleinschätzung, die grundsätzlich darin besteht, dass die „Entwicklungspotentiale" unabhängig vom Faktor Zeit erkennbar wären.

Es gibt Früh- und Spätentwickler. Das Leistungsprinzip berücksichtigt aber diesen Faktor nicht. Am Ende des Schuljahres muss ein Lehrplan erfüllt sein. Dieser aber ist bestenfalls auf einen statistischen Durchschnitt abgestimmt und lässt keinen Raum, z.B. den begabten Langsameren, aber eigentlich Intelligenteren individuell zu fördern.

Es wird auf die Noten geschaut, insbesondere in Mathematik und Deutsch. Alles, was die linke Hirnhälfte, das Logische betrifft, ist gefördert, das Kreative, Freigeistige, nicht den Naturwissenschaften Zugeneigte ist – zumindest in diesem Alter – nicht förderungswürdig.

Wenn dann dafür plädiert wird, ein solches Schulsystem neu zu organisieren, heißt es, Eltern überschätzten in den meisten Fällen ihre Kinder, würden sie am liebsten alle auf das Gymnasium (bis jetzt Notendurchschnitt besser als 3), zumindest aber auf die Realschule (Notendurchschnitt 3) schicken. Die Hauptschule würde überflüssig werden. – Ja, und? Genau das wäre sinnig. Es sollte integrative Schulen geben. Dann dürfte sich nach meinem Beispiel auch der Langsamere, der z.B. erst im sechsten Schuljahr den Lern-Schub entsprechend seiner individuellen Entwicklung bekommt, der gleichen schulischen Förderung erfreuen. Es gäbe Vielfalt und Heterogenität, die die Schwierigkeiten von zugezogenen Ausländern und vor allem unterschiedliche

Begabungen berücksichtigt.

Mein ältester Sohn, der heute dreiundvierzig Jahre alt ist, erlebte in Hessen die ersten Tests für eine Gesamtschule. Das war für ihn fantastisch, denn mit zehn Jahren „wusste" er, dass er Bildhauer werden will. Sollten wir Eltern diesem Wissen vertrauen, es fördern oder Deutsch und Mathematik durchpauken? Er konnte in der Schule, im vertrauten sozialen Umfeld bleiben, ehe nach weiteren zwei, drei Jahren klar wurde, dass er wirklich wusste, was sein Ziel ist. Alle Lehrer erkannten seine Begabung und halfen ihm, die neben der Kunst notwendigen Wissensbereiche laut Lehrplan zu erfüllen. Mit 15 ging er dann nach Oberammergau, um an der Bildhauer-Schule seine Ausbildung zu absolvieren und dann Kunst am Frankfurter Städel zu studieren.

Unsere nun 26jährige Eleonore galt bei der Klassenlehrerin als maximal durchschnittlich begabt. Tatsächlich hatte sie bis zur vierten Klasse überwiegend 3er. Die Empfehlung: Realschule. Innerhalb des ersten Jahres schon fühlte sie sich unterfordert, wechselte zum Gymnasium, schrieb fortan nur 1er und 2er, machte ihr Abitur mit 1,4.

Robert ist nun 24. Er war von seiner Klassenlehrerin für das Leben vorbereitet worden. Sie hatte mit dem Noten-System in ihrer Schule ihre persönlichen Vorbehalte, förderte Spiel und Lebenslust, was bedeutete, dass Robert am Ende der vierten Klasse, als es um die Empfehlung für die weiterführende Schule ging, 2er vorzuweisen hatte, die ihn für das Gymnasium qualifizierten. Dort sackte er radikal ab. Der Druck, innerhalb der vom Lehrplan vorgegebenen Zeit Ungeliebtes, dem wahren Leben oft entgegen Stehendes aufzunehmen, war so groß, dass er rebellierte, vom System zusammengestaucht wurde, an den Rand der Gesellschaft gedrückt wurde. Er ging durch die Hölle, doch es gab parallel dazu ein Urvertrauen, dass er es schaffen würde, durchzukommen. Als Eltern behielten wir die vertrauensvolle Nähe zu ihm – und siehe da: Nach Schulwechseln und mühsamer Pflicht kam die Kür: Als er frei war von diesem Schulsystem, lernte er freiwillig.

Sprechen wir an dieser Stelle auch noch von Larissa und Julika. Larissa ist 17. Sie hatte die Empfehlung für die Realschule erhalten. Dort war sie glücklich, weil sie in der Klassengemeinschaft Geborgenheit fand und weil sie einen außergewöhnlich einfühlsamen Klassenlehrer hatte, doch das, was sie individuell als schöngeistiges, feinsinniges „Fische"-Wesen ausmacht, war in dieser Schule nicht gestützt oder gefragt. Deshalb wollten wir Eltern sie gerne in der Waldorf- oder aber der Zinzendorf-Schule unterbringen. Keine Chance. Überfüllt bzw. wegen der Priorität für Internatsschüler nicht machbar. Schließlich gab es in der Zinzendorf-Schule doch noch einen Lehrer, der Larissa erkannte. Jetzt ist sie dort - und lernt mit Begeisterung.

So – und dann war vor drei Jahren unsere Julika dran. Sie ist ihrem Wesen nach eine Einzelgängerin. Sie geht alles sehr bedächtig und überlegt an, ist ruhig und zurückhaltend. Wie alle unsere Kinder ist sie sehr kreativ. Das sture Auswendiglernen, das schablonenhafte Abspulen von Lerninhalten, das vom Logos oft getrennte Logische langweilt sie. Kurz: Sie bekam zunächst die Empfehlung, auf der Hauptschule zu bleiben. Julika aber wollte dort nicht bleiben. Wir setzten uns für den Wechsel zur Realschule ein, wo auch Larissa war. Julika blühte auf. Sie ist nach wie vor keine begeisterte Schülerin, aber sie genießt das soziale Umfeld - ist glücklich.

Alles ist Weg – wir müssen nur gehen: Schritt für Schritt, Stufe um Stufe – aber voll bewusst!

Gehen Sie mit!

CR

27
Manfred-Kyber-Gedächtnis

Am 21. März werde ich zum ersten Mal - in Abstimmung mit der „Manfred-Kyber-Gesellschaft e.V." - den „Manfred-Kyber-Gedächtnispreis", dotiert mit 1000 Euro, verleihen. Preisträger sind das Ehepaar Karlheinz und Dorothea Dähn, die in Löwenstein in jahrelanger Arbeit das Manfred-Kyber-Museum einrichteten und damit das Andenken an diesen herausragenden deutschen Dichter und Schriftsteller auf einzigartige Weise bewahren. Die Laudatio wird die jetzige Leiterin des Museums, Frau Elvira Lohre, halten.

Wir beginnen mit einer Lesung aus dem „Roman einer Kinderseele in dieser und jener Welt": „Die drei Lichter der kleinen Veronika", woraus ich am Ende dieses Editorials einige uns alle berührende Zeilen zitieren werde. Nach der Feierstunde genießen wir ein schönes Menue im wegen der vorzüglichen Küche beliebten Partner-Hotel des Johanniterhofs „Schweizerhof", um dann insbesondere auch dem Tierschützer Manfred Kyber zu gedenken, indem wir dem Vortrag der berühmten Sensitiven aus USA, Amelia Kinkade, lauschen: „Sprechen Sie mit Ihren Tieren". Sie wird das Thema aufnehmen, das Manfred Kyber wie folgt beschrieb:

„Tiere haben ihre Komik und ihre Tragik wie wir. Sie sind voller Ähnlichkeit und Wechselbeziehung. Die Menschen glauben meist, zwischen ihnen und den Tieren sei ein Abgrund. Es ist nur eine Stufe im Rade des Lebens. Denn alle sind wir Kinder einer Einheit. Um die Natur zu erkennen, muss man ihre Geschöpfe verstehen. Um ein Geschöpf zu verstehen, muss man in ihm den Bruder sehen."

Wenn Sie dann über Nacht bleiben, klingen in Ihnen die Dichter-Worte nach: „Und wenn die goldnen Sterne stehn und scheint der Mond dazu, dann müssen alle schlafen gehn: die Welt und ich und du. Und schläfst du ein und hast du kaum die Augen zugemacht, dann schenkt dir einen lieben Traum die Königin der Nacht."

Lassen Sie die folgenden Worte wie ein traumhaftes Geschenk in sich hinein fallen. Nehmen Sie das Gleichnishafte auf und gestalten Sie daraus Ihr künftiges Leben. Dann wird das objektiv Wahre Ihre subjektive Lebensmaxime.

„Dann lass es auch für uns alle Morgen werden, Johannes. Sieh einmal, auch ich habe es gelernt, mein Leben nur zu bejahen, indem ich alles Leben bejahe und heilige. Ich will Irreloh neu bauen, aber anders, als es war. Es soll Menschen und Tieren eine Hilfe werden, es gibt ja so viele, die Hilfe brauchen. Auch für dich und für Peter gäbe es da vieles zu tun. Wenn ich so das Leben bejahe, Johannes, willst du mir dann dabei helfen?" „Ja, das will ich tun", sagte Johannes Wanderer, „wir wollen zusammen die Erde umgraben für eine neue Saat, für das Jugendland der Lebenden und der Toten." Und er stieß den Spaten tief in die feuchte Frühlingserde."

Damit beginnt die Geburt zu einem neuen Leben in einer neuen Welt. Gestalten Sie sie mit! Ich bringe Ihnen die „kleine Veronika" noch ein bisschen näher. Wärmen Sie sich in dieser erleuchtenden Erkenntnis:

„Gelebt hatte die kleine Veronika im Garten der Geister. Im Haus der Schatten war sie nur halb bewusst umher gegangen. Doch nun war die Dämmerung gekommen, der Garten der Geister war im Schleier verschwunden, und das Haus der Schatten trat in ihr Bewusstsein. Das ist eine der Schwellen im menschlichen Dasein, und wir müssen sie alle überschreiten. Nur vergessen die Menschen das alles……

Wir alle wohnen in einem Haus der Schatten, wo wir auch sein mögen auf dieser Erde, und wir alle wandern über Stufen und Schwellen, die wir nicht sehen, die nur ein inneres Licht erleuchtet. Es ist schwer, über diese Schwellen und Stufen zu wandern, von einer Ferne zur anderen, vom Dunkel zum Licht: Dann ist Mitternacht vorüber, und es ist Morgen geworden….."

Ist das nicht Sinn stiftend für jeden?

28
Astrologie

Als ich 12 Jahre alt war, träumte ich, ich wäre ein Astrologe, zu dem viele, viele Leute kämen, die mich um Rat fragten. Ich wachte auf und fragte meine Mutter: „Was ist das eigentlich, ein Astrologe?" – Sie wusste mir keine genaue Auskunft zu geben.

Erst 1979, nach meinem Ausstieg aus dem „normalen Wirtschaftsleben", als ich das Buch „Schicksal als Chance" gelesen hatte und nachfolgend den ersten Thorwald-Dethlefsen-Kurs besuchte, sprang mich dieser Begriff im wahrsten Sinne des Wortes wieder an. In der Folge besuchte ich die Astro-Kurse bei Nikolaus Klein und war dadurch so elektrisiert, dass ich zwei Jahre lang mit Peter Orban, der mittlerweile als Astrologe berechtigt höchste Anerkennung genießt, von Universitätsbibliothek zu Universitätsbibliothek reiste, um die alten Meister auszugraben: Sindbad Weiß, Alan Leo, Adler, Frickler, Glahn, Fankhauser, Strauß, Asboga, Busse, Metman und viele andere mehr. Ich machte nichts anderes mehr als Studien über Studien.

Natürlich erlernte ich die Huber-Schule, natürlich auch die Hamburger Schule – und selbstverständlich wollte ich ergänzend zu dem, was die Dethlefsen-Schule als „Münchner Rhythmenlehre" vermittelte und mich wegen des 7er-Rhythmus und des Placidus-Häuser-Systems am meisten überzeugt hatte, auch den lebenden Urheber und Meister dieses Systems kennen lernen: Wolfgang Döbereiner. In Flums in der Schweiz hatte ich dann das Vergnügen. Wirklich – es war für mich ein riesiger Spaß, ihn zu erleben: Auf die vermeintlichen Diebe seines Systems schimpfend (insbesondere Dethlefsen und Hermann Meyer), sich verlierend auf Nebenkriegsschauplätzen, brillierte er plötzlich mit Interpretationen zu Ereignissen, Personen, Entwicklungen, dass ich gebannt und alle Zeit verlierend an seinen Lippen hing – und nicht genug bekommen konnte von dieser unbestechlichen Auslegung der Gesetze, die aller Schöpfung eigen sind.

Auch wenn er nicht den religiösen Aspekt der Beschäftigung mit Astrologie in den Vordergrund rückte, war für mich offenkundig, dass die Grundstruktur alles Gewordenen in dieser Welt sinnvoll erfasst wird, wenn Anlage, Verhalten, Erwirktes in einen Kontext zu bringen sind – mit anderen Worten: wenn das Erwirkte im Sinne von Religio (Rückbindung) in gesetzmäßig festgelegten, stufenförmigen Bewusstseinsschritten analysiert wird, um den bzw. das nicht mehr sichtbare Wirkende/n zu ermitteln.

Wolfgang Döbereiner half auf diese Weise mit, dass mir deutlich wurde, dass die Projektionsfläche Gott wegfallen muss, wenn wir die Wahrheit aller Existenz durchdringen wollen: Die Dinge sind wie sie sind. Bewertungen von gut und böse sind dumm und anmaßend, genauso wie Attribute zum „lieben" Gott oder „ungerechten" Gott. Es gibt nur Göttliches, Übergeordnetes, das unsere Dimensionen von Zeit und Raum bzw. der Polarität sprengt. Zu jedem Täter gehört ein Opfer, zu jedem Treffenden ein Getroffener, zu jedem oben ein unten, zu jedem Begriff ein polarer Gegensatz, mit dem es sich zu versöhnen bzw. zu vereinen gilt. – Erst dann, wenn moralisiert wird, wenn nach begrenzenden Ordnungsprinzipien gerichtet wird, wenn sozusagen Stellvertreter eines Gottes auf Erden sich anmaßen, zu wissen, was absolut richtig und absolut falsch sei, wer aussortiert und wer gefördert werden müsste, wird die Neutralität des Messinstrumentes Astrologie verlassen. Sie zeigt nämlich nur an, wer was wann zu tun bzw. zu erleiden hat. Die Qualität der Zeit wird ermittelt und dazu jene, die bei einem dieser Qualität unterliegenden Ereignis in Resonanz stehen und ggf. Erfüllungsgehilfen sind, dass konkret sichtbar wird, was im „Geheimen", im Geistig-Unsichtbaren, längst beschlossen ist. –

Alles, was wir Menschen als Wesen, die reflektieren können, zu tun haben, ist, Bewusstsein in das, was ist, zu lenken. Wir haben unsere Einzigartigkeit zu offenbaren – unabhängig von Folgen. Dabei werden wir geschliffen wie Edelsteine. Das Leben prägt uns. Wir sind dann, frei nach Goethe, „geprägte Form, die lebend sich entwickelt". Aus Kohlenstoff wird ein Diamant…..

…..in jenen „Stufen", wie sie Hermann Hesse in seinem Gedicht beschreibt, oder wie Rainer Maria Rilke das „Leben in wachsenden Ringen" anspricht. –

Im Laufe der letzten 28 Jahre habe ich viele Tausend Horoskope erstellt, habe mich bewusst skeptisch mit den verschiedensten, von Menschen geschaffenen, ganzheitlichen Systemen auseinander gesetzt. Ich weiß um die Beschränkungen, die in jedem Messinstrument, auch der Astrologie, liegen. Das teilt die Astrologie mit allem, was auf Logik aufbaut. Innerhalb des Logischen, des Nachprüfbaren, gibt es aber nichts, was mehr Glaubwürdigkeit verdient als diese Jahrtausende währende

Empirie zur Erfassung der Qualität in der Quantität.

    Dort, wo die auf Logik aufbauende Astrologie scheitern muss, weil es nichts mehr zu messen gibt, beginnt eine „Esoterische Astrologie", die von Oskar Adler sehr einfühlsam vermittelt wird (Bücher dazu sind im Buchhandel wieder erhältlich). – Ich schätze diesen Astrologen auch sehr, doch Wolfgang Döbereiner folge ich mehr, weil er das uns auf dieser Erde interessierende Irdische auf den Punkt bringt. Auf dieses „Irdische" beziehen sich ja auch in aller Regel die Fragen, die wir an dieses Leben stellen. Da aber Leben, Liebe, Energie über alle Grenzen gehen, also über das „Irdische" hinaus, ist auch klar, dass wir Anteil haben an dem, was nicht mehr in seiner Unendlichkeit erklärbar ist. Antworten hierzu hole ich mir im All-eins-sein in der Meditation. Beim „Hüter der Schwelle", dem Prinzip Saturn, treffen sich die beiden Aspekte (Messbares und Unermessliches). – Dieser Saturn ist bei mir am IC (als Herrscher von 10). Nur deshalb sage ich Ihnen das, was ich hier sagte („Lebe Deine Fragen, so werden es eines Tages Deine Antworten sein!") …wenn Sie wollen, demnächst mehr in privater Session: Tel. 06174-2599460

29
Werte - und das Impfen

Alles hat den Wert, den ich ihm gebe. Es ist eine individuelle Angelegenheit, was man für wertvoll hält. Dies gilt beim Tauschhandel wie bei jeder Art von Austausch zwischen Ich und Du.

Es gibt allerdings Wertmaßstäbe, denen sich das Individuum stellen muss, um in seinem jeweiligen Lebensraum Verantwortung übernehmen zu können bzw. um nicht Schaden zu nehmen.

Diese Wertmaßstäbe pendeln für den wachen Zeitgenossen zwischen „Nimm Gut und Böse zusammen, forme sie zu einer einzigen Kugel – und wirf sie weg!" bis zu die Menschenwürde restlos ausgrenzenden staatlichen Gesetzen, die den Bürger in eine Vorstellung von Gut und Böse zwingen, die allein den machtpolitischen Eigeninteressen dienen.

Der Papst sagte vor den Vereinten Nationen: „Es ist unbegreiflich, dass Gläubige einen Teil ihrer selbst – ihren Glauben – unterdrücken müssen, um aktive Bürger zu sein. Es sollte niemals nötig sein, Gott zu verleugnen, um in den Genuss der eigenen Rechte zu kommen." Damit spricht er das an, was im Wertgefüge dieser Welt das Wesentliche ist:

Der Bezug auf das Über-Geordnete, auf das Transzendentale, in dem alle unterschiedlichen bürgerlichen Interessen einen gemeinsamen ethischen Zielpunkt haben. So wie es C.G. Jung treffend formuliert, wenn er sagt: Des Menschen Wert ergibt sich daraus, wie weit er sich auf etwas Höheres zu beziehen vermag.

Wenn also zwei streiten, was wohl gut und was böse sei, was wertvoll und was wertlos sei, bewegen sie sich im besten Fall bewusst auf der Basis ihrer mitgebrachten Wurzeln gesellschaftlicher, kultureller und familiärer Natur. Sie verteidigen diese Werte, machen die Errungenschaften deutlich, vergleichen und stellen jeweils einseitig die Vorteile heraus. Aus dem Pro und Contra, ggf. der Zwietracht, ergibt sich aus der Offenlegung von Wissen und Glauben über Zeit die Erkenntnis, dass im Kern Einigkeit besteht, dass beide Standpunkte, beide Wertesysteme, geschützt und gepflegt werden müssen. Einer höheren Vernunft entspricht es dann, sich auf das Wesentliche zu besinnen und sich einer Ordnung des gesunden Menschenverstandes zu unterwerfen, die zum Beispiel in den „Zehn Geboten" oder in der „Charta der Vereinten Nationen" zu finden ist.

Übertragen wir dies auf alle Ebenen des Seins, ist jeder Streit bezüglich des Wertes sinnvoll, wenn er zum Ziel hat, sich zu einigen. Dies setzt die Akzeptanz des Andersartigen voraus. – Meiner Erfahrung entspricht es, dass sich unter diesen Voraussetzungen gar kein Streit im üblichen Sinne mehr ergibt. Es entsteht zumindest eine gewaltfreie Kommunikation, eine Würdigung des Gegensätzlichen. Verhärtete Strukturen werden aufgeweicht, alles kommt wieder in Fluss. Das Herz denkt, der Kopf fühlt. Es geht nicht mehr um Über-Zeugungen und Überlegenheit, sondern um die Offenheit, demütig zu empfangen und damit schwanger zu gehen, was die unterschiedlichen Wertbegriffe des Anderen ausmacht. –

Sie meinen vielleicht, dies sei weltfremd, wo doch so viel Dummheit Blüten treibt und gerade jene, die Elite vertreten sollen, die genannten Wertmaßstäbe missachten? Verzweifeln Sie nicht! Auch jene, die „um das goldene Kalb" tanzen, werden in Not kommen und aufgefordert sein, in ihrer Entwicklung vorwärts zu schreiten und sich „Höherem" zuzuwenden – Stufe um Stufe. „Alles, was den Menschen vom Glück trennt, ist Zeit" (Hermann Hesse) – und das Wertvolle hält sich so lange verborgen, bis der Einzelne aus tiefster Not aufschreit und fragt: Mein Gott, was nun? Dann erwacht das Bedürfnis, „hinter die Kulissen schauen" zu wollen, den verborgenen Sinn zu begreifen. –

Zum Schluss möchte ich Ihnen ein konkretes Beispiel eines einseitigen Werte-Verständnisses vermitteln, das beherzt aufgenommen und verantwortlich behandelt werden will:

Meine Kinder sind nicht geimpft. Dies wird von im Laufe ihres Lebens damit konfrontierten Lehrern und Ärzten als verantwortungslos und im Extrem sogar als sträflicher Leichtsinn und absolut fahrlässig bezeichnet. – Ich habe guten Grund für die Verweigerung der „empfohlenen" Impfungen entsprechend der individuell gemachten Erfahrungen (teils irreparable Impfschäden bei einem Bekannten und einem Verwandten). Im Austausch mit den Kritikern und Anklägern stelle ich immer wieder fest, dass sie nichts über Impfungen wissen, außer, dass sie die Behauptungen zur Wirksamkeit der Impfungen der am Absatz der Impfstoffe interessierten Pharma-Industrie, gestützt von der politischen Lobby, als gesichert annehmen.

So stellt sich die Frage: Welcher Weg führt zum Wissen und zu einer respektvolleren und neutraleren Behandlung von Impfgegnern und Impfbefürwortern?

Dazu lasse ich den Spezialisten Hans U.P. Tolzin zu Wort kommen, der es sich zur Aufgabe gemacht hat, mit seinem „Impfreport" eine Brücke zu bauen (www.impf-report.de, Tel. 0711-79413191):

„Eine Impfung soll uns vor Krankheiten schützen, uns und unseren Familienangehörigen unnötiges Leid und Tod ersparen. Darüber hinaus sollen sie berufliche Ausfallzeiten vermindern und Kosten im medizinischen und im ökonomischen Bereich senken. Eine garantierte hundertprozentige Wirksamkeit, so hören wir von den Behörden, gibt es nicht. Treten „Impfdurchbrüche" oder so genannte „Impfversager" auf, so liege das in der Regel an den Betroffenen selbst bzw. deren Unfähigkeit, Antikörper zu bilden. Eine schlüssige Erklärung für die Existenz dieser „Impfversager" scheint es indes nicht zu geben.

In Einzelfällen kann die Bilanz sogar völlig negativ ausfallen, nämlich dann, wenn schwere Impfkomplikationen, Impfschäden oder sogar Todesfälle auftreten.

Dies kommt, so die Lehrmeinung, nur in vernachlässigbar wenigen Fällen vor. Was natürlich zu überprüfen wäre. Doch selbst, wenn eine schwere Impfkomplikation oder gar ein Todesfall nur ein einziges Mal unter Millionen von Geimpften aufträte, so ist zumindest für diesen einen Menschen die Wirksamkeitsbilanz negativ. Dann hat dieser Mensch einen unter Umständen hohen Preis für den erhofften kollektiven Schutz bezahlt."

Sind die geimpften Kinder gesünder als die nicht geimpften? Wenn ich meine fünf Kinder betrachte, dann würde nach diesem Einzelbeispiel ein umgekehrter Schluss gegeben sein. – Dazu eine Statistik zu erheben, wäre spannend – erst recht, wo doch für fast alles heutzutage Statistiken angefertigt werden.

Stellen Sie sich doch einmal selbst die Frage, was Sie als Nachweis brauchen, um einen Impfstoff als wirksam anerkennen zu können. Reicht es Ihnen, wenn Ihr Hausarzt die Empfehlung gibt? Genügt es Ihnen, wenn nach der Impfung binnen eines Jahres die Krankheit, gegen die geimpft wurde, nicht auftritt?

Tatsache ist, dass in Deutschland vor ca. hundert Jahren die Cholera und der Typhus nicht aufgrund einer Impfkampagne sondern allein durch die Trennung von Trinkwasser und Abwasser verschwanden. Und das scheint mir wichtig, wenn es um eine ehrliche Beurteilung zur Sinnhaftigkeit von Impfungen geht. Es ist nämlich eine unbewiesene Hypothese, dass die großen Seuchen (auch die Kinderkrankheiten) durch Massenimpfungen erfolgreich behandelt worden wären. Die Faktoren Hygiene, sanitäre und soziale Einrichtungen, Wohnverhältnisse, Ernährung usw. spielen da mindestens eine gleichermaßen wertvolle Rolle.

Der oben zitierte Herr Tolzin, der sich schon lange um wissenschaftliche Beweise für die Wirksamkeit von Impfungen bemüht, stellt resigniert fest: „Eine Plausibilitätsprüfung über die Wirksamkeit kann mangels sicherer Daten derzeit für keinen der bisherigen Impfstoffe positiv ausfallen."

Da ist es meiner Meinung nach ein Kriterium höherer Vernunft, sich klar zu machen, dass Impfungen laut unseren geltenden Gesetzen Körperverletzungen sind – und es deshalb immer eine Abwägung des Individuums sein sollte, ob es die Impfung als nützlich oder zu risikoreich einstuft und danach handelt.

30
Wettbewerb

Ein Heilpraktiker aus Karlsruhe rief mich an und stornierte mit sofortiger Wirkung sein „Lebens(t)räume"-Abonnement, weil er in der Mai-Ausgabe einen von mir verfassten Artikel fand, in dem ich Ihnen „LaVita", ein vom ehemaligen Eishockey-Champion Gerd Truntschka entwickeltes, wohlschmeckendes Nahrungsergänzungsmittel, empfohlen habe. Er sagte, solche Empfehlungen gehörten nicht in ein so wunderbares Magazin, das er mit so viel Freude bisher gelesen und geschätzt habe. Es ginge zu weit, ein einzelnes Produkt gegenüber anderen herauszustellen.

Von anderer Seite, dem Geschäftsführer eines den Zeitgeist interpretierenden Magazins, wurde mir der Vorwurf gemacht, dass man in unserem redaktionellen Bereich nicht ausreichend unterscheiden könne, was neutral und was Werbung sei.

Vermutlich gibt es auch unter Ihnen, den treuen Lesern der „Lebens(t)räume", den einen oder anderen, der meine Tipps nicht vertrauensvoll anzunehmen weiß, weil die Vorstellung besteht, dass rein geschäftliche Interessen den Ausschlag für die Empfehlungen gäben und auch die Auswahl der redaktionellen Beiträge von kommerziellen Überlegungen ausgingen.

Diese Resonanzen sind willkommen, denn es wäre sehr blauäugig von mir, davon auszugehen, dass das Lichtvolle der „Lebens(t)räume" nicht auch Schattenaspekte hätte. Meistens ist es allerdings so, dass die Gründe gar nicht bekannt werden, warum sich jemand abwendet und im gegebenen Zusammenhang sein Abonnement kündigt.

Nun kann ich mich offen damit beschäftigen, kann in mich gehen und überlegen, ob diese Kritiken gerechtfertigt sind, ob ich nicht wachsam genug war und jetzt etwas ändern möchte, oder ob ich vor mir selbst ausreichende Argumente finde, die es mir ermöglichen, weiterhin Verantwortung für das zu übernehmen, was ich bis dahin nach Außen vertreten habe.

Ich konfrontiere Sie mit meinen Überlegungen und fordere Sie auf, ein klares Bekenntnis abzulegen, wie Sie dazu stehen:

Die „Lebens(t)räume" sind meine Visitenkarte. Ich lebe meinen Traum (im vertrauten Familienkreis unter einem Dach mit der Vielzahl unterschiedlicher Menschen als Wahlverwandte, die Gesundheit und Bewusstsein als Lebensmaxime suchen oder kennen) und habe wunderschöne Lebensräume.

Als gelernter Verlagskaufmann und Verleger kenne ich die Marktkriterien und die Veränderungen, die diese in den siebenundvierzig Jahren meines aktiven Arbeitslebens im Zeitungs- und Zeitschriften-Metier erfahren haben. Eine wichtige Erkenntnis war, dass man sich gegen größte Konkurrenz mit einfachen Mitteln durchsetzen kann:

* persönliche Präsenz
* Glauben an sich selbst und an die Verwirklichung einer Idee
* unbändige Freude beim außergewöhnlichen Zeit-Einsatz
* Vertrauen in die übergeordnete Führung
* Wandlungsfähigkeit (Abschiednehmen, wenn etwas seine Zeit gehabt hat, Überwindung von Ängsten, wahr und klar Neues zu gebären und auszuprobieren)

Dabei muss etwas ganz Wichtiges parallel gehen: Die Lust am Scheitern. Das heißt, dass man stets bereit sein muss, sein Bestes zu geben, sich auszudehnen, an die äußersten Grenzen zu gehen – an denen sich dann entscheidet, ob eine weitere Ausdehnung möglich ist oder ob man sich überfordert hat und dem, was ausgedehnt wurde, nicht mehr vorstehen kann. Dies ist natürlich nicht nur räumlich zu sehen! –

Wenn ich also „LaVita" empfehle, habe ich es selbst ausprobiert und meine subjektiven, positiven Erfahrungen gemacht. Wenn ich Ihnen den „Schweizerhof" als gut bürgerliches Restaurant in Villingen-Obereschach empfehle, dann deshalb, weil ich über 15 Jahre eine subjektive Auswahl entsprechend meines subjektiven Geschmacks gemacht habe. Wenn ich Ihnen dies alleine, am Küchentisch sitzend, erzähle, hat das natürlich eine andere Wirkung als dann, wenn ich es in 12.000 Ausgaben der „Lebens(t)räume" veröffentliche und Ihnen dabei nicht in die Augen schaue. Am Küchentisch gegenüber sitzend sehen Sie in meinen Augen, ob sich das Feuer der Begeisterung darin spiegelt, im Magazin müssen Worte diese unmittelbare Erfahrung irgendwie kompensieren. Am besten geeignet ist dafür das über die Vielzahl von mir gelesener Berichte/Editorials gesammelte Vertrauen. Fehlt dies – oder der eine oder andere Leser traut sich selbst nicht -, wirken meine subjektiven Empfehlungen lästig oder unglaubwürdig.

Für mich ist klar, dass alles, was in „Lebens(t)räume" zu finden ist, werbenden Charakter hat. Tatsache ist auch, dass ich die Anzeigen-Information für genauso wichtig halte wie die redaktionelle. Eine Gewissheit ist es für mich (als ehemaligem Mitherausgeber von Deutschlands größter Anzeigenzeitung ´Blitz-Tipp´ im Rhein-Main-Gebiet) auch, dass die Leserinnen und Leser die Anzeigen-Information oft sogar bevorzugter nutzen als die Hinweise im redaktionellen Bereich, der ja tatsächlich immer nur Subjektives wiedergibt. Jeder Redakteur, auch ich, sucht sich doch aus der Vielzahl der möglichen, eingereichten Manuskripte jene zur Veröffentlichung heraus, die seinen subjektiven (ehrenwerten und einzigartigen) Vorstellungen entsprechen. Von Neutralität zu sprechen, halte ich für verlogen. Das einzige, was im ein oder anderen Fall wohl noch stimmen mag, ist die Angabe, „unabhängig" zu sein. Aber ehrlich gesagt, kenne ich nicht einen einzigen Verleger bzw. Verlag, der diesem Begriff inhaltlich gerecht werden könnte. Zumindest gibt es in aller Regel die Abhängigkeit vom Anzeigen- oder Abonnement-Umsatz.

Ein „Lebens(t)räume"-Abonnement macht dann Sinn, wenn man sich für die Themen Gesundheit und Bewusstsein unter den Vorzeichen von Spiritualität, Ganzheitlichkeit und Polarität interessiert. Wenn jemand selbstherrlich davon ausgeht, dass jeder Artikel den persönlichen Geschmack treffen müsste, ist er Korrektur bedürftig – und hat zunächst nicht die Basis für ein dauerhaftes JA zu meiner täglichen Arbeit, Ihnen den besten Extrakt meiner Erfahrungen bereit zu halten.

Mein Wunsch ist es, dass Sie kritische „Lebens-(t)räume"-Begleiter sind oder werden und auch Ihr Herz öffnen, indem Sie Ihr individuelles Pro und Contra kundtun. Dabei finde ich mich immer wieder neu, bewege Ihre unterschiedliche Kritik in meinem Herzen. Das ist Leben. Das ist Bewegung, Dynamik, Spannung.

☙

31
Vertrag von Lissabon

Bleiben oder werden Sie konsequent – und wählen Sie in dieser so genannten Demokratie nicht mehr. Sie werden sowieso nicht ernst genommen in Ihrer Stimmabgabe. Längst bestimmen die Lobbyisten der verschiedenen Interessengruppen über ihre Mittelsmänner und –frauen in der Politik, was ihrem Wohl dient. Und wenn sie befürchten, dass das dumme Volk ihren Interessen entgegen steht, lassen sie das Volk erst gar nicht zu Wort kommen. Jüngstes Beispiel: der „Vertrag von Lissabon". Über Ihre Köpfe hinweg soll bestimmt werden, was in Europa künftig geschehen soll. Dieses Europäische Gebilde ist alles, nur keine Demokratie, wo alle Staatsgewalt vom Volk ausgehen muss und das in seiner Entscheidung frei ist, selbst dann, wenn diese Entscheidung der Regierung nicht gefällt. Haben Sie sich diesen „Vertrag von Lissabon" schon einmal näher angeschaut? Ein Beispiel: Im Artikel 1 und im Artikel 20 des Grundgesetzes ist verankert, dass niemand, auch nicht der Bundestag, über die Verfassung willkürlich verfügen darf. Dies aber geschieht, wenn nationale Parlamente in Bereichen von Recht und Sicherheit nichts mehr mitzureden haben. Im Gegenteil: die europäischen Räte können sich durch Mehrheitsentscheidungen im Europäischen Parlament zu Lasten der nationalen Parlamente immer neue Rechte nehmen und Befugnisse zuweisen. Das ist Freiheitsberaubung! Damit wird einer willkürlich geschaffenen, vom Volk nicht gewählten Obrigkeit eine Kompetenz zugesprochen, die sie als Diktatur stempelt.

Es gibt eine Hoffnung, dass man noch zur Besinnung kommt – und die ist durch das irische Volk möglich geworden. Diese Iren wurden als einzige gefragt, was sie von einer solchen verfehlten Politik halten. Sie haben die rote Karte gezeigt. Jetzt muss neu verhandelt werden. Jetzt kann klar gestellt werden, dass der Bundestag gewählt wurde, damit er IN der Bundesrepublik entscheidet, aber nicht ÜBER die Bundesrepublik.

Wenn das Pro und Contra gegeneinander abgewogen wurde, wenn man dem Souverän in einer Demokratie, dem Volk, die Kompetenz gibt, die es beanspruchen darf, dann lohnt es sich wieder, sich mit Politik in diesem Land zu beschäftigen. Dann macht Wählen einen Sinn. Dann geht es nicht um diese oder jene Partei, dann geht es wieder um den offenen Austausch von Argumenten. Dann wird wieder um Mehrheiten dort gerungen, wo es hingehört. Dann wird es auch dazu kommen, dass die Bürger in Europa dem zustimmen, was schon Konsens hat. Und das, was noch keinen Konsens findet, wird mühsam in einen Prozess eintreten müssen. Das macht doch Sinn – zumindest dann, wenn man ein Europa der Bürger will und nicht nur eines der Parlamentarier. – Sprengkraft im wahrsten Sinne des Wortes hat in dieser Schein-Demokratie jüngst auch wieder die Atom-Frage. Wie denken Sie darüber? Stimmen Sie jenen zu, die aus Angst, dass die Energie-Ressourcen versiegen würden, wieder Atom-Kraftwerke befürworten? Oder stimmen Sie jenen zu, die aus Angst, dass es immer wieder zu Tschernobyl-Unfällen kommen könnte, Atom-Kraft auf alle Zeit verbannen möchten?

–Angst ist dann ein guter Ratgeber, wenn sie zum Innehalten genutzt wird, um nachzudenken, warum kein Vertrauen in das eine oder andere gegeben ist. Unter diesem Aspekt stimme ich jenen zu, die davon ausgehen, dass der Umgang mit den bisher genutzten Energie-Ressourcen so war, dass man kein Vertrauen mehr haben kann. Unter diesem Aspekt stimme ich aber auch jenen zu, die feststellen, dass es nie etwas absolut Sicheres gab und gibt und deshalb ein absolutes Vertrauen in die Zuverlässigkeit von Atom-Kraftwerken mit Dummheit gleichzusetzen ist. – Was also tun und was lassen? An diesem entscheidenden Punkt werden Sie entweder zum Mystiker, der sich bewusst auf die „Nebel von Avalon", auf das Nicht-Wissen einlässt, oder zum Wissenschaftler, der misst, analysiert, seziert und im kleinkarierten Spiel die Erfahrungen zusammenfügt, die stets dafür sprechen, dass man das, was man entdeckt und mühsam dem Nicht-Wissen abgerungen hat, auch nutzt. Die verbindende Klammer für beide ist die Übernahme von Verantwortung.

Wenn wir ein hermetisches Gesetz heranziehen, das da heißt: Mikrokosmos gleich Makrokosmos – Im Großen ist das Kleine, im Kleinen das Große – dann stellt sich die Frage, welche Verantwortung Sie ganz persönlich für den Umgang mit Atom-Energie zu übernehmen bereit sind. Würden Sie sich eine Atom-Bombe ins Wohnzimmer stellen und darauf achten, dass sie nur zu friedlichen Zwecken genutzt wird? Trauen Sie sich zu, alles verantwortlich so gestalten zu können, dass kein Unbefugter diese Atom-Bombe zünden kann? – Sie meinen, diese Frage sei allzu hypothetisch?

Nun, dann schauen Sie doch einmal statt in Ihren Mikrokosmos in den Makrokosmos Iran. Hier sind jene, denen die westliche Welt nicht vertraut, weil sie angeblich an Atom-Bomben basteln – und diese eine Bedrohung für Israel und die ganze so genannte „freie Welt" darstellten. Schauen Sie aber auch auf die Regierenden der USA, die aus ihrer Not heraus keine Chance auslassen - und das als ihre Verantwortung begreifen -, sich die immer rarer werdenden Rohstoffe kriegerisch zu sichern, auch das Öl im Iran. -Was glauben Sie? Was wissen Sie, was diesen Konflikt ausmacht? Keiner kann oder darf so dumm sein, nicht die berechtigten Interessen von beiden Seiten zu sehen. Was aber wird siegen? In der Welt, für die George Bush personifiziert steht, ganz sicher der materialistische Fortschrittsglaube, der dem Haben-Wollen verpflichtet ist. In einer Welt, die das Sein dem Haben vorzieht, haben die Iraner das gleiche Recht wie die USA oder die Israelis. Sie sind anders, haben eine andere religiöse Ausrichtung – haben allerdings auch dieselbe Macke: Sie widersprechen alle dem Grundsatz der Koexistenz der Gegensätze.

Genau das nehmen wir, Sie und ich, uns als Lösungsansatz: Die Befürworter und Gegner von Atom-Energie haben recht. Jede Entscheidung, die unter der Voraussetzung von absolutem Aufgeklärtsein über Risiko und Gefahren getroffen wird, die den Einzelnen als in seiner Entscheidungsfindung mündig begreift, ist zu akzeptieren. Einer trage des anderen Last. Verantwortung zu übernehmen, verlangt Klarheit und Wahrheit – und die ergibt sich im Bekenntnis, dass ich nicht weiß, ob der, dem ich vertraue, mein Vertrauen nicht missbraucht. Leben ist lebensgefährlich!

ൟ

32
Sterbebegleitung

Wenn das Titel-Thema der „Sterbebegleitung" gewidmet ist, liegt der Schwerpunkt auf dem, was Veetman Maßhöfer im nachfolgenden Beitrag als praktische Hilfe für Menschen anbietet, die sich schicksalhaft damit beschäftigen müssen. Zusätzlich möchte ich um dieses Thema kreisen und sehe meine Sterbebegleitung als wacher werdender Mensch in vielen gesellschaftlichen Bereichen: Ich zeige an, dass das einzig Wirkliche das Sterben ist. Nichts bleibt. Dazwischen (= inter esse) sind Vorstellungen und Träume.

Der Dalai Lama vermittelt im tibetischen Vajrayana-Buddhismus, dass die Liebe und das Mitgefühl die Grundlagen für den Weltfrieden auf allen Ebenen sind. Wer würde da, solange es in der Theorie bleibt und allein als Ziel allen Strebens am Ende einer Entwicklung gedanklich angesiedelt wird, nicht zustimmen? Was erntet jemand, der so einseitig friedfertig in dieser polaren Welt agiert? - Krieg mit der Vielfalt der Sterbeprozesse: Nicht nur Menschen-Rechte sterben, auch die Rechte aller sonstigen Lebewesen, wie Mineralien (Bodenschätze), Pflanzen, Tiere. Sie werden missbraucht, geschändet, missachtet. Letztlich stirbt sogar die Weisheit eines Lao Tse, der von einer Tugend der Nutzlosigkeit spricht und dafür folgendes Beispiel hat: Ein großer Palast soll gebaut werden. Dafür wird fast der ganze Wald gerodet. Doch ein Baum bleibt stehen, weil er als völlig nutzlos gilt, da er nicht gerade ist und auch viele Knoten hat. Es lassen sich keine Balken daraus machen, folglich auch keine schönen Möbel, und als Feuerholz taugt er auch nicht, denn sein Rauch ist giftig. Lao Tse meint dazu: Seid wie dieser Baum. Völlig nutzlos, dann wird Euch auch niemand etwas zuleide tun. Ihr könnt dann wachsen und riesengroß werden und somit Tausenden Schatten spenden. - Wo gibt es diesen Baum? Auch der nutzloseste nach diesem Beispiel muss in unserer verrohten Welt sterben, lange ehe er riesengroß werden und Schatten spenden könnte.

Der Rat des Lao Tse, nicht schlau, nicht praktisch zu sein, damit man nicht auffällt und als nutzlos gelten kann, mündet dennoch in etwas ein, was das Sterben überwindet: „Bleibe einfach nur dir selbst treu." Unter diesem Gesichtspunkt empfehle ich auch den informativen Film „Der Weg zur Erleuchtung" (Frenetic Films/edel motion), der alle Suchenden, die „Siddharta" oder „Die 5 Tibeter" mit Begeisterung aufnahmen, mit farbenprächtigen Bildern zur Praxis des tibetischen Buddhismus gleichermaßen beglücken wird. Allerdings teile ich nicht die vermittelte Auffassung des Films, dass der Weg zur Erleuchtung einer bestimmten Form und einer bestimmten Stufenleiter der einzugehenden Exerzitien bedürfe. Es ist zwar mancher bei der Erfüllung ritueller Handlungen erleuchtet worden, aber es gibt auch zahllose Beispiele der Gnade, wonach ohne vordergründige Anstrengung, bestimmte wundersame Rituale zu erfüllen, das Erwachen erfolgte. - Ein Erleuchtungserlebnis könnte für viele von Ihnen, liebe Leserinnen und Leser, jener Teil des Films sein, der das BARDO („Der kosmische Raum oder Zwischenzustand") beschreibt.

(Osho sagt über BARDO: „Du legst den Grundstein für ein neues Leben, das ein völlig anderes Leben sein wird. Es wird dein letztes Leben sein, denn jeder, der bewusst stirbt, der den Übergang nutzt, um einen Geschmack völliger Reinheit zu erfahren, und bewusst in den Mutterbauch eingeht, wird bewusst geboren. Die Erleuchtung dieses Menschen ist von der Natur garantiert; er hat die Saat, den Nährboden").

Bedenkt, was Ihr im Laufe dieses Lebens an Dingen, Wissen, Erfahrungen ansammelt. Nehmt Ihr es mit, wenn es ans Sterben geht? Wenn Ihr es zurücklassen müsst, macht Euch auch keine Sorgen darum. Nur für das, was einem der Tod nicht wegnimmt, lohnt es sich, sein Leben zu opfern. Deshalb versucht in jedem Augenblick Eures Lebens herauszufinden, was niemals stirbt!

Wo ist das Land der Unsterblichkeit? Wo gibt es nie Geburt und Tod? -Versucht es mit Meditation…..

33
Finanzkrise

Seit 1988 ist mir bewusst, dass unser Finanzsystem ungerecht ist und zusammenbrechen muss. Damals hatte ich das Buch von Professor Margrit Kennedy gelesen: „Geld ohne Zins und Inflation". Der so genannte Zufall wollte es, dass ich Margrit Kennedy in unserem Centro auf Lanzarote kurz darauf persönlich kennen lernte und mit ihr einen einwöchigen Workshop zum Thema „Geld" vereinbaren konnte. Ich nahm daran teil und hatte einen riesigen Gewinn dadurch, nämlich die Gewissheit, dass dann, wenn 98 Prozent unseres Geldes spekulativ unterwegs ist, um mit Geld Geld zu machen, nicht nur vordergründig die Schere zwischen Arm und Reich immer größer wird, sondern der Werte-Verfall auf allen Ebenen einem Bankrott des denkenden Menschen gleichkommt.- Wer hat es denn zugelassen, dass heutzutage auf allem, was gehandelt wird, eine Zinsbelastung von 40 % liegt (über die Preise der Waren, die hohen Mieten, Gebühren und Abgaben)? Wer hat denn bisher tatenlos zugeschaut, dass das Geld, das als Tauschmittel äußerst sinnvoll ist, nicht mehr in Umlauf kommt, sondern zu einer Ertrag schaffenden Funktion missbraucht wird? Wer ist denn blind geblieben angesichts der Tatsache, dass immer mehr Menschen wegen des nicht ausgewogenen Verhältnisses von Geben und Nehmen krank geworden sind (siehe die somatischen Aspekte z.B. zu Asthma, Neurodermitis, Depression)?

Liebe Leserin, lieber Leser - das warst und bist Du!

Die jetzige Finanzmarktkrise ist dann eine Chance, wenn Du und ich den wahnsinnigen Kreislauf durchschauen, der zu diesem Kollaps geführt hat - und aus dem es auch nur ein Entrinnen gibt, wenn die derzeit Mächtigen mit der arbeitenden Mehrheit, die für ihre Leistung immer weniger bekommt, in der Weise konfrontiert werden, dass keiner mehr mitmacht, wenn sie zur weiteren Ausbeutung der Armen Kriege anzetteln (müssen), um ihre Pfründe zu erhalten, und dass sie wach werden für die Tatsache, dass die Habgier in dieser Demokratie legalisiert ist. - Es gäbe viele weitere Punkte aufzuzählen, für die wir sensibler werden müssen, doch diese beiden sind wesentlich für die Änderung der Einstellung des Einzelnen, der bisher mitgeschwommen ist im System, ohne sich Gedanken zu machen. Es ist nicht zu leugnen, dass die größte Gefahr, dass sich auch jetzt in dieser prekären Situation auf dem Finanzmarkt nichts ändert, darin liegt, dass Du und ich nicht umdenken und weiterhin glauben, dass wir für unsere Leistung über Zinserträge honoriert werden müssten. Die vor zwanzig Jahren von Margrit Kennedy mir nahe gebrachte komplementäre Lösung muss in die Welt, muss durchgesetzt werden, auch gegen den Widerstand der im Moment auf Gedeih und Verderb verbrüderten globalisierten Welt, die entweder die Bedrohung des sozialen Friedens gar nicht sieht oder darauf vertraut, dass die aufbegehrende Masse mit vorhandenem Kriegsgerät in Schach gehalten werden kann. Was macht denn diese „komplementäre Lösung" aus? -

1. Es muss stets genug Geld da sein, um alle notwendigen bzw. beabsichtigten Handelsprozesse abwickeln zu können.

2. Der Umlauf des Geldes muss gesichert werden.

3. Zinsen müssen zumindest bis zur Inflationsrate vermindert werden, am besten sogar gänzlich gestrichen werden, denn der Zins verschiebt das Geld dorthin, wo es schon (oft in Überfülle) vorhanden ist, und zieht es dort ab, wo Mangel herrscht, aber unbedingt gebraucht wird.

4. Dem Einzelnen bleibt viel mehr in der Tasche, wenn von den erworbenen Waren und Leistungen die Zinsaufschläge wegfielen.

5. Dies wird erreicht, indem das Horten von (Bar-) Geld mit einer Gebühr belastet wird (genannt „Umlaufsicherungsgebühr").

Was wären die sich ergebenden Vorteile? 80 Prozent der Bevölkerung hätten durch diese Lösung mehr Geld in der Tasche; der Mittelstand würde sich verbreitern. Für weitere etwa zehn Prozent würde sich nicht viel ändern, doch für die verbleibenden zehn Prozent der jetzigen Großverdiener hieße es, ihre Haupteinnahmequelle zu verlieren, wenn es keine Zinseinnahmen mehr gäbe. - Im Sinne eines ethischen Anspruchs in dieser Welt ist das ein „Vorteil", denn es geht nicht darum, den Reichen das wegzunehmen, was sie mit Leistung erworben haben, sondern nur das, was nicht durch eigene Arbeit angesammelt wurde. Wer fleißig ist, soll reich werden. Doch die leistungslosen Einkommen müssen gestrichen werden.- Ich denke, dass dies vielfach auch den jetzt Reichen zum Vorteil gereichen würde, denn viele sind doch geistig so verarmt, dass sie in ihrem nach immer mehr Geld gierenden Verhalten im hoffnungslosen Sumpf von Langeweile plus Drogen umzukommen drohen.

Geldvermögen sollte für geistigen Zugewinn eingesetzt

werden! Manche Unternehmer, die über ihre Leistung reich wurden, tun das auch beispielhaft. Unter ihnen sind auch jene, die genau wie ich das bestehende Finanzsystem längst durchschaut haben und nicht überrascht sind, dass es jetzt an die Wand gefahren ist. Doch wie im spirituellen Bereich, der sich vom Main-Stream absetzt, ist es auch hier so, dass es nur wenige sind, die sich offen für eine Veränderung einsetzen. Sie haben (berechtigt) Angst vor dem machtvoll vorgetragenen Widerstand der im Moment Privilegierten. Ich kenne auch einige Politiker, die entsprechend ihrer Klugheit längst erkannt haben, dass es eigentlich so, wie es jetzt ist, nicht weitergehen kann. Doch sie wissen auch, dass sie in eine lebensbedrohliche Situation kämen, wenn sie sich als (immer noch einsame) Vorreiter für ein Geldsystem ohne Zinsen (und dadurch zumindest wesentlich verringerter Inflation) stark machen würden.

Da die Masse der 80 bis 90 Prozent Benachteiligten des Systems zudem nicht aufgeklärt sind bzw. auch diesen Artikel vielfach für eine Verschwörungstheorie halten werden, wird es erst den absoluten Crash geben müssen, ehe die Wut jetzige Trägheit überwindet. Dabei wäre es doch in einer echten Demokratie so einfach, die Veränderung zu erREICHen, indem das, was sich zwischen Eltern und Kindern oder zwischen Freunden als selbstverständlich zeigt, nämlich sich Geld zu leihen, ohne Zinsen zu verlangen, als moralisch-ethischer Anspruch in die Gesamtbevölkerung getragen wird.

Was fehlt? Der Gesinnungswandel! Wachheit! Liebe! - Ich möchte deshalb erwähnen, wer sich besonders um diese drei Faktoren kümmert, damit Sie sich dort weitere Aufklärung holen können:

Zeitschrift „Humanwirtschaft", www.zeitschrift-humanwirtschaft.de; Prof. Dr. Margrit Kennedy, www.margritkennedy.de; Prof. Dr. Stefan Brunnhuber, www.stefan-brunnhuber.de; Dr. Bernard A. Lietaer, www.lietaer.com; Helmut Creutz, www.helmut-creutz.de

34
Vertrauen

Es ist Herbstzeit. Die Natur stirbt, um sich auf neues Leben vorzubereiten. Die Kraft spendenden Säfte ziehen sich zu den Wurzeln zurück. Eine Freundin ist gestorben. Gila. Sie war die Tochter eines persischen Teppichhändlers, jenes Mannes, der mich gelehrt hat, was es in der Tiefe heißt, vertrauen zu lernen - dass es immer weiter geht... und die Erkenntnis übrig bleibt: Leben ist immer jetzt.

Es ist mehr als dreißig Jahre her, dass ich als Verleger des „Blitz-Tip", des größten Anzeigenblatts in Deutschland, zu beklagen hatte, dass Wechsel, die ich von jenem Teppichhändler erhalten hatte, nicht eingelöst wurden. Ich hatte Angst, Geld zu verlieren, und fuhr wild entschlossen, nicht nur Klartext zu reden, sondern mich auch durch die Mitnahme von Teppichen schadlos zu halten, zum luxuriös ausgestatteten Geschäft des säumigen Schuldners.

Ein unter dicken Brauen aus schwarzen Augen freundlich blickender Herr begrüßte mich am Eingang. Seine ganze Erscheinung vermittelte Würde, Stolz und Leidenschaft, als er nach dem Erkennen, warum ich da war, sagte: „Schauen Sie sich um. Nehmen Sie, was Ihnen gefällt. Alles, was Sie hier sehen, ist sehr wertvoll. Es ist mein Kapital. Nur Bargeld habe ich nicht. Ich bin in Ihrer Schuld. Entschulden Sie mich, indem Sie Teppiche mitnehmen. Die Wechsel kann ich nicht bezahlen. -

Ich war absolut verunsichert. Von Teppichen verstand ich nichts.

Folglich musste ich ihm glauben, was er mir bezüglich des Wertes der einzelnen Teppiche sagte. „Ich mache Ihnen einen guten Preis. Nehmen Sie nur." Zögerlich entschied ich mich für einige Brücken. Der einzige Gedanke, der mir nachhaltig in Erinnerung blieb, war: Alles, was ich jetzt aussuche, ist besser als nichts.

Am Ende lagen die wertvollen Stücke übereinander gestapelt vor mir. Die Addition der Einzelpreise lag weit über dem Wert der ausgestellten Wechsel, doch aus sinnlich vollen Lippen und mit einem verschmitzten Lächeln bedeutete mir der mir immer vertrauter werdende Fremde, dass er froh sei über meinen Besuch und dass alles so in Ordnung sei.

Die Teppiche wurden im Auto verstaut und ich wollte mich schon nach dem Zerreißen der Wechsel zurückziehen, als der Herr im weißen Hemd, dezenter Krawatte und auffallend akurater Bügelfalte in der hellen Anzughose mich aufforderte, doch zu überlegen, was ich privat noch an Teppichen brauchen könnte.

„Ja, aber ich habe dafür kein Geld", hörte ich mich sagen. „Gefallen Ihnen Teppiche?", fragte mein Gegenüber, „wenn ja, nehmen Sie, was Ihnen gefällt; wir werden uns schon einig." In meinem Hirn ratterte es. Ich war verblüfft, ich war verwirrt - ich suchte Teppiche aus……..

……..dann wollte ich wissen, was ich zu zahlen habe.

„Geben Sie mir einen Scheck." - „Wie? Welchen Betrag muss ich denn eintragen?" - „Tragen Sie gar keinen Betrag ein." „Sie meinen, ich solle blanko unterschreiben?" „Ja." -

„Ich heiße Bagher." Ein Lächeln huschte über das Gesicht dieses Mannes, der mir auf unerklärliche Weise immer sympathischer, aber auch unheimlicher wurde. Ich stand wie angewurzelt vor ihm. Mein Kopf sagte NEIN, einen Blanko-Scheck gibst Du ihm nicht. Mein Herz pochte, raste, überschlug sich - und siegte: Ich unterschrieb den Scheck, übergab ihn - und sah mich dann mit hochrotem Kopf im Innenspiegel meines Autos.

Was für einen Blödsinn hatte ich da gemacht? War ich denn von allen guten Geistern verlassen? -

Ich hielt die Angst aus, was ich wohl für eine Rechnung präsentiert bekäme, welcher Betrag demnächst von meinem Konto abgebucht würde. Ich wartete. Nichts kam. Ein Jahr lang. Dann, auf den Tag genau ein Jahr nach dem vielfach nachträglich besprochenen Kauf der Teppiche kam die Abbuchung: 1 Mark. - - -

Bagher rief an und dankte mir für das Vertrauen, das ich ihm entgegen gebracht habe. Er hätte ein Spiel mit mir gespielt: Das Spiel eines Persers mit einem Deutschen. Vertrauen gegen Kontrolle oder Vertrauen statt Kontrolle….

An einem der darauf folgenden Abende war ich mit meiner Frau privat zu einem persischen Essen bei ihm eingeladen. Die ganze Familie war dabei. Auch Gila. Eine wärmende, einzigartige Welle der Herzlichkeit und Offenheit erfasste uns. Freundschaft entstand und wurde fortan gepflegt. Bagher war zunächst persönlich

und nach seinem Tod immer in Gedanken bei mir, wenn ich irgendwelche geschäftlichen Veränderungen einzuleiten bzw. zu feiern hatte. Ein mit Intarsien geschmücktes Kästchen, das er mir zur Einweihung der Buchhandlung „Mandala" in Frankfurt schenkte, ist als Symbol noch immer in unserem Alltag gegenwärtig: Darin sind Weisheitssprüche aus allen Kulturkreisen gesammelt.

Gila pflegte den Kontakt zu mir weiter. Sie, ihr Mann und ihre Kinder zählten zuletzt im Mai zu meinen Geburtstagsgästen, als ich mein zehntes Septar mit jenen begann, die mir im Laufe des Lebens ans Herz gewachsen waren.

Nun ist sie gestorben. Ihre vergängliche Hülle liegt auf dem Friedhof. Unter der Erde. Heimgekehrt zu den Wurzeln. - Eine neue Generation wächst heran. Farid baut aus, was Bagher und Gila begonnen haben: Grenzen der Angst und der Vorurteile zu überwinden, Vertrauen zu schaffen und Liebe zu schenken.

Zeit des Vergehens - Zeit des Werdens!

35
Hingabe des Höchsten an das Gemeine

Das Leben ist schön! - **Lassen Sie Ihr JA** zum Leben nicht von jenen unterdrücken, die mit der Angst ihr Geschäft machen: vor allem den Politikern und Priestern. Dabei sind jene auch nur Opfer ihrer Erziehung. Doch das muss uns erst einmal klar werden.

Ist es nicht so, dass wir von Kindesbeinen an immer wieder nur hören, was gut oder böse sei? Die Welt wird in Heilige und Sünder geteilt. Die Unterscheidungskriterien sind die Regeln. Abertausende von Regeln, die das Richtige vom Falschen teilen.

Die Strafen, die sich die Herrschenden einfallen lassen, um Euch gefügig zu machen, sind drakonisch. Ihr werdet in die Hölle kommen - sagen sie. Ihr zittert vor Angst. Ihr könnt gar nicht anders.

Und doch: Ein Mensch, der in Angst lebt, ist ein Sklave. Er hat seine Individualität, seine Unteilbarkeit aufgegeben, handelt nicht mehr aus seinem Wesenskern heraus, sondern ist das willenlose Opfer der herrschenden Macht.

Früher hatten die Kinder Angst vor ihren Eltern, heute haben die Eltern Angst vor ihren Kindern. Früher hatten die Schüler Angst vor ihren Lehrern, heute haben die Lehrer Angst vor ihren Schülern.

Es sind die zwei Seiten einer Medaille: des Geteilt-Seins, des Gespalten-Seins.

Wenn Weihnachten heutzutage einen Sinn machen soll, muss es darum gehen, die Ursache zu ergründen, warum es so ist, wie es ist.

Die Symptom-Behandlung muss ein Ende haben. Sie verschiebt nur den Kern des Übels.

Wenn man keine Angst macht, kann man auch keine Angst erzeugen!

Wenn wir die Geburt Jesu als etwas für uns heute Bedeutsames begreifen, liegt das im Wort „Liebe Deinen Nächsten WIE DICH SELBST". Das heißt: Nimm Dich in Deiner Natürlichkeit an, wie Du bist. Lass Dir keine Regeln bezüglich der natürlichsten Eigenschaft, die Du mitbringst, aufzwingen: Einzigartigkeit.

Nimm die Geburt Jesu als Aufruf zu einer Neugeburt, als Aufruf zum Erwachen, als Aufruf zum rebellischen Dasein in der Welt der alten Schriftgelehrten (der konfessionell-traditionell gebundenen Priester und ihrer vergangenheitsorientierten, konservativ-verhärteten, politischen Verbündeten), als Aufruf zur allumfassenden Liebe.

Machen wir uns nichts vor: Das bedeutet nicht, dass nun im Außen alles besser wird. Nein - es heißt, wachen Auges sein persönliches Golgatha anzusteuern. Es ist das bewusste Sterben für die eigene Wahrheit - und damit nicht mehr das dressierte Schlachtvieh für die bornierten Vorstellungen einer aus Gier genährten fortschrittsgläubigen, ständig aufrüstenden und damit immer mehr Angst erzeugenden Machtmaschinerie zu sein. -

Sei total! Sei Dir total gewiss, dass Du bereits alles hast, was Du brauchst. Du bist in Deiner Einzigartigkeit das Geschenk an die Welt. Lehne nichts ab, was essentiell zu Dir gehört. Akzeptiere Dich in jedem Moment. Wenn Gott (und ich meine mit diesem Begriff keine neue, letzte Projektionsfläche, sondern das unverwechselbar Höchste in Dir: der göttliche Kern, der sich individuell in Schale werfen will) Dir bestimmte Eigenarten und Fähigkeiten mitgegeben hat, muss das eine Bedeutung haben; es muss die

Geburt einer neuen Möglichkeit sein, etwas hervorzubringen, das noch nicht da war. Das ist wahrlich ein Grund zum Feiern. So wie jede Geburt.

Eine Krise wie die „Finanzkrise" ist eine willkommene Gelegenheit, sich entweder einmal keine Vorstellungen von dem zu machen, was kommen wird oder aber die Vorstellungen als Spiel des Verstandes zu begreifen - und in jedem Fall heißt das, zu akzeptieren, was kommt. Nichts zu planen. „Und warum sorgt Ihr Euch um Kleidung? Betrachtet Euch die Lilien auf dem Felde, wie sie wachsen. Sie arbeiten nicht und sie spinnen nicht, und doch sage ich Euch, selbst Salomon in all seiner Pracht ist nicht gekleidet wie eine von ihnen. Darum: Sorgt Euch nicht um den morgigen Tag, denn der morgige Tag wird für sich selbst sorgen."

Aber Ihr könnt der Ursache auf den Grund gehen und aufhören, die Symptome zu behandeln.

Dann seht Ihr die Besessenheit, mit der ein altes, überkommenes System machtlüstern verteidigt wird. Dann seht Ihr, wie sich die Weihnachtsgeschichte wiederholt, wenn dem Weib(lichen) Maria und dem Zimmermann, der göttlichen Willen in der Welt umsetzt, der Zutritt zu der Herberge verwehrt wird. Doch das, was dann schließlich im Stall (in der Dunkelheit) geboren wird, ist das strahlende Licht verheißungsvollen Lebens: Es ist die Geburt des Göttlichen in der Welt. Es ist die Geburt des Ungehorsams gegenüber den weltlichen Herrschern und das Befolgen des jenseitigen („Mein Reich ist nicht von dieser Welt.") Willens, des freien Geistes.

Lasst uns erinnern: an unsere Kinderzeit, die vertrauensselige, in der wir uns reinen Herzens am Lichterbaum erfreuten, weil wir noch nicht verbildet waren.

Lasst uns nach Innen schauen und innovativ werden, indem wir begreifen, dass Weihnachten die Hingabe des Höchsten an das Gemeine ist (Gottes Sterben in die Welt) und es in dieser Sterbe- und gleichzeitig Geburtsstunde darum geht, uns selbst als Geschenk zu geben: an das Leben, in dem die Liebe keine Grenze kennt.

36
Management

1993 veranstaltete ich im damaligen Etora-Zentrum auf Lanzarote einen Kongress mit dem Titel „Management 2001 - Der Mensch im Mittelpunkt". Die Vision war, Spiritualität mehr als bis dahin gegeben mit den Leitlinien der Wirtschaft zu verbinden. So gehörte es zur Idee der Veranstaltung, als Unternehmer oder Manager in der Wirtschaft, aber auch im privaten Bereich, von folgender Voraussetzung beim Handeln auszugehen: „Wenn man die vorhandenen Strukturen nicht mehr beherrschen kann, d.h. im Sinne eigenen Wollens manipulieren kann, wenn nichts mehr nach der Logik der Vergangenheit läuft, dann muss das Gewordene wieder dem Fluss des Geschehens übergeben werden, die Steuerung aufgegeben werden. Man muss loslassen. Das aber ist nicht leicht. - Es muss trainiert werden."

Dazu hatten viele, auch heute noch renommierte Persönlichkeiten Resonanz. Ich nenne sie hier und heute nach fast sechzehn Jahren, weil sie versuchten, Pioniere für eine Kultur in der Gesellschaft und insbesondere in der Wirtschaft zu sein, die sich noch immer nicht durchgesetzt hat, weil die Zerstörung alter Konzepte noch nicht erfolgte, weil man noch nicht losgelassen hat und weil man das Neue nicht ausreichend trainiert hat. Aber es ist nie zu spät. Jeder der nachfolgenden Namen steht für ein einzigartiges Programm. Sie können sich viel Geld und Zeit sparen, wenn Sie sich diese Quellen erschließen:

Dr. Franz Alt: Er hat wie kein anderer auf die Notwendigkeit verantwortungsvollen Umgangs mit den bis heute genutzten Energie-Ressourcen hingewiesen und unter dem Motto „Die Sonne schickt keine Rechnung" auf die Möglichkeiten hingewiesen, die erneuerbare Energien bieten (siehe www.sonnenseite.de).

Dr. Hans Endres: Der große Philosoph, der 2004 gestorben ist, und mit seinem Buch „Der Mensch als Mittelpunkt" schon vor Jahrzehnten erkannte, dass es um ein integrales Management gehen muss, wenn Begriffe wie „Ganzheitlichkeit" oder „Nachhaltigkeit" sinnvoll und richtig gebraucht und gelebt werden sollen. Dazu gehört auch das Verständnis einer „Heldenreise", der stufenförmigen Entwicklung eines Menschen, wie er es in seinem Buch „Das spirituelle Menschenbild" tiefgründiger vermittelt, als es das wesentlich populärere Buch von Thorwald Dethlefsen „Schicksal als Chance" vermag. Wer ihm auf die Spur kommen will, wende sich an Adele Fischer (www.numerologie2000.de).

Günther Feyler: der Unternehmensberater und Traumforscher (www.mdf-gf.de), der bis heute kämpferisch für eine betriebliche Leistungssteigerung durch das Beschreiten eines Weges zur inneren Wahrheit eintritt.

Edgar Friedrich: der Vollblut-Unternehmer, der aus dem Nichts eine Firma in Villingen-Schwenningen nach ganzheitlichen Kriterien aufbaute. Dazu gehörte u.a. auch die tägliche Meditation. Viel zu früh verstarb er vor einem Jahr.

Johannes Galli: der Pionier des Kommunikations-Theaters, des Stegreif-Spiels, der Clown mit „der Lust am Scheitern", der unermüdliche Wanderer zwischen den Welten des Äußeren und Inneren, der wie kein anderer polarisiert; er stellte die These auf „Was nicht gespielt werden kann, gibt es nicht" - und gibt damit den stärksten Hinweis auf das erhabenste Ziel allen Strebens, nämlich das Leben als Spiel zu begreifen. (www.johannesgalli.com)

Gerhard May, der Herausgeber des Magazins „managerSeminare" und „Training aktuell" (www.managerseminare.de), der zusammen mit Jürgen Graf, seinem Partner, damals noch bestrebt war, auch den spirituellen Aspekt im Management zu beleuchten. Heute gibt er mehr jenen Raum, die das, was 1993 schon als Grundlage für konkretes Handeln herauskristallisiert wurde, kreuz und quer kauen, damit nur gähnende Langeweile erzeugen und keinen nachhaltigen Impuls für ein zukunftsfähiges Management geben.

Roland Spinola: Er beschäftigt sich seit Anfang der 80er Jahre mit den menschlichen Denkstrukturen und führte das Herrmann Dominanz Instrument (H.D.I.) zur Denkstilanalyse erfolgreich im deutschsprachigen Raum ein (www.rolandspinola.de). Mit seinem Thema „Think on your feet" ist er konsequent bei seinem Motto geblieben: „Es genügt nicht, Wissen zu haben, ich muss es auch überzeugend weitergeben können!"

Thies Stahl: Thies Stahl ist sicherlich der ‚dienstälteste' NLP-Trainer in Deutschland. Mit seinen Übersetzungen der ersten Bücher von Grinder und Bandler war er ein Wegbereiter für das NLP in Deutschland.

Mit seinem sehr fundierten Background in den unterschiedlichsten Verfahren hat er in den letzten Jahrzehnten viele NLP'ler gut ausgebildet (www.thiesstahl.de).

Caro Tille (www.ASEKzentrum.de)sagt: „Viele Typologien legen Menschen fest und sagen: So bist Du. Wenn sie ihm stattdessen helfen würden, über seine Wahrnehmungsmuster zu reflektieren, könnten sie ihm auch helfen, an seiner Entwicklung zu arbeiten." Sie arbeitet mit dem Enneagramm und war prädestiniert, die damalige Kongress-Veranstaltung als Moderatorin (mit ihrem Partner) mit beispielhaftem Einfühlungsvermögen zu bereichern.

Last but not least: Ingrid Zinnel und Dr. Peter Orban, die damals gerade das Symbolon-Institut gegründet hatten und in mehreren Büchern entsprechend eines wirklichen ganzheitlichen Verständnisses darauf aufmerksam machten, wie Mikrokosmos und Makrokosmos in Entsprechung zueinander stehen und dass in jedem Lebensbereich die Gesetze der Polarität, der Resonanz und des Rhythmus wirken - und dass es die Welt nicht gibt, sondern jeder in seiner eigenen Welt lebt und seinem eigenen Gesetz zu folgen hat. (www.symbolon.de und www.ingridzinnel.com)

Mein eigener Beitrag schloss sich an diese Gedankengänge zum spezifischen Thema an, indem ich für ein betriebliches und privates verantwortliches Management als Empfehlung vorgab: „Ich führe, wie ich bin". Dieses „Ich bin" war und ist aber nicht so zu verstehen, dass man auf eine bestimmte, eng umrissene Rolle festgelegt sein müsste, um authentisch zu sein, zum Beispiel der niemals lachende, ehrgeizige und hart gegen sich selbst agierende Chef, sondern jener, der sein Ich in der Vielgestaltigkeit einer multiplen Persönlichkeit ausdrückt, das heißt die Vielzahl seiner Masken (personas) aufsetzt, und das „Spiel des Lebens" spielt - angepasst an die Situationen, die er/sie in seiner Welt zu meistern hat.

Ausgerechnet in einem Beitrag von „managerSeminare", der mit der Überschrift „Echtsein macht erfolglos - Irrglaube Authentizität" (Autor: Rainer Niermeyer) zunächst Widerspruch herausfordert, aber in seinem Fazit zumindest Klugheit erkennen lässt, finden wir den roten Faden wieder, wie er damals gesponnen wurde:

„Es kann also nur darum gehen, das bestehende Rollenangebot bestmöglichst zu nutzen. Und zwar in zweierlei Hinsicht. Zum einen bieten Rollen die Möglichkeit, sich weiterzuentwickeln. Wer nicht auf einem authentisch-trotzigen ´Ich bin, wie ich bin´ verharrt und die jeweiligen Rollen annimmt, wird in ihnen wachsen. So ist zum Beispiel die rollenspielende Führungskraft in dem einen Moment verständnisvoller Coach, im nächsten detailorientierter Planer und im wieder nächsten mitreißender Visionär. Jede Rolle verlangt es, anders aufzutreten, bestimmte Züge der eigenen Persönlichkeit stärker zu betonen und einzusetzen, andere eher zurückzustellen. Jede Rolle für sich bildet ein eigenes Lernfeld, in dem die Führungskraft ihre Fähigkeiten ausfeilen kann. Und zum anderen eröffnet das Rollenspiel die Chance, mehr über sich selbst zu erfahren. Die Führungskraft wird merken, welche Rollen am besten zu ihr passen, in welchen sie sich am wohlsten fühlt.... Diese Erkenntnisse können dabei helfen, ein Rollenbündel zu entwickeln, das nicht als Bürde oder Zwang zur Maske erlebt wird, sondern als persönliche Befriedigung und in sich stimmig. Das Wohlfühlen im eigenen Rollenset führt zu echter Selbstsicherheit. Von den Mitspielern mag das als Charisma, als ´Authentizität´ erfahren werden. Gehen Sie also raus, erobern Sie die Bühne durch ausgesuchte Facetten Ihrer Persönlichkeit und werden Sie so auf Dauer - authentisch!"

Es ging also nichts von jenem Geist verloren, der vor sechzehn Jahren noch milde belächelt wurde. Jene, die damals mutig für die Erneuerung des betrieblichen und privaten Managements eintraten, haben viel Gegenwind bekommen. Es schien so, als würde man „dem Ochsen ins Horn petzen". Das ist immer so, wenn man die konservativen Leitlinien, die etwas hochhalten und bewahren wollen, was nicht mit den unabänderlichen Gesetzen im Einklang steht (Polarität, Resonanz, Rhythmus), rebellisch in Frage stellt bzw. komplementäre Lösungen dazu sucht. - Manchmal muss wirklich nur Zeit vergehen, dass die „Weltfremden" in den Status eines Gurus erhoben werden. Die vorher genannten Personen sind es. Sie vertreten noch immer Minderheiten und suchen Mehrheiten für ihre Hypothesen eines freudvollen Miteinanders, in dem der Mensch als Mittelpunkt und im Mittelpunkt allen irdischen Geschehens gesehen und genutzt wird - als im Ausleben seiner individuellen Fähigkeiten demütiger Diener zum Wohle des Ganzen.

Ich bin wie schon Hermann Hesse davon überzeugt: Alles, was den Menschen von diesem Glück trennt, ist Zeit.

37
Arbeiten, um zu leben

Arbeiten Sie, um zu leben, oder leben Sie, um zu arbeiten? Was halten Sie von der biblischen Aussage, dass das Leben, „wenn es köstlich gewesen ist, Mühe und Arbeit gewesen" sei? Finden Sie sich im geflügelten Wort „Arbeit ist das halbe Leben - und die andere Hälfte auch"? - Warum arbeiten Sie überhaupt?

So wie im Allgemeinen das Leben eingerichtet ist, arbeiten nahezu alle, um ihren Lebensunterhalt zu verdienen. Sie unterliegen dem Zwang, Geld verdienen zu müssen, um existieren zu können. Darüber hinaus gibt es aber auch viele, die kein Ende finden in der Arbeit, weil sie es als höchstes Gut betrachten, finanziell unabhängig zu sein und sich mehr von der Welt kaufen zu können, als nur genug zum bescheidenen Wohnen, Essen und Trinken zu haben.

Wo ist das Mittelmaß? - In unserer Gesellschaft gibt es viele, die gar keine Arbeit haben. Sie sind vielfach unglücklich, ohne Beschäftigung zu sein. Der Zustand lastet auf Ihrem Gemüt. Sie werden depressiv und kommen ohne Psychopharmaka nicht mehr aus. Parallel dazu gibt es Männer wie Frauen, die in ihrer Arbeit so „aufgehen", dass sie keinen Ausgleich im Privatleben mehr finden oder suchen - und schließlich in einem Burnout untergehen.

Wie viele unter uns gehen einer Beschäftigung nach, in der sie ihre wahren Talente und Fähigkeiten nicht ausleben können? Wie viel Lustlosigkeit, Frust, Aggression, Verzweiflung und nachfolgende Krankheiten erzeugt die Tatsache, dass sich über das Maß der sozialen Anerkennung am bezahlten Arbeitsplatz das Glück oder Unglück eines Menschen definiert?

Wer macht sich überhaupt noch die Mühe, darüber nachzudenken, ob der Stellenwert, wie er dem Faktor Arbeit zugesprochen wird, gerechtfertigt ist? Es scheint klar, dass man arbeiten muss, wenn man nicht zu den Verlierern, den Ausgestoßenen der Gesellschaft, den Asozialen gehören will.

Der Artikel 23 der Allgemeinen Erklärung der Menschenrechte verbürgt ein Recht auf Arbeit. Es ist aber in unserer Ländergesetzgebung nicht so umgesetzt. Da heißt es: explizites Recht auf Arbeit ist nur das Recht, arbeiten zu dürfen. Das Recht auf eine Wunscharbeit oder arbeiten im erlernten Beruf ist nicht eingeschlossen. - Extrem formuliert impliziert es eine Pflicht zur Arbeit.

Es gehört aber auch zum politischen Alltag, berechtigt festzustellen, dass die Arbeit im Verhältnis zum Kapital mehr und mehr an Wertschöpfung verliert und dass es zusehends mühevoller wird, die davon betroffenen Arbeiter ruhig zu stellen und gewaltsame Proteste zu unterdrücken. Man versucht sogar, die bis jetzt noch gesetzlich erlaubten Streiks mehr und mehr einzuschränken.

Man streitet um ein Grundeinkommen für jedermann. Und parallel dazu gibt es ernst zu nehmende Kräfte, die über die Grundsicherung hinaus jedem ein Einkommen zukommen lassen wollen, das ohne zusätzlichen Verdienst über Arbeit zum Leben reichen würde. Man geht davon aus, dass dann, wenn niemand mehr arbeiten muss, jeder freiwillig jenen Arbeitsplatz suchen und finden würde, der ihn von innen heraus erfüllt, den er gerne einnimmt und ausfüllt.

Das klingt so verrückt, dass im Moment wohl nur Verrückte für einen solchen Umsturz der gegebenen Verhältnisse ernsthaft eintreten, doch die Maßstäbe zum Thema Arbeit müssen sich ändern, wenn wir demnächst nicht das Chaos auf Europas Straßen erleben wollen. Die Arbeiter sollen in der Finanzkrise die Zeche für die im System begünstigten Kapitalisten zahlen. Die Parteien bzw. die Flügel in Parteien, die diese Ungerechtigkeit anprangern, werden diffamiert.

Lassen Sie uns aus diesem Irrgarten heraus kommen!

Was steckt dahinter, wenn ein Zen-Meister zu seinen Schülern sagt: „Keine Arbeit, kein Essen!"? - Es geht darum, dass jeder seine mitgebrachten individuellen Fähigkeiten - gleichsam Schätzen - in die Welt, in die Gesellschaft einbringt, sie zum Wohle des Ganzen (seiner Familie, seinem Land, der Menschheit an sich) einsetzt: unermüdlich und freiwillig. Tut er das nicht, hat er keinen Anspruch, genährt zu werden. - Gehen wir einen Schritt weiter und übertragen die Frage „Welche Arbeit passt zu mir?" auf die Frage „Wer passt zu mir?" sind wir uns in unseren Breiten einig, dass jeder den- oder diejenige aussuchen sollte, der/die Eigenschaften und Fähigkeiten mitbringt, die zu mir bzw. zu Dir passen - und dass nicht wider Willen (sozusagen von höherer Warte bestimmt) verfügt werden sollte, wer mit wem zusammenkommt.

Das bedeutet, dass Arbeiten, die nicht zu mir passen, in

unserem Werteverständnis unzumutbar sind, wenn es um das Wohl einer ethisch orientierten Gesellschaft geht, in der Freiheit und Freizügigkeit wirklich gelebt werden. Lediglich dort, wo man um des Geldes Willen arbeitet und alle Werte auf Materielles beschränkt, zwingt man die Individuen, sich dem Diktat der unbelehrbaren Fortschrittsgläubigen im Funktionalen unterzuordnen. Die Seele des Einzelnen, die sich aus Gefühlen, Hingabe an das Geistige, Sehnsucht nach Befriedigung und Ausdehnung im Kreis von Gleichgesinnten nährt, wird in ein Korsett gesteckt, das einem ursprünglich demokratischen Verständnis absolut widerspricht.

Nun ist es aber eine Tatsache, dass jeder von uns einen anderen Schatz einzubringen hat. Wenn wir nur in einer groben Einteilung feststellen, dass wir unterschiedliche Temperamente mitbringen, können wir begreifen, dass ein wässriger Typ etwas Anderes der Gesellschaft zu geben hat als der feurige Typ. Wenn wir dies mit passiv und aktiv gleichsetzen, gibt es jene, die sich absetzen dürfen, ggf. faul sein dürfen (die „stillen Wasser"), und jene, die nie still stehen (die „Feuerteufel"). Ihre Arbeitsauffassung, ihre Arbeitsleistung, ihre Beiträge für die Gesellschaft werden und müssen unterschiedlich sein. Diese in einer „Sozialgesetzgebung" über einen Leisten zu schlagen, ihnen ohne Unterscheidung Arbeiten einfach zuzuteilen, ist Mord auf Raten.

Wilhelm von Humboldt sagte: „Nie ist das menschliche Gemüt heiterer gestimmt, als wenn es seine richtige Arbeit gefunden hat." Die „richtige Arbeit" ist die, die Spaß macht; die so viel Spaß macht, dass ich mich als Individuum gerne und voller Vertrauen für meinen Chef, meine Firma, meinen Verein einsetze, ihnen diene, weil ich davon überzeugt bin, dass es ein wichtiger Dienst für mich und die Allgemeinheit ist. Nachdem ich mich dafür freiwillig täglich auslebe, entwickle ich das natürliche Bedürfnis zum Innenleben: Ich suche die Geborgenheit, die Intimität des kleinen Kreises, in dem ich regeneriere, reflektiere und so viel Wärme auftanke, dass ich so seelisch genährt am nächsten Tag wieder frohen Herzens davon abgeben kann.

Das ist mit Geld nicht zu bezahlen! - Was meinen Sie?

ଓଃ

38
Wege aus der Politikverdrossenheit

Der nachfolgende Beitrag wurde 1993 der Theodor-Heuss-Stiftung als „demokratische Zeitaussage" zur Verfügung gestellt. Frau Hamm-Brücher bat damals um Beiträge, die „wichtige politische und gesellschaftliche Entwicklungen frühzeitig ins öffentliche Bewusstsein tragen".

Seit dieser Zeit ist die Politikverdrossenheit noch größer geworden. Es gehen immer weniger Menschen zur Wahl. Noch weniger Menschen kümmern sich inhaltlich um die Grundlagen der Politik, nach der sie regiert werden. Das nahezu blinde Vertrauen, das man den Volksvertretern früher entgegenbrachte, ist nun tiefem Misstrauen gewichen. Zu oft ist gelogen, verbogen und betrogen worden. Zu lange verdeckte der relativ hohe materielle Wohlstand die Defizite in den anderen Seinsbereichen. Schein galt mehr als das Sein. Die Teile dienten nicht mehr dem Ganzen. - Das soll sich wieder ändern. Das kann sich wieder ändern. - Dies soll ein Beitrag dazu sein. Er stellt die Gesetzmäßigkeit der Welt als Wegbeschreibung zu einem der Ganzheitlichkeit von Körper-Seele-Geist-Transzendenz entsprechenden, stufenweisen Entwicklungsprozess dar:

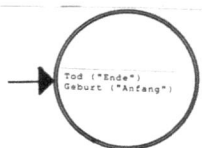

- „Alles dreht sich"
- In jedem Anfang liegt das Ende - in jedem Ende ein neuer Anfang"
- Alles entwickelt sich wieder auf seinen Ausgangspunkt zu: „Werdet wieder wie die Kinder" bzw. „der verlorene Sohn" kehrt heim.

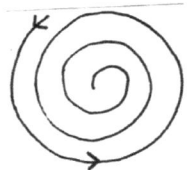

Der Werdegang wird Evolutionsprozess genannt. Wieviel (Kreis-) Umdrehungen zu machen sind, bis der Prozess abgeschlossen und das Ziel des Alles-Erkennens, All-Wissens und -Verstehens erreicht ist, weiß niemand. So müssen wir alle lernen, es (die Arbeit bis zum Ziel, Stufe um Stufe, bzw. in spiralförmiger Drehung) umsonst zu tun, d.h. nicht wissend, ob und warum es eine Belohnung für die Mühen gibt. Erreichtes wird immer wieder nur als ein Etappenziel zu begreifen sein, als ein Punkt im Kreis, von dem aus es wieder weitergeht, so lange bis es nichts mehr zu begreifen, zu verstehen, zu erkennen gibt.

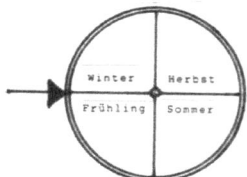

Analog zum jahreszeitlichen Geschehen gibt es bei jeder spiralförmigen Bewegung vier Entwicklungsperioden, die ein Auf und Ab symbolisieren, ein Kommen und Gehen, eine Expansions- und Introversionsphase: das herausdrängende frühlings- und sommerhafte und sich einfaltende, herbstliche und winterliche Geschehen.

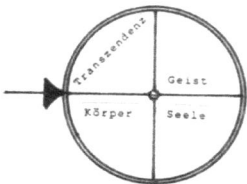

Dieses „Rad des Schicksals", das sich um den ruhenden, sich nicht bewegenden Punkt in der Mitte, die Nabe, dreht, symbolisiert die vier Seinsebenen des Menschen, die gleichzeitig vorhanden sind, aber meist nur im Drehen des (Lebens-)Rades nacheinander in zeit-/räumlicher Folge erfasst werden können: Körper, Seele, Geist und Transzendenz.

In seinem frühlingshaften Zustand wird also der Mensch im besten Falle mit seiner Körperlichkeit vertraut, nimmt sich als vom Samen her in seiner individuellen, materiellen Gestaltung bestimmtes Wesen an, „wuchert mit diesem Pfund", bringt dann in sommerlicher Reifung seine einzigartigen persönlichen Potenzen heraus, offenbart sich als „reifes Früchtchen", zeigt Herz und Seele, überschreitet seinen „geistigen Horizont", gibt seine Individualität im herbstlichen Zustand auf, opfert sozusagen im Sich-Einfalten das körperlich-seelisch Gebundene für eine Idee, für ein Wir-Verständnis, findet dabei zur „übergeordneten Erkenntnis" und gibt sich dann vertrauensselig, selbstlos hin an das nicht mehr subjektiv Fassbare, an das nicht Messbare, scheinbar ewig Dunkle: den winterlichen Zustand der Transzendenz, des Irrationalen, des Chaos.

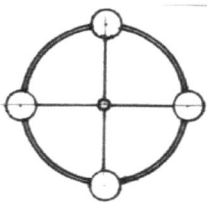

An jedem Übergangspunkt gibt es eine Krise, eine Angstschwelle unabhängig von der Charaktereigenschaft, ein mehr aktives oder passives Wesen zu sein.

Der Unterschied liegt nur darin, dass z.B. der aktive, sich optimistisch dem Kommenden (dem Kreislauf des Schicksalsrades folgend) zuwendende Mensch Ja zu dem Unbekannten, Neuen sagt, während der passive, meist pessimistische (weil die in der Vergangenheit erfahrene Veränderung bzw. Zerstörung jedes Zustandes nicht akzeptiert werden kann) Mensch Nein sagt zu der vom Zeitgeist (der mitgegebenen dynamischen Drehung des Rades) bestimmten, unvermeidlichen Veränderung.

Immer geht es schließlich darum, sich „das Recht zu nehmen, seine Pflicht zu tun", die Einsicht zu gewinnen, dass das vom Schicksal Bestimmte (auf dem Weg des Rades Liegende) freiwillig angenommen wird und die vergangenen Erfahrungen auf die nächste Stufe transformiert werden wollen und sollen. Das bedeutet:

Es geht immer um das Abschiednehmen von der Vergangenheit, indem man sie als Schatz des Wissens in die Gegenwart integriert, sie ins Verhältnis zum neu Kommenden setzt und etwas ganz Neues entstehen lässt; etwas, das vielleicht gar nicht mehr an das Vergangene erinnert oder nur noch ganz abstrakt, aber nie den Wert des Alten (Traditionellen) verleugnet.

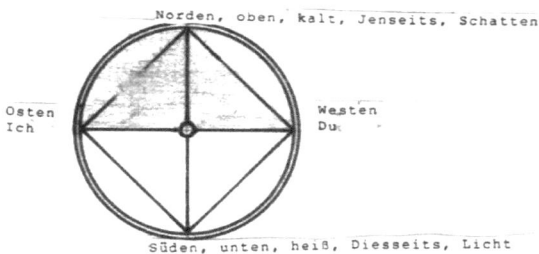

Wer dies verstanden hat, hat die Gesetzmäßigkeit der Welt verstanden, kann die obige Zeichnung symbolisch auf alle Entwicklungsprozesse übertragen, weiß, dass die Angst überwunden werden muss, immer eine Öffnung gesucht werden muss, um aus der Enge (Angst) herauszutreten in die Welt der unbegrenzten „Möglichkeiten", in den kreativen Entwicklungsprozess.

Osten-Norden-Westen-Süden zu vereinigen, ebenso das Ich mit dem Du, das Oben mit dem Unten, das Heiße mit dem Kalten, das Diesseitige mit dem Jenseitigen, das Lichte mit dem Schatten.

Die Speichen und die Nabe könnten z.B. sein: (siehe n. Seite)

Wie gesagt, dies alles gehört zusammen, ist gleichzeitig da, jedoch meist nur teilweise bewusst. Jede Minute des Da-Seins in dieser Welt dient immer und überall der Erhellung des Bewusstseins.

„Wege aus der Politikverdrossenheit" sind nur möglich, wenn die bis hierher von allen Fakultäten nachzuvollziehenden einfachen Gesetzmäßigkeiten in allen Dingen der Schöpfung ins Bewusstsein gerückt werden und in jeder Konsequenz als

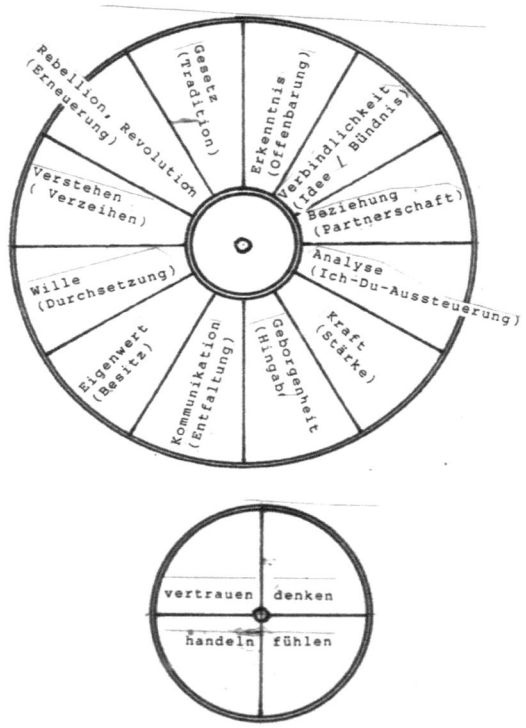

Gesetzmäßigkeit anerkannt werden; auch dann, wenn etwas „seine Zeit gehabt" hat, verloren gegeben werden muss zugunsten einer neuen Erkenntnis - „von Ewigkeit zu Ewigkeit".

Meine persönliche Betrachtung zum „Rad des Schicksals" der deutschen Nation folgt nun:

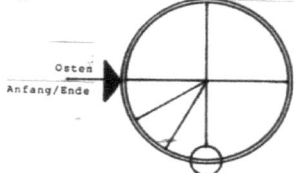

Alle sichtbare, erkennbare, den Horizont überschreitende Entwicklung beginnt im Osten. Jeden Morgen geht nach wie vor dort die Sonne auf (erreicht im Süden den Zenit/Höhepunkt, im Westen geht sie unter, im Norden wirft sie geheimnisvoll lange Schatten usw.)

Analog ist dies auch kulturhistorisch nachzuvollziehen: Vom Nomaden (Durchsetzung im Raum) wird der Mensch zum Siedler („Besitz"), danach zum Händler („Entfaltung"). In Deutschland fand dieser evolutionäre Prozess seinen Höhepunkt. Nun dreht sich das Rad weiter und nach der Überwindung der Angstschwelle wird es nun um die „Hingabe" an das Bestehende auf einer neuen Ebene, der Seelen-Ebene, gehen, um das Sich-Einlassen auf das, was im Innern der geschaffenen Realitäten verborgen ist:

das Weiche, Subtile, Feine, das geschützt und bewahrt werden musste, um nun, „zum rechten Zeitpunkt", als die individuelle „Stärke" Deutschlands analysiert und im Verhältnis zu den Partnern („Ich-Du-Aussteuerung") dankbar, selbstbewusst und demütig, hervorgebracht zu werden.

Das heißt auch:

Abschiednehmen von der Fortschrittsgläubigkeit im materiellen Bereich.

Es geht wie bei einer Pflanze, die ihren Frühlingszustand hinter sich hat, um das Fallenlassen der Blütenblätter, um den kleinen persönlichen Fruchtknoten im Innern fortan zur Reifung bringen zu können.

Auf deutsche Verhältnisse übertragen, können wir diese Reifung (passiv - leidvoll oder aktiv - freudvoll) nur erfahren, wenn wir loslassen vom Geschäftigsein um des Beschäftigtseins willen - ohne die Sinnfrage zu stellen; ohne die Überprüfung, wofür wir das Erbpfund bewusst nach innerer, in der Seele sich spiegelnden Bestimmung einsetzen sollen. Der „innere Wert" ist nun gefragt, nicht der repräsentative zur Schau gestellte äußere Wert. Das ist Zeitgeist. Der wirkt. Auch dann, wenn die tätigen Kräfte - die heute Deutschland als ihre reale, gefühlsmäßige, geistige oder Traum-Heimat begreifen - die Analyse meist noch längst nicht konsequent an diesen Punkt führten bzw. führen konnten.

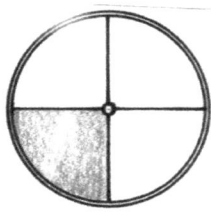

Diejenigen, die Deutschland bevorzugt als ihre „reale Heimat" begreifen, wollen den Besitzstatus erhalten, wollen nicht teilen, schon gar nicht materielle Werte wie Geld und Land. Sie wollen bewahren, wo es um das „Loslassen der Blütenblätter" geht, um andere Werte zu erhalten.

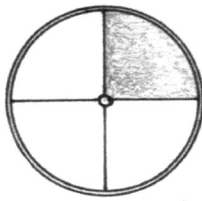

Jene, die Deutschland bevorzugt als ihre „geistige Heimat" begreifen, verteidigen die bis dahin aus den geschichtlichen Erfahrungen gewonnenen Erkenntnisse als „Stein der Weisen", doch je länger der „Stein" gehalten wird, je schwerer wird er, zieht erdwärts, erzwingt das Loslassen, um den der Erde zurückgegebenen Stein gegebenenfalls gegen einen anderen auszutauschen oder neu aufzunehmen.

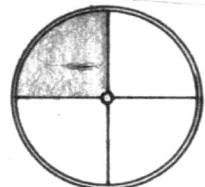

Diejenigen, die Deutschland bevorzugt als ihre „Traum-Heimat" begreifen, müssen ent-täuscht werden, denn sie haben sich getäuscht, indem sie annahmen, ein materiell starkes Deutschland wäre auch auf anderen Seinsebenen gleich stark und hätte die aufnehmende, hingebungsvolle Kraft, selbstbewusst Fremdes als Lernprogramm anzunehmen und zu integrieren. Das aber will gelernt sein: in der kommenden Schulklasse. Vorher stößt ein solches Verlangen auf Unverständnis, denn man kann nur im stufenweisen Aufbau des Lehrplanes irgendwann alles lieben (lernen) und das Eigene (subjektiv Begrenzte) mit allen teilen.

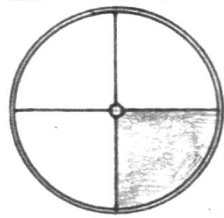

Diejenigen allein, die Deutschland in seiner Seelenkapazität begreifen, das heißt den in die gegebenen Grenzen und den materiellen Raum gesteckten geistigen Inhalt entdeckbar machen wollen, liegen entsprechend der stufenweisen Entwicklung richtig. Sie spüren, was jetzt notwendig ist (was die Not zu wenden vermag). Man könnte sagen:

Dem Zeitgeist entspricht es, dass sich Deutschland auf seine tiefsten Tiefen einlassen muss, auf das Geistige, das sich an die Materie bindet (=Seele), auf den geistigen Gehalt, auf die Ethik in der äußeren Ästhetik (das Vorhandene-Materielle-dafür nutzend).

Der Körper, (das Begrenzte), das Staatsgebilde, die Strukturen sind geschaffen und funktionsfähig. Dabei wird er naturgemäß verbraucht. Teilweise braucht er nun Therapie, Seelen-Behandlung.

Die Symptome wollen im Sinne der Psychosomatik erkannt (analysiert) werden. Heilung kann sich als Gnadenakt ergeben (nicht rational zwingend), wenn die Entsprechung des äußeren Geschehens (Symptoms) zum geistigen Ursprung gefunden ist.

Dem gilt „das strebende Bemühen".

Deutschland ist aufgefordert, den Sinn der geschaffenen, gut funktionierenden Ordnungen zu finden.

„Krankheitsbilder" (Störungen im Organismus) sind Sinn-Krisen. „Politikverdrossenheit" ergibt sich dort, wo der Sinn entsprechend des übergeordneten gesetzmäßigen Planes nicht gegeben bzw. nachvollziehbar ist.

Diese Feststellung ergibt sich nicht nur für die Staats-, Länder-, Kreis- und Gemeindepolitik, sondern auch für die Unternehmens-, Vereins- und Familienpolitik.

Alle gesellschaftlichen Instanzen sind betroffen, denn ob sie es wollen oder nicht, sie sind Teile des Ganzen und diesem nach höherer Gesetzmäßigkeit als dienende Glieder verpflichtet (was sich auf die Philosophie stützt, dass wir als einzelne Bürger nicht zufällig in einem bestimmten Land geboren sind bzw. durch schicksalhafte Umstände dorthin kommen, sondern dass uns immer nur zufällt, was uns zur Erfüllung unseres Lebensplanes als schicksalhafte Herausforderung zufallen soll).

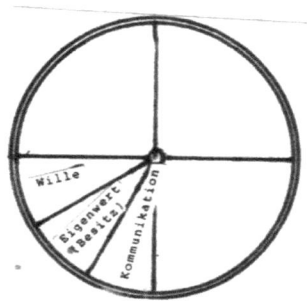

Deshalb gilt jeder berechtigt als rückständig und fehlgeleitet, der seine Seele für Materielles verkauft. Das sind nach vorherigem Schaubild für Analogien zum „Körper" (Materie) alle, die

a)   auf materielle Durchsetzung bauen (Eingriff in bestehende Ordnungen mit Gewalt, z.B. Krieg)

b)   ihren äußeren materiellen Besitz als alleinige Projektionsfläche für ihren Eigenwert begreifen und diesen abgrenzen, z.B. in den verschiedenen Instanzen durch Zäune,

Mauern, Schlagbäume; Versicherungen; Sammeln von Immobilien/Schätzen/Geld. Sie bauen den modernen „Turm zu Babel", der zusammenbrechen wird.

c) annehmen, der Fortschritt ergäbe sich allein nach erklärtem Willen über die Entfaltung in immer größere äußere Dimensionen (Grenzüberschreitung und dadurch Erfassen der äußeren Welt über Handel, Reisen, Kommunikationstechniken, Wissensvermehrung).

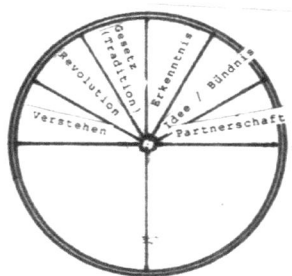

Deshalb gilt jeder berechtigt als „spinnert" (weltfremd, nicht an der Realität orientiert und geistig oder spirituell abgehoben), der das Heil bei anderen sucht und nicht die eigenen Werte sinnhaft macht, d.h. den inneren Wert des äußeren Wertes entdeckbar macht. Das sind jene, die

a) Partnerschaften um der Partnerschaften willen eingehen, weil es halt schick ist, heutzutage mit vielen in Beziehung zu treten. Doch die Analyse, wer zu wem passt, will vorher gemacht sein. Dazu muss ich (=Deutschland) meinen Wert kennen (Körper und Seele)

b) Vorstellungen und Ideen (Ideologien), die in sich beschränkt sind, dogmengleich einbringen und Macht-Bündnisse entsprechend des Stichwortes „Gleich und Gleich gesellt sich gern" eingehen. Das so genannte Geistige wird der Materie (Kapital, Rüstung) aufgeopfert und als Verteidigungspotential ver-bind-lich, d.h. es bindet das Bestehende, lässt keinen Freiraum für offene Verhältnisse (wertfreie, nicht an ein vorgegebenes ideologisches Ziel gebundene Kooperation).

c) ihre subjektiven Erkenntnisse als geniale Findungen oder Erfindungen verkaufen wollen und pharisäerhaft Toleranz, Ökumene, Großzügigkeit mit Liberalität gleichsetzen und offenbaren (Nein - in der „Libra" sein, heißt in der Waage sein, in der bewusst gewordenen Ausgewogenheit von meinem und deinem Wert; „Liberta", Freiheit, gefunden zu haben, bedeutet, die Erkenntnis zu haben, dass es die Welt nicht gibt, sondern jeder in seiner Welt lebt.

Deshalb: Akzeptanz statt Toleranz, Wissen um das sinnvolle Nebeneinander mit unterschiedlichen Aufgaben statt „großzügige" Gleichmacherei und offenes Vertreten der Eigenheiten, um die Unterschiede bewusst und wach zu halten).

Alle diese pervertierten geistigen Möglichkeiten können erst transformiert und positiviert für Deutschland nutzbar gemacht werden, wenn der „Tag nicht vor dem Abend gelobt werden soll" und die Bewusstmachung, die Religio, beginnt, das Geschöpfte (Materialisierte) dem Sinn zuzuführen, bewusst eine Seele einzuhauchen.

Alle „jenseitigen" Kräfte wollen den Traum nähren, Deutschland sei schon das „Non-plus-Ultra" - im positiven und negativen. Sie sind eben auch „spinnert", nur im Spirituell-Transzendenten (der körper-lich-seelisch-geistigen Welt Entrückten) statt im Geistigen-Intellektuellen. Sie drücken sich wie folgt aus:

a) Sie machen aus historischen Erfahrungen ein ehernes Gesetz, verteidigen das Alte und sind nicht bereit, neue Impulse aufzunehmen. Sie haben in rationalen Dingen immer Recht, denn sie können immer auf konkrete Ereignisse (bzw. scheinbar ewig neu aus der Tradition kommenden Werte) verweisen.

b) Sie erkennen keinerlei Gesetzmäßigkeiten an, wollen alles Traditionelle, Bestehende, bis dahin Beständige erneuern, bekämpfen es. Revolutionieren nicht, um noch bestehende Schwachstellen zu schließen, sondern wollen alles grundsätzlich ändern.

c) Sie folgen den von der Masse getragenen Führern blind. Sie gehen als einzelne unter im großen Meer des Stimmviehs (wenn es nur materiell gut geht).

Sie verstehen und verzeihen als „esoterisch" Geschulte alles, ehe sie selbst einen Weg der Arbeit gegangen wären, „den

Himmel auf die Erde" zu bringen (und dabei das Nicht-Verstehen als Bedingung für die wahre -verborgene- Harmonie begriffen hätten). Sie sind nicht mehr politisch, obwohl sie die Welt der Gegensätze noch nicht verstanden haben. (Doch nur jene sind berechtigt unpolitisch, die die Gesetzmäßigkeit des Pro und Contra erkannt haben und statt Entweder:Oder ein Sowohl:Als auch anerkennen und fördern. Das entspricht jedoch einer Kultur, die die Politik bis jetzt nirgends kennt - und das heißt, da die Politik von Menschen gemacht wird, dass die Menschen nirgendwo auf der Welt diesen hohen Bewusstseinsstand haben und deshalb die Politik als Spielfeld brauchen, bis sie dahin gefunden haben.)

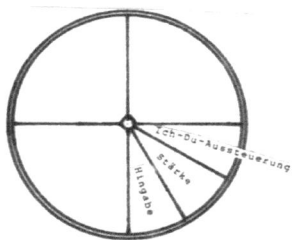

JETZT

geht es darum, bewusst die um der Funktionalität des Unternehmens Deutschland willen in den Keller verbannten Gefühle, das Sensible, Weiche ans Licht, an die Oberfläche zu bringen, damit es nicht verkommt. Das drückt sich aus in der Frau an sich, im archetypisch Weiblichen, in der Synchronizität aller Erscheinungen, auf die die Attribute einfühlsam, sensibel, weich, hingabefähig, offen, beeindruckbar zutreffen. Daraus ergibt sich die Erfahrung, was uns von außen beeindrucken, verletzen und beglücken kann, mit wem wir mehr werden als wir sind, wer uns bereichert und ergänzt, was wir an individuellen deutschspezifischen Stärken haben und für andere hingeben sollen, damit sie dadurch gesättigt, geheilt und beglückt werden.

Wer diese Ethik als Politiker nicht in sich trägt, wird nicht grundsätzlich anerkannt sein, wird von den Sensiblen, den Intuitiven, die Erfordernisse der Zeit Spürenden abgelehnt.

Entsprechend des sich drehenden Rades werden immer mehr vom Rad der Zeit erfasst - und es werden immer mehr werden, die erkennen und nachfolgend die widerstrebenden Kräfte bekämpfen (aktiv) oder fliehen (passiv).

Die Kämpfenden sind im pervertierten Extrem die Terroristen (Ideologie gegen Ideologie); die Rechtsextremisten, die narzißtische alte Werte verteidigen; die Linksextremisten, die gleichmachen wollen, was nicht gleichzumachen ist, die kein geordnetes Gefüge bestehen lassen, sondern um der Revolution willen revolutionieren; die Sektierer, die ihren Gottesbegriff in politische Machtstrukturen verpackt haben, aber überstaatlichen Anspruch haben. Sie sind aber auch im gewöhnlichen normalen Alltag zu finden, z.B.
- als Wehrdienstverweigerer
- als um die verlorene Heimat Kämpfende
- als Demonstranten, Boykotteure, Steuerhinterziehende
- Auswanderer

Die Passiven geben sich als „Null-Bock"-Marionetten der Konsumgesellschaft zu erkennen. Sie sind in ihrer Anpassung so grenzenlos, dass es dem Strom der Zeit gefällt, sie blind und gefügig mit jeder (Mode-)Welle zu erfassen und irgendwohin zu treiben. Es gibt keinen Eigenwillen, keinen Eigenwert, keine persönliche Entfaltung, keine Identifizierung mit irgendetwas, das aus eigener Analyse und selbstbewusster Wertschätzung gewachsen wäre. Sie sind unmündig (geworden bzw. gemacht worden).

Es dabei zu belassen, ist unwürdig, widerspricht dem Auftrag der deutschen Verfassung.

Der Weg aus der Politikverdrossenheit heißt:

Bewusstseinsarbeit

Das bis hierhin Gesagte muss von den verantwortlich Führenden in allen Gesellschaftsbereichen anerkannt und beispielgebend gelebt werden.

Dann werden alle aufgefordert, für diese Werte individuell aktiv zu sein, auch wenn das unbequem ist und das partei- oder ideologiegebundene Mitläufertum aufhört.

Der Schwerpunkt des Handelns liegt nicht mehr auf

Verteidigung des Alten, Erworbenen, sondern auf Hingabe an das Neue, auf Offenheit dem Unbekannten gegenüber, auf Vertrauen, dass die geschaffenen Strukturen das Kommende tragen.

Das Individuum wird dazu angehalten und gefördert, seine persönliche individuelle Meisterschaft zu erarbeiten, kritikfähig zu werden und zu sein, statt nach sozialistischen Modellen in der Masse unterzutauchen, ehe es seinen Eigenwert analysierte und Selbstbewusstsein in die große Gemeinschaft für ein „Netzwerk" einzubringen vermag. Konkrete beispielgebende Schritte der Führungsverantwortlichen dazu:

- Förderung des Weiblichen
  (u.a. gleichberechtigte - auch zahlenmäßige - Aufnahme von Frauen in allen gesellschaftlichen Bereichen, im Vertrauen darauf, dass sie die von Männern geschaffenen Strukturen sinnvoll nutzen, in der Tiefe erfassen, durchdringen, ausfüllen und bereichern können)
- Überwindung der Angst
  (u.a. durch Abbau der Verpflichtungen gegenüber den Besitz verteidigenden Kräften, d.h. Rüstungsabbau, Verkauf von Staats-, Landes-, Gemeindeeigentum, Relativierung der Versicherungen in Bezug auf die Wahrheit der Nicht-Versicherbarkeit des Lebens; Überprüfung und ggf. Lösung der Verträge, die dem faustischen „Pakt mit dem Teufel" gleichkommen und die deutsche Seele, die inneren Werte, verkaufen.)
- Aktives, selbstbewusstes Bekennen der deutschen Tugenden / Gegebenheiten
  (u.a. auch aus den Schwächen die Stärke ziehen und Unvollkommenheit eingestehen. Auf jeden Fall aber die eigene Wahrheit über die Taktik stellen - und nicht weiterhin nach außen den schönen Schein aufrecht halten, wonach viele glauben, wir Deutsche wären stärker als wir wirklich sind. Das heißt auch: Wir sind kein Einwanderungsland, weil wir im Detail noch kein Bewusstsein dazu erarbeitet haben).

Mehr wäre im Moment weniger!

Die im Moment mögliche Analyse bestehender Verhältnisse entspricht der Erkenntnis des Parzival: „Das Land und der König sind eins" („Im Samen liegt die Frucht" - die Leiden des Volkes, des Staatsgefüges, sind die Leiden des Staatsrepräsentanten -. Wer dem Ganzen helfen will, muss beim einzelnen beginnen. - Deutschland und der Bundespräsident sind eins.)

Der hoffnungsvolle Weg, den wir Deutschen aus der Politikverdrossenheit gehen können und müssen, wird ebenfalls von Parzival vorgezeigt:

Wir müssen denselben Weg, den wir gegangen sind, noch einmal nachvollziehen, bewusst machen - mit einem Unterschied: Wir fragen nicht mehr „Was hat das Ding?" (z.B. Staatsgebilde), sondern „Was fehlt Dir?" (z.B. dem Staatsgebilde, dem Bundespräsidenten, dem Bundeskanzler usw.)

Wenn wir mit dieser Frage jedem auf dem Weg, auf der Suche nach Vollkommenheit, begegnen, werden wir Gleichberechtigte, gemeinsam auf Antwort Wartende. Wir unterstützen den anderen, das Fehlende zu finden, und hören auf, die Schuld zu projizieren, noch immer nicht alles (den Gral) gefunden zu haben.

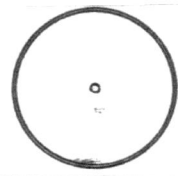

wie innen, so außen

CR

**39
Alles für meine Tiere**

Wenn wir uns bewusst damit auseinandersetzen, in welchem Verhältnis wir zu den Tieren stehen, kommen wir nicht umhin, uns mit dem Ursprung, der Entstehung der Tiere zu beschäftigen. Das bedeutet, die unterschiedlichen Auffassungen zu beleuchten, um nachfolgend den Versuch einer Synthese zu machen.

Die exoterische Lehre

Die exoterische Lehre von der Entstehung der Tiere baut nicht auf der Bibel oder anderen Schöpfungsmythen auf, sondern lässt nur das als wissenschaftlich bewiesen gelten, was aus der menschlichen Erfahrung durch Vergleiche von lebenden mit ausgestorbenen Lebewesen ermittelt und als hinreichend für eine verallgemeinernde oder spezielle Schlussfolgerung angesehen werden kann.

Die zur Zeit herrschende Lehre besagt, dass vor nahezu zwei Milliarden Jahren sich auf unserem Planeten die ersten Anzeichen für tierisches Leben fanden: zunächst kleine wirbellose Tiere mit einfachem Körperbau, von denen sich einige zu komplizierteren Formen weiterentwickelten. Die ersten Tiere mit Rückenwirbeln entstanden vor etwa 500 Millionen Jahren aus wirbellosen Vorfahren. Allmählich bildete sich eine Wirbelsäule heraus. Es entstanden die ersten Fische, aus deren Frühformen sich die Amphibien und vor etwa 250 Millionen Jahren die Reptilien entwickelten, von denen sich Vögel und einige Dinosaurier ausbildeten.

Die Säugetiere werden hiernach als eigene Entwicklung bezeichnet, die schon früh vom gemeinsamen Reptilienstamm abzweigt. Sie gewannen vor etwa 60 Millionen Jahren die Herrschaft im Tierreich. Eine besondere Gruppe von ihnen, die Primaten, trennte sich in der Entwicklung ab; sie besitzen im Vergleich mit anderen Säugern ein hochentwickeltes Gehirn und einen ausgeprägten Gesichtssinn. Zu ihnen gehören die Halbaffen und die Affen, auch die Menschenaffen und Menschen, die sich nach dieser Theorie aus den Halbaffen entwickelt haben.

Die exoterische Wissenschaft begründet diese Evolutionsthese insbesondere mit der Übereinstimmung der Primaten im Körperbau, der Physiologie und der Embryologie. Beispiele: Gorilla, Mensch und Schimpanse haben als einzige Primaten Stirnhöhlen und eine besondere Übereinstimmung der Herzschlagader. Nieren, Samenfäden und die Blutgruppen sind bei Mensch und Schimpanse gleich, ebenso die Schwangerschaftsdauer.

Der Anatom und Pathologe Max Westenhöfer, ein Schüler Virchows, vertrat eine abweichende Auffassung. Danach stammt der Mensch nicht vom Affen ab, sondern ist ein Stamm für sich, der direkt auf die Wurzel der Säugetiere zurückführt. Der Werdegang jeder Art sei schon im Voraus bestimmt und festgelegt. Die Tierstämme hätten sich im Verlauf der Erdgeschichte nicht einer aus dem anderen, sondern nebeneinander aus einer unbekannten Wurzel entwickelt. Die Säugetiere gingen nicht aus reptilienhaften Ursäugern hervor, sondern der Urtyp sei der Mensch.

Edgar Dacque sagte Ende der 30er Jahre: Das höchste Säugetier, der Menschenaffe, kommt von der Urform des Vollmenschen her, nicht der Mensch vom Affen. Tiere sind nach ihm misslungene Versuche der Menschwerdung.

Die esoterische Lehre

H.P. Blavatsky hat sich in ihrer „Geheimlehre" sehr engagiert mit den Theorien der Entstehung der Tiere und des Menschen befasst, wie sie damals vor allem von Charles Darwin Schule machten, und widerspricht ihnen zum Teil unter Berufung auf östliche Lehren energisch. Sie sagt, der Mensch stamme keineswegs von Tieren und schon gar nicht vom Affen ab, er habe mit diesen nicht einmal einen gemeinsamen Urahn, sondern stelle eine eigene von Tieren völlig getrennte Entwicklung dar. Mensch und Tier hätten sich nebeneinander herlaufend entwickelt. Wohl aber strebe alle Evolution in der Natur dem vollkommenen himmlischen Menschen zu.

Die Auslegung der Genesis hat viele Widersprüche provoziert. Im Sinne von H.P. Blavatsky kommt man aber letztlich zu dem Schluss, dass die Menschen mit den Göttern die Schöpfung der Pflanzen und Tiere vollbracht hätten.

Im babylonischen Schöpfungsbild schuf der Gott Marduk die Menschen vor den Tieren, aber die niederen Tiere entsprangen dem Morast, der sumpfigen Erde.

Im Ägyptischen Buch der Erkenntnis der Erscheinungsformen des Gottes Ra spricht der Herr des Alls: Es gab zahlreiche Existenzweisen bevor Himmel und Erde, Schlangen und Reptilien entstanden sind. Ich bildete einige von ihnen im Urwasser, schläfrige Geschöpfe, als ich noch keinen Ort gefunden hatte, um mich aufzurichten. - Hier werden die Menschen vor den Göttern erschaffen, und Gott hat Himmel und Erde nach dem Wunsch des Menschen gemacht. Es handelt sich dabei aber nicht um den physischen sondern um den himmlischen Menschen, den Logos. Denn in einer anderen Version wird den Göttern gestattet, sichtbare und wirklich lebendige Körper anzunehmen, also zu inkarnieren.

Im Sepher Jetzirah wird das Tier symbolisch als niederer Körper verstanden, der zur Wiedergeburt der Seele bestimmt ist.

Interessant sind die Ausführungen im Buch Dzyan, dem tibetanischen Schöpfungsbericht, mit seinem Kommentar: Dreihundert Millionen Jahre hindurch versuchte die Erde, selbst Lebewesen hervorzubringen, eine Vielzahl von Insekten und kleinen Lebewesen, die, jedesmal wenn sie die Erde überfüllten, vernichtet werden mussten. Schließlich brachte sie aus dem Abfall und Schleim mineralischen, pflanzlichen und tierischen Lebens im Wasser existierende Formen hervor, die als „Wassermenschen" schrecklich und böse bezeichnet werden. Diese zwei- und viergesichtigen Missbildungen waren Fehlschöpfungen, die von den Weltenbauern, den Chohans, vernichtet wurden. Erst mit Hilfe des irdisch-elektrischen Feuers und des Sonnenfeuers gelingt es, höhere Lebewesen hervorzubringen, die stehen, gehen, liegen oder fliegen können.

Das aber sind noch immer keine Menschen. Diese zeichnen sich durch Geist und ein göttliches Gemüt aus. Sie erhielten den göttlich-geistigen Funken. Diejenigen, die diesen nicht erhielten, blieben Tiere. Der Unterschied liegt unter anderem darin, dass jene, die ohne den göttlichen Funken blieben, keine Verantwortlichkeit haben. Diese ist erst mit der Verleihung des Verstandes gegeben.

Ein anderer Kommentar besagt, dass es „blaue und rotgesichtige Tiermenschen" gegeben habe, die sich krümmten und gerade richteten und auf ihren Händen liefen.

Das erinnert an biblische Aussagen, aber auch an Aussagen im Sohar, wonach Adam 130 Jahre lang nur Geister und Dämonen in die Welt setzte durch jene Macht des Giftes, die er an sich zog.

Nach tibetanischen Legenden existieren heute noch an den Grenzen so genannte „Nichtmenschen", Völker in den Wäldern zwischen Tibet und Indien, die als Halb-Mensch oder Halb-Tier angesehen werden. - Tasmanier, ein Teil der Australier, und ein Gebirgsstamm in China, die gänzlich behaart sind, werden als Überbleibsel solcher halbtierischen Geschöpfe bezeichnet.

Zusammenfassung und Schlussfolgerung

Worin liegt nun der Unterschied zwischen der esoterischen und exoterischen Lehre von der Entstehung der Tiere? Während die exoterische Naturwissenschaft keine Schöpfungsperioden kennt, unterscheidet die esoterische Lehre in unserer Erdkette bisher 4 Entwicklungsrunden, wobei zu Beginn jeder Runde jeweils eine neue Schöpfung beginnt: Die 1. Runde entwickelt das Mineral, die 2. die Pflanze, die 3. das Tier und die 4. den Menschen. Die göttliche Monade geht in jeder Entwicklungsrunde durch die rundenspezifischen Formen, also durch Mineral, Pflanze und Tier, bevor es in der 4. Runde menschliche Formen bewohnt. Aber die Monaden unserer Entwicklungsrunde haben ein geringeres Existenz-Bewusstsein als dasjenige, das die Dhyanis (Gottmenschen) der frühmenschlichen Form einpflanzten. Insofern ist es richtig, zu sagen, dass der heutige Mensch nicht von den Tieren unserer Entwicklungsrunde abstammt.

Die Exoterik und Esoterik lehren die Evolution der Lebewesen. Die Exoterik versteht darunter ausschließlich die körperliche Entwicklung. Die Esoterik jedoch unterscheidet zwischen der spirituellen, der psychischen und der körperlichen Entwicklung und beteuert, dass die körperliche Evolution der psychischen und spirituellen nachgeordnet sei.

Wenn wir Menschen uns heute den Tieren zuwenden, ist das möglicherweise genauso ein sinnhaftes „Opfer", wie in der 4. Entwicklungsrunde die Göttersöhne bewusst Vermischungen eingingen, um geringer Entwickelten die Möglichkeit zu geben, sich doch noch empor zu entwickeln, statt als Tiere unbewusst bis ans Ende zu vegetieren. Der göttliche Funke wird so mit der intellektuellen Möglichkeit verknüpft, alles zu tun, um zu ergründen, was die Welt im Innersten zusammenhält.

ᛦ

40
Mekka der Esoteriker
**Quelle des Bewusstseins für das
Nachvollziehen des Christus-Weges**

Bei Rüdiger Dahlke können Sie nachlesen, welche Voraussetzungen für sein Heil-Kunde-Zentrum in Johanniskirchen gegeben sein mussten, um wirklich erfolgreich sein zu können. Er weist darauf hin, wie wichtig es war, nicht unter finanziellem Druck zu stehen und die ideellen Interessen nicht für wirtschaftliche zu verraten, und dass es um die Verwirklichung einer klaren Vision in Gemeinschaft mit anderen ging. - Die Hermetische Philosophie blieb bis heute die Basis.

Ich möchte ein Erfolgsbeispiel hinzufügen und dabei den Blickwinkel ganz auf den Aspekt richten, wie wichtig es ist, Materie bewusst „bis zur bitteren Neige" zur Verfügung zu halten, wenn man in geistig-spirituelle Bereiche finden will, getreu der Vorgabe der Hermetischen Philosophie, wonach es darum geht, eine Entwicklung vom Dicken zum Subtilen zu vollziehen. – Um es vorweg zu nehmen: Wer mit einem ganzheitlich orientierten Zentrum oder sonstigem Projekt in erster Linie Geld verdienen will, sollte besser mit Aktien und Optionsscheinen spekulieren; hier sind die Erfolgsaussichten besser. Wer bereit ist, seinen Traum von einer Begegnungs- oder Heil-Stätte mit einem einzigartigen persönlichen Selbsterfahrungs- und Transformations-Prozess zu verknüpfen, sollte sein gesamtes Hab und Gut und dazu alle sich damit verbindenden Gefühle für die persönliche Verwirklichung einsetzen, denn seiner innersten Wahrheit zu folgen und umzusetzen, was der Engel im Traum (als Vision) ins Ohr flüsterte, bringt jene Ver-zwei-flung, aus der das Glück hervorgeht, zum Ur-Vertrauen zu finden, dass in jedem Tempel (dem eigenen Körper und im projizierten Außen eines Zentrums) der rechte Geist aufgehen will und kann. Es ist das Ein-verstanden-Sein mit dem, was verloren und zurück gelassen werden muss, wenn verwirklicht werden soll, wozu Du und ich berufen sind: den Überblick zu erhalten für die Wahrnehmung dessen, was unser individueller Beitrag zum Zusammenfügen subjektiver Wahrheiten ist und dazu permanent JA zu sagen, unabhängig davon, was die Welt dazu an Pro und Contra bereit hält.

Daraus ergibt sich, dass Erfolgskonzepte, wie sie im Allgemeinen gehandelt werden, für das Betreiben von Seminarzentren auf einer spirituellen Grundlage nicht geeignet scheinen.

Bilden Sie sich Ihr Urteil. Ich erzähle Ihnen meine Erfolgs-Geschichten zum Centro-Lanzarote:

Bevor ich das Etora-Zentrum mit Pyramide auf Lanzarote mit Freunden aus der Taufe hob, war ich ganz auf dem sagenhaften Erfolgstrip im wirtschaftlichen Bereich. Ich hatte „Deutschlands größtes Anzeigenblatt" mit Freunden im Markt etabliert, dann meine Anteile verkauft und viel Geld dafür erhalten. Ein nachfolgendes Engagement in der Verlagsbranche, „um die Rente zu verbessern", ging schief. „Wie gewonnen, so zerronnen" – erst recht, als auch noch eine Steuernachzahlung einen Teil des Geldvermögens auffraß. Doch parallel dazu erfuhr ich vom „Schicksal als Chance" (Bestseller von Thorwald Dethlefsen), besuchte über die weiteren Jahre Esoterik-Seminare und absolvierte Spezial-Ausbildungen in den verschiedensten Bereichen des so genannten Okkulten. Es entstand die Buchhandlung „Mandala" in Frankfurt und im Innern die Gewissheit, dass alles einem gesetzmäßigen Plan folgt – und dass Erfolg das ist, was das einzigartige Individuum aus der mitgebrachten Aufgabe macht, indem es dem folgt, was ihm auf den Leib geschrieben ist.

Diese Art der Lebensgestaltung verinnerlichte ich mit sechs Freunden, als wir das Etora-Zentrum auf Lanzarote gründeten. Wir verkauften unsere bis dahin geschaffenen Werte (Immobilien, Versicherungen, Beteiligungen, sonstige „Sicherheiten"), hatten schließlich nur noch Bargeld und die Krankenversicherung, gingen auf die „Insel der Transformation" und gaben uns ein schriftlich formuliertes Selbstverständnis, das die Erkenntnis in sich trug, dass wir alle nur Diener für eine von uns gleichmäßig anerkannte „höhere Idee" sind. Die Pyramide als hierarchisches Modell war dafür die Basis: aus der Polarität, der Basis der gevierteilten Welt, des Bodens der Pyramide, erheben wir uns und streben dem Punkt über uns zu, der Spitze der Pyramide, der Quinta Essentia (dem Fünften, wo sich alles vereinigt).

Davon ausgehend erarbeiteten wir in allen in der Welt relevanten Details, wie das Ganze funktionieren sollte. Schließlich hatte ich nicht umsonst das „Harzburger Modell" als eindeutig gegliedertes, hierarchisches Erfolgsmodell für weltliches Geschehen schätzen gelernt.

Es konnte eigentlich gar nichts schief gehen. An alles war gedacht. – Doch der materielle Erfolg blieb aus. Karin und ich opferten alles Geld, das wir hatten, weil es uns um die Erfüllung der Aufgabe ging. Wir hielten durch – und mit uns die meisten Mitstreiter in der Gruppe. Doch zum Prozess-Geschehen gehörte es auch, dass über die Auseinandersetzung mit dem esoterischen Weltbild Vorstellungen abgelöst werden mussten, die vorher als gesichert galten. Ich knüpfte nämlich meinen Begriff von Erfolg daran, dass die Freundschaft mit den Mitgesellschaftern so hoch anzusiedeln sei, dass das Unternehmen Etora als gescheitert zu betrachten wäre, wenn wir nicht in der Lage wären, über alle Prozesse hinweg Freunde zu bleiben.

Und dann passierte es: Vorstellungen, wie zum wirtschaftlichen Erfolg zu kommen sei, deckten sich nicht mehr mit einer Freundin. Konsequent wollte ich das Etora-Unternehmen schon für gescheitert erklären, als eine junge Frau, die sich Isis nannte, während des Symposiums „Liebe, Eros, Sexualität" bei einem Auto-Unfall starb. Ich hatte eine letzte Begegnung mit ihr im Leichenschauhaus. Dort „sprach" sie mit mir auf einer Ebene der dritten Dimension und stellte fest: Wenn Teile sterben, ist das Ganze noch lange nicht gestorben. –

Mit diesem Satz ließen sich die Vorstellungen auflösen. Die Freundin schied aus – und der Erfolg setzte ein: das Seminarzentrum erlangte seine Blüte und wurde in der deutschsprachigen Welt – angelehnt an die Vorgabe einer Berichterstattung in der Illustrierten „Stern" – als „Mekka der Esoteriker" gesucht.

Ein Jahr später, im April 1988, lief es so gut, dass ich für meinen Arbeitsbereich eine Assistentin suchte. Ich schrieb die Stelle aus. Mehr als einhundertvierzig Personen meldeten sich. Wie auswählen? Ich folgte meiner Intuition und rief spontan eine Frau an, die die Empfehlung eines mir vertrauten Wochenblatt-Verlegers hatte. Sie setzte sich bereits am nächsten Tag ins Flugzeug – kam aber nie an. In Las Palmas brach sie in der Transit-Halle zusammen: Blutgerinsel im Kopf – tot. – Ich besorgte mir ihre Horoskop-Daten und wurde wach: Genau wie beim ersten Todesfall ging der laufende Pluto (in seiner Vor- und Rückläufigkeit) exakt über den Aszendenten des Etora-Horoskops, das wir zum Beginn unseres Gruppen-Prozesses erstellten. Außerdem war unverkennbar, dass die Analogie zu dem Fixstern Isis eine zentrale Rolle in diesem Geschehen spielte.

Was war zu lernen? – Ich tappte im Dunklen, stellte aber dann fest, dass dieselbe Konstellation noch einmal anstand: im Oktober 1988, zu jenem Zeitpunkt, da bereits mit RTL ein gemeinsamer Kongress zum Thema „Unzerstörbare Energie" geplant war.

Vierzehn Tage vor Beginn dieses Ereignisses kam eine Frau, die bei Eröffnung des Etora-Zentrums schon einmal bei uns arbeitete und danach in die Welt gezogen war, um verschiedene Zentren kennen zu lernen. Sie sagte: Bei Etora ist es doch am schönsten, ich möchte wieder hier arbeiten. Doch bitte nennt mich bei meinem neuen, mir in Indien verliehenen Namen, nennt mich Isis. – Wieder Isis! Alle Alarmglocken klingelten in mir. Ich wusste, dass sich über sie aufdecken würde, was das Lernprogramm im Seminarzentrum sein sollte.

Tatsächlich war der Kongress drei Tage alt, als es einen fürchterlichen Schlag vor meinem Fenster gab: In Isis´ Auto war ein anderes Auto hinein gerast und machte es zu einem Schrotthaufen. Auf der Beifahrerseite torkelte Isis heraus. Ich lief nach unten, fing sie in meinen Armen auf. Die Polizei kam, stellte Fragen. Isis lag ohnmächtig auf einer Massage-Liege. Plötzlich richtete sie sich auf und schrie in den Raum: Ich bin nicht schuld. – Schweigen. Betroffenheit. Unverständnis. – Eine Weile verging. Isis richtete sich wieder auf und flüsterte: Ich bin schuld…..

…..von jenem Zeitpunkt an erlebte das Etora-Zentrum Hochkonjunktur. Es war so sonnenklar, dass es für uns darum ging, den Christus-Weg nachzuvollziehen und für unsere Idee, nach der wir in der Welt angetreten waren, zu sterben. Das hieß, die Materie und alles, was sich daran gebunden hatte, zu opfern.

Das war ein riesiger Prozess. Wir reflektierten dieses Geschehen mit unzählig vielen, unterschiedlichen Personen: natürlich mit den Gesellschaftern, mit Unternehmensberatern, mit Freunden und Feinden. Immer stellten wir fest, dass wir uns in seelisch-geistigen Bereichen als sehr reich empfanden. Wir hatten ein Forum geschaffen, in dem sich die Vielfalt der Philosophien und Religionen spiegelte. Alles wurde von einer wunderbaren Herzlichkeit getragen. Doch auf der materiellen Ebene hieß es immer wieder: Loslassen!

Und wie losgelassen wurde: Immer wieder kamen Personen, die sich für unsere Idee begeisterten und ihr versteuertes gutes Geld investierten, damit es weitergehen konnte. Sie hatten keinerlei materielle Gewinnaussichten, doch sie wollten dabei sein: bei dieser „Morgenlandfahrt", deren Ziel bekannt war (den Sinn des individuellen Auftrags im gemeinschaftlichen Geschehen zu entdecken), aber der Weg gänzlich ungewiss.

Das ging so lange, bis im inneren Kreis die Zweifel aufkamen, ob das denn wirklich noch einen Sinn mache, so viel Materie hinzugeben für eine Idee. Erst recht dann, als im zwischenmenschlichen Bereich das transformatorische Geschehen gleichfalls Opfer forderte und Trennungen erwirkte – von dem, was seine Zeit gehabt hatte. Es fiel immer schwerer, im Vertrauen zu bleiben, bis schließlich die Entscheidung getroffen wurde, das Etora-Zentrum zu verkaufen. Dies erwies sich als nicht stimmig, denn alle Verkaufsbemühungen schlugen fehl. Warum wohl? Gab es irgendwelche Leichen im Keller? Hatten wir irgendetwas verdrängt? Über mehrere Organisationsaufstellungen ergab sich, dass es nur um den Faktor Zeit ginge, also warten, warten, warten: auf den rechten Zeitpunkt.

Dieser kam 2004. - Ich wurde vom Schicksal bestimmt, auf neuer Grundlage das Seminarzentrum fortzuführen. Im Verbund mit vielen Freunden knüpfen wir an dem an, was zu Etora-Zeiten begonnen wurde: Uns mit der Aufgabe zu identifizieren, etwas Ungewöhnliches in der Welt zu etablieren: ein Zentrum, das CENTRO, das die ruhende Nabe eines sich permanent drehenden Rades ist. Von dieser zentralen Position aus dreht sich das Weltliche um uns. Wir kämpfen um und mit der Materie, wir setzen unsere Potenz mit Herzblut ein, schenken und lassen uns beschenken, vermitteln zwischen dem so genannten Diesseitigen und Jenseitigen, pflegen die Vielfalt im Spektrum von Körper-Seele-Geist-Transzendenz.

Spiritualität, die wir im New Age der Achtziger Jahre noch in himmlischen Sphären suchten, entdecken wir nun überall. Esoterik und Exoterik treffen sich an dem entscheidenden Punkt, wo das Innerste nach Außen und das Äußere nach Innen gekehrt wird. So entsteht Bewusstsein allüberall.

Es ist nun gar nicht mehr wichtig, wie lange dieses CENTRO (oder auch unser Johanniterhof) in seiner äußeren Gestalt lebt, es ist ja „nur" Ausdruck von dem, was wir in unserem inneren Zentrum aus den Hunderten von Seminaren, die wir erlebten, als Extrakt heraus ziehen durften: „Ein göttlicher Wille lebt, wie auch der menschliche wanke. Hoch über der Zeit und dem Raume webt lebendig der höchste Gedanke. Und ob auch alles im ewigen Wechsel kreist, es beharret im Wechsel ein ruhiger Geist." (Schiller)

Fazit: Seminarzentren, die der reinen Wissensvermittlung dienen, befriedigen auf einer intellektuellen Ebene. Sie vertreten die These: Der richtigen Idee folgt der materielle Erfolg auf dem Fuße. – Seminarzentren, die einen religiösen Anspruch erfüllen wollen, provozieren bei dem einzelnen Seminarbesucher, dass er sich von der Materie und sich daran bindenden Gefühlen löst, wenn der „höhere Ruf" kommt, wenn also zum Beispiel Jesus sagt „Komm und folge mir. Geh hinaus in alle Welt. Sei Menschenfischer!" Dann heißt es, sich von dem zu trennen, dem bis dahin die Sorge galt: dem Haben-und-behalten-Wollen.

Der Gewinn ist riesig groß!

41
Ernährende Lichtarbeit

Es ist nun schon ein paar Jahre her, dass ich mit Manfred Müller, dem aus meiner Sicht begabtesten Physiognomie-Lehrer, der derzeit in Deutschland lebt, ein Seminar im Johanniterhof durchführte, zu dem für einen Nachmittag auch der „Papst" der Pathophysiognomie (Antlitzdiagnostik) Natale Ferronato kam. Er ging von einem zum anderen der elf Seminarteilnehmer, schaute kurz ins Gesicht und sagte dann zu dreien, mit dem Finger zeigend: „Du bist Vegetarier. – Du bist Vegetarier. – Du bist Vegetarier." Verblüffung im Raum. „Ja, das stimmt", sagten die drei, „aber woran sehen Sie das?" Natale Ferronato: „Weil Sie so ungesund aussehen." Jetzt war offen, wer lachen oder betroffen die Erregung herunter schlucken sollte. Der Naturarzt Ferronato blieb Herr der Situation, indem er mit einfühlsamer Stimme anhob: „Seht, wir sind seit Tausenden von Jahren Kannibalen. Wir haben unsere Körper daran gewöhnt. Und jetzt meint Ihr, von jetzt auf nachher diese Informationen, die der Körper angesammelt hat, durch eine Kopf-Geburt auf einen Schlag eliminieren zu können. Der Weg zurück muss nicht unbedingt genauso lange dauern, wie der Weg von damals bis heute, aber Tatsache ist, die wenigsten von uns sind in der Lage, ohne Ihrer Gesundheit zu schaden, echte Vegetarier zu sein."

„Du bist, was Du isst" ist eine andere Aussage, mit der ich mich über Osho konfrontiert sah. Er stellte die ethische und ästhetische Frage, die sich ergibt, wenn man sieht, wie das Vieh, das uns das Fleisch gibt, behandelt wird. –

„Iss nur das, was Du auch selbst töten könntest" heißt eine dritte Variante im bewussten Umgang mit der für mich passenden Ernährung. Wow. Das sitzt. Tatsächlich habe ich vielfach zugeschaut, wenn mein Großvater Hühner und Hasen schlachtete. Wir weinten und beteten mit Oma, dass wir dankbar seien, dass sich „Lottchen" und „Elsa" für uns geopfert hätten, damit wir satt werden könnten. Jahre später wollte ich selbst ein Huhn, das lange mit mir in einer Waldhaus-Idylle lebte, töten. Es war in meinem Arm. Ich musste „nur" noch den Kopf zwischen die Finger nehmen und ihn mit einem Ruck herausziehen, das heißt das Genick brechen – und ich konnte es nicht. –

Zwei Jahre lang lebte ich daraufhin vegetarisch. Lustlos, aber konsequent. Dann ergab es sich, dass mich die vielfältigsten Theorien zur Ernährung in Gestalt von unterschiedlichen

Gurus ansprangen: Ernährung nach Blutgruppen-Bestimmung, Ernährung nach Haarwurzel-Analyse, Ernährung nach Metabolik-Tests – und dann doch nach einiger Zeit wieder die Ernährung meiner Kindheit: die Ernährung nach dem, was mein Körper gerade JETZT verlangt, die Ernährung nach dem Nach-innen-spüren. – Und dazu gehört jetzt auch wieder Fleisch – und das Bekenntnis: Ja, ich bin auch ein Kannibale! -

Thorwald Dethlefsen hat einmal während eines Esoterik-Seminars 1980 einen Film gezeigt, in dem Absurditäten, Anomalitäten und Außerordentliches gezeigt wurden. Das dahinter liegende Thema hieß: Hinschauen lernen! – Es waren schauderhafte Bilder dabei. Auch jene vom Umgang mit Tieren in Schlachthöfen. Die Tiere schrieen entsetzlich in ihrer Todesqual. - Wahrhaftig nicht ästhetisch, schon gar nicht ethisch!

In der nächsten Sequenz wurde Gemüse auf dem Feld gezeigt, unter anderem wunderschöne, dicke Karotten. Sie wurden aus dem Boden gerissen. Ein Ton wurde unterlegt: Sie schrieen entsetzlich. Die Karotten wurden klein geschnippelt. Sie schrieen entsetzlich. –

Ein Mann ging durch das Gras, trat die Halme nieder, achtete nicht auf die Käfer und Schnecken, die sich darin verborgen hatten. Sie schrieen entsetzlich. –

Vorstellungen. Einstellungen. Unterstellungen.

Ja, Du bist, was Du isst. Nimm die Schuld auf Dich. In jedem Fall. –

Ein Gedicht fiel mir zu. Ich weiß nicht, wer es geschrieben hat. Der von mir verehrte Dichter und Tierschützer Manfred Kyber hätte es geschrieben haben können. Lassen Sie es auf sich wirken – und bleiben Sie authentisch. Machen Sie keinen Hirn-Trip, sondern bekennen Sie sich zu dem, was Ihre Wahrheit ist. Stellen Sie sich den Fragen: Was braucht mein Körper, was braucht meine Seele, was braucht der Kopf, was braucht der Bauch? Nehmen Sie gegebenenfalls den Prozess an, der sich ergibt, wenn Sie Anspruch und Wirklichkeit nicht gleich in Einklang bringen können. Und verzeihen Sie sich. Sie sind ein Mensch – und nicht Buddha!

Das Gedicht: „Der Schlachthof"

Hast du schon einmal in einen Schlachthof geschaut?
Kaum, denn der Teufel hat dir den Zugang verbaut!
Du darfst wohl Schokoladen- und Uhrenfabriken
Und Brot- und Schuhfabriken besichtigen.
Einen Schlachthof aber von innen zu sehen,
da würd´ dir jeglicher Appetit vergehen.
Das würde der Metzgerei großen Schaden bringen,
denn das Fleischgeschäft würd´ bald nicht mehr gelingen.

Nur die weniger Zartbesaiteten,
die Abgebrühten, die herzlos vom Teufel Geleiteten,
die nichts sehen wollen, obgleich sie sehen
dies fürchterliche Quälen und Mordgeschehen;
die würden dem Fleischgenuss weiter frönen,
gewissen- und gedankenlos sich nicht entwöhnen.
Die meisten aber bekämen das Grauen,
dürften sie nur einmal in einen Schlachthof schauen!

In der Nacht fängt es an, wenn die Welt noch ruht,
denn im Dunklen hat der Teufel Mut.
Dann holt man die Tiere aus den Güterwagen;
Da sieht es keiner, wenn sie heraus geschlagen
Mit Stöcken und Knüppeln erbarmungslos.
Halb verhungert, verdurstet, das war ihr Los
Nach zwei bis drei Tagen Güterzugfahrt,
eng zusammengepfercht, das war schon hart!

Ihr Jammern und Schreien wird überhört.
Die Schlächter und Knechte es wenig stört.
Sie haben sogar ihre Lust daran.
Der Teufel hält sie auch hier in Bann.
Aber dies ist nur der Anfang vom Grauen.
Du sollst noch tiefer in den Schlachthof schauen.

Nachdem man sie aus dem Güterzug gezwängt,
werden sie an den Hinterbeinen aufgehängt,
lebend noch, mit dem Kopf nach unten
sind sie dann ans Laufband gebunden.
Zitternd und stumm geworden vor Grauen
Dürfen die andern, bis sie auch dran kommen, zuschauen.

Das Blut fließt in Strömen, ein Henker sie sticht,
das letzte Lebenszeichen rührt ihn nicht.
Das Fließband geht zum nächsten Mann weiter,
das Fell zieht man ab und pfeift dabei heiter.
Beim nächsten Mann kommen die Eingeweide dran.
Alles stinkt grausig nach Blut und Leichenkram.

Ein entsetzlicher Berg von wabbeligen Massen
Auf langen Tischen lässt uns erblassen.
Die Därme kommen extra in eine Darmwäscherei,
das übrige wird sortiert in Herz, Leber und so allerlei.
Was dann noch an Zatter übrig bleibt,
man durch einen Wolf in die Wurst hineintreibt.

Doch kommen erst scharfe Gewürze hinein,
um den Leichengeschmack zu verdecken – oh wie fein!
Geräuchert wird´s auch noch, damit man ja nicht merkt,
was hier wird Unreines betrügerisch dunkel gewerkt.
So etwas isst der Mensch dann ahnungslos in sich hinein
und meint: zur Kräftigung des Körpers muss das sein.

Oh mögt ihr erkennen durch dieses Gedicht:
Fleischnahrung ist für den Menschen nicht!
Erkenntnisse verpflichten! Jetzt weißt du Bescheid.
Hoffentlich tut dir Gottes Kreatur auch so leid!
Wir kreuzigen Jesus täglich auf´s neu
Und nennen uns Christen! Bist du auch dabei?

CR

42
**Schenke mit Herz,
doch was es auch sei…**

Meine Eltern haben mir das Leben geschenkt. - Davor wurde meinen Eltern (und deren Eltern und deren Eltern…) die Potenz zur Zeugung geschenkt. - Und wer oder was schenkte die Potenz zur Zeugung? Die Evolution. - O.K. - Und wer brachte die in Gang? Was ließ den Samen entstehen?

Es ist ein Geschenk, dass uns die Potenz zuteil wurde, zu erkennen, dass am Anfang, bei diesem angeblichen „Urknall", im Samenkorn schon die Frucht gelegen haben muss: alle Informationen zur Evolution, denn „von Nichts kommt nichts".

Diese Informationen sind ohne Substanz, sind Ideen und Gedanken, sind Möglichkeiten, die Entfaltung finden - im Ausdehnen; und Einfaltung - im Zusammenziehen.

Ich bin ein Träger dieses Prozesses des Ein und Aus, des Gebens und Nehmens, des Werdens und Vergehens. Ich bin der Träger der Informationen, die es von Anfang an gab.

Durch mich vollzieht sich das Geschenk des Universums, als Teil Träger des Ganzen sein zu können.

Wenn ich mir dessen bewusst bin, mich also selbst als Beschenkter, als Geschenk und Schenkender erfahre, gibt es nichts Zusätzliches mehr zu entdecken. Ich bin die Welt und erlebe auch nur diese eine Welt: meine Welt.

Aus dieser Welt heraus verströme ich mich, bin die Quelle des Gebens, des Sich-Hingebens an die Bedingungen in meiner Welt, die mir die „Fußspur Gottes" bedeuten, oder - nach Goethe - „….das Gesetz, nach dem ich angetreten". In diese Welt sauge ich ein, was mir zur Erkenntnis meiner mitgebrachten Möglichkeiten dienlich ist. Und ist es für mich gerade jetzt nicht tauglich, bekenne ich, dass mein Bewusstsein noch nicht so ausgedehnt ist, dass das Ganze in mir Raum hätte.

Doch „wenn ich selber kein Ganzes sein kann, schließe ich mich an ein Ganzes an" - und kommuniziere mit jenen, mit denen ich eine Kommunion finden möchte: in der Ehe, in der Familie, in der Gemeinde, im Chor, im Verein, im Mutter-/Vater-Land, mit „Mutter Erde", mit „dem himmlischen Vater".

Am Ende gerinnt es wieder zum Samenkorn, in dem alles EINS ist - und ich, der ich bin, nicht weiß, dass ich bin. Es gibt kein Innen und kein Außen mehr. Kein Getrennt-Sein. Dann ist Weihnachten - das Fest des Schenkens und des beschenkt

Werdens - des Teilens des Weltlichen vom Göttlichen. Doch es heißt „der Sohn und der Vater sind eins"; das, was in die Welt geschickt wurde zur Vergebung der Sünden, des Getrennt-Seins in Zeit und Raum, ist eins mit dem Ewigen, dem Zeitlosen.

Dessen gewiss, wird klar, welcher Geist in der Vielfalt der an Weihnachten ausgegebenen Geschenke verborgen ist: das Zeitlose, das nicht Messbare. Das ist die Liebe, das ist das Leben selbst; das ist die Energie, die alles in dieser Zeit in jedem Raum durchdringt.

Kennen Sie noch den Werbespruch des Parfums „4711" (Kölnisch Wasser)? - „Schenke von Herzen! Doch was es auch sei: 4711 ist immer dabei."

Darin steckt der Geist der 4, der Geist der 7, der zwei-fache Geist der 1.

4 - das ist die saturnine Zahl, das Weltliche, das Begrenzte, das der 7, der Sonnen-Zahl, dem Licht-bringenden, antagonistisch gegenüber steht. Doch darin ist die Schicksalszahl 11, das Erweiternde, verborgen. Es gehört dazu - zweifach: als Vater und Sohn, die eins sind.

Ist es wichtig, ob die Namensgeber des Parfums diesen tieferen Sinn erfasst haben? Nein. Es ist dennoch für den, der sehen kann, bedeutsam. - Es ist einem Werbestrategen dieser Firma Mülhens vor einiger Zeit EINgefallen, danach hat es seine Verpackung bekommen.

So ist es auch mit dem, was Ihnen einfällt, an Weihnachten Ihren Lieben zu schenken: Die Verpackung ist im besten Fall eine Entsprechung zu der Idee, die Sie haben, warum Sie gerade dies gerade jenem schenken. Der Beschenkte erkennt entweder den Geist des Schenkenden und des Geschenks oder nur den vordergründigen Wert und die Verpackung. - Um beim Beispiel 4711 zu bleiben: Das ist wohl gerade nicht „der Duft der großen weiten Welt", aber wenn Sie beim Schenken den Sinn hineinlegen, dass die Quersumme der addierten einzelnen Zahlen 13 ist und diese „13" für Sie Ausdruck höchsten Glücks ist, das Sie nun an den zu Beschenkenden weitergeben möchten, legen Sie damit die Welt, Ihre Welt, Ihre Wahrheit in die Hingabe des einmaligen Geschenks.

Ich habe mehrere solcher Geschenke schon in der Vorweihnachtszeit erhalten. Gerade dann, als ich anfing, mir

Sorgen zu machen, dass wegen der allgemeinen Bewusstseinskrise, die sich derzeit in einer Finanzkrise äußert, die Leute ihr Geld glauben sichern zu müssen und deshalb weniger Geld für Bildung ausgeben, sodass folglich Seminare im Johanniterhof und im Centro-Lanzarote storniert werden müssen.

Das erste Geschenk kam von Wolf Schneider, dem Herausgeber von „Connection" (ein Abonnement dieser spirituellen Zeitschrift ist immer ein lohnendes Geschenk), als er mir eine Mail schickte mit dem nachfolgenden Gedicht von Kurt Tocholsky, das dieser angeblich 1930 veröffentlichte (nach der damaligen „Finanzkrise"):

Wenn die Börsenkurse fallen,
regt sich Kummer fast bei allen,
aber manche blühen auf:
Ihr Rezept heißt Leerverkauf.

Keck verhökern diese Knaben
Dinge, die sie gar nicht haben,
treten selbst den Absturz los,
den sie brauchen - echt famos!

Leichter noch bei solchen Taten
tun sie sich mit Derivaten:
Wenn Papier den Wert frisiert,
wird die Wirkung potenziert.

Wenn in Folge Banken krachen,
haben Sparer nichts zu lachen,
und die Hypothek aufs Haus
heißt, Bewohner müssen raus.

Trifft's hingegen große Banken,
kommt die ganze Welt ins Wanken -
auch die Spekulantenbrut
zittert jetzt um Hab und Gut!

Soll man das System gefährden?
Da muss eingeschritten werden:
Der Gewinn, der bleibt privat,

die Verluste kauft der Staat.

Dazu braucht der Staat Kredite,
und das bringt erneut Profite,
hat man doch in jenem Land
die Regierung in der Hand.

Für die Zechen dieser Frechen
Hat der Kleine Mann zu blechen
und - das ist das Feine ja -
nicht nur in Amerika!

Und wenn Kurse wieder steigen,
fängt von vorne an der Reigen -
ist halt Umverteilung pur,
stets in eine Richtung nur.

Aber sollten sich die Massen
das mal nimmer bieten lassen,
ist der Ausweg längst bedacht:
Dann wird bisschen Krieg gemacht.

Kurz darauf bekam ich von einem anderen Schneider einen dicken Briefumschlag; von Heinz Schneider, einem Cousin meines Vaters. In diesem Brief befand sich die Familien- und Ortschronik der Schneiders, der Sippe meiner Großmutter.

Ich stürzte mich darauf. Denn ich bin ein Familienmensch, einer, der in den Krümeln der Familiengeschichte kramt, um so viel wie möglich von den Vererbern der Potenzen zu erfahren.

Wie in einem Folgeroman zu Tucholskys Gedicht erfuhr ich, wie sich die großen Kriege im Kleinen aufschaukeln. Da stand auf Seite 49 (Quersumme 13) doch tatsächlich Folgendes:

Anna, geb. Schneider, und Heinrich Maiworm (meine Großeltern) führten gelegentlich echten „Ehekrieg". Gleich, was vorgefallen war, jedenfalls sprachen die beiden seit einigen Tagen kein Wort miteinander, und jeder erwartete vom anderen das erste Wort. Heinrich war bei der Firma Meyer & Teubner in Drolshagen an einer Stanzpresse beschäftigt. Es passierte, dass sich ein Arbeitskollege zwei Finger abquetschte. Die nahm

Heinrich und wickelte sie in das Pergamentpapier, in dem zuvor seine Butterbrote eingepackt waren. Dann legte er sich einen Verband an der Hand an, schüttete Himbeersaft darüber und ging dann stöhnend nach Hause. Anna hörte und sah - aber sie sagte nichts. Erst als Heinrich immer lauter stöhnte, ging sie zu ihm und fragte: Oh, Heinrich, was ist denn passiert? - Heinrich: Ach, ich wollte nur, dass Du das erste Wort sagst. - Daraufhin sprachen sie wieder mehrere Tage nicht miteinander.

Ist das nicht ein wunderbares Geschenk - ein Weihnachtsgeschenk, das zeitlos vorgibt, wie man es im besten Fall in seiner Zeit nicht machen sollte? - Was schenken Sie zu Weihnachten? - Schenken Sie sich. Restlos. Mit Haut und Haaren. Möglichst dem, der Sie „zum Fressen gern hat". Dann ergibt sich auf eine wunderbare Weise jene Vereinigung, in der das Ego stirbt und das WIR beginnt.

Diese Erfahrung kann bei entsprechender Betrachtung auch gemacht werden, wenn Sie sich den Gänsebraten einverleiben und dieses Tier, das Ihnen den Genuss ermöglicht, „heiligen".

43
Individualität - gefördert für Kinder von Schule und Elternhaus

Ich sage Ihnen nichts Neues, wenn ich feststelle, dass sich niemand gegen seine wahre Natur verhalten kann. Du kannst sie vorübergehend vergessen, aber Du kannst sie nicht verlieren. Nach dem Vergessen kommt das Erinnern, die Selbsterinnerung. Es ist wie eine Entdeckungsreise, bei der Du die Bretter vor dem Kopf wegnimmst und den Staub der Vergangenheit wegwischst, um wieder klar zu sehen. Du bist aufmerksam und wach für die Realität, die besagt, dass Du kein anderer werden brauchst und kannst, sondern dass es nur darum geht, herauszufinden, wer Du wirklich bist, das heißt was Deine wahre Natur ist. Dann wird Dir bewusst, dass Du als Suchender der Gesuchte und das Gesuchte bist. - Also vergiss, im Außen zu suchen, mach alles bestenfalls zum Spiegel Deiner selbst und suche in Dir! -

Was hat das mit dem Thema „Kinder, Schule und Elternhaus" zu tun? Alles. Denn das, was man heute Erziehung nennt, ist die Vorbereitung auf ein Sklaven-Dasein, bei dem es darum geht, sich innerhalb schmerzender Ketten einer Konfession, einer politisierten Schulordnung oder Konditionen des Establishments zu einer Persönlichkeit zu entwickeln: also zu einem maskenhaften Dasein.

Die Eltern sind dabei die größten Sklaventreiber, denn sie lieben in aller Regel nur gehorsame Kinder und stoßen mit den Lehrern in ein Horn, die jede Rebellion unterdrücken, die doch eigentlich Ausdruck von wachem, nach Erneuerung strebendem Geist ist. So werden Duckmäuser, Anpasser, Leisetreter erzogen. Mögliche Genies werden pausenlos verhindert.

Ich stelle das fest, bedaure es und denke gleichzeitig an jene, die durch die Maschen der jeweiligen gesellschaftlichen Zwänge geschlüpft sind: zum Beispiel Jesus, Buddha, Sokrates, Galileo, Einstein - und jene Minderheiten, die ihnen zu ihrer Zeit mutig gefolgt sind. Sie sind es, auf die wir unser Bewusstsein richten sollten. Sie sind die Individualisten, die Rebellen gewesen, die die alten Schriftgelehrten, die alten gesellschaftlichen Zwänge, die Enge ihrer jeweiligen „Testamente" und wissenschaftlich verbrieften „Wahrheiten" aus Liebe zum freien Geist im freien Menschen aufsprengten. Ihnen gilt es zuzuhören und wahrzunehmen, dass den Eltern die Vergangenheit gehört, den Kindern aber die Zukunft. Kinder gehen unbeschwert und leichten

Sinnes darauf zu, wollen das, was vor ihnen liegt, meistern. Dazu brauchen sie Freiraum, brauchen eine Intimsphäre, brauchen Unabhängigkeit und Vertrauen. Ein Beispiel für ein förderliches Verhalten erfahren wir im Gedicht von Erich Kästners „Brief an meinen Sohn". Hier die letzten beiden Verse:

„Ich will nicht reden, wie die Dinge liegen.
Ich will dir zeigen, wie die Sache steht.
Denn die Vernunft muss ganz von selber siegen.
Ich will dein Vater sein und kein Prophet.

Wenn du trotzdem ein Mensch wirst wie die meisten,
all dem, was ich dich schauen ließ, zum Hohn,
ein Kerl wie alle, über einen Leisten,
dann wirst du nie, was du sein sollst: mein Sohn!"

Um allen Missverständnissen vorzubeugen: Es wäre auch eine Versklavung der Kinder durch die Eltern, wenn es jetzt hieße „Werde ein Einstein!" Das hieße ja auch, jemand anders zu sein und nicht DU SELBST. Du müsstest einem vorgestellten Ideal folgen und hättest keinen freien, kreativen Zugang zum Meer der unbegrenzten Möglichkeiten.

Eltern verhalten sich wahrhaft LIEBEVOLL, wenn sie ihr Kind in dessen Wesen bestärken, damit es sich selbst lieben kann, mehr und mehr, und damit auch mehr und mehr Achtung vor allen Anderen und allem Andersartigen als etwas Einzigartigem entwickelt.

Sie begegnen Buddha und Zorbas, den Reichen und den Armen, Hellen und Dunklen. Sie begreifen: Alle sind in dieser Unterschiedlichkeit gewollt. Sie alle haben das Recht darauf, so zu sein wie sie sind. Sie werden alle in ihrem So-Sein gebraucht: dienend und herrschend. Sie nehmen sie als Spiegel und nehmen für sich selbst in Anspruch, so zu sein, wie sie wirklich sind! Sie brauchen keine Erziehung.

Ein indianisches Sprichwort sagt: Das Gras wächst auch nicht schneller, wenn man daran zieht. -

Viele unserer Kinder haben heute Null-Bock-Stimmung. Warum? Weil sie das konditionierte Verhalten von Eltern und Lehrern intuitiv als fehlgeleitet empfinden. Sie fragen sich: Soll das alles im Leben sein? Gibt es nicht mehr? Wir dürfen bzw. müssen den so genannten Erwachsenen zuschauen, wie sie sich streiten, Krieg miteinander führen, sich beschimpfen und beleidigen und nur danach trachten, sich wechselseitig fertig zu machen, aber sie erlauben uns nicht, ihnen zuzuschauen, wenn sie sich lieben, wenn sie sich küssen; dann wird das Licht ausgemacht und die Türen werden verschlossen.

Uns werden Schulordnungen übergestülpt, die offenbar nur politische und wirtschaftliche Interessen abdecken. Unsere guten Lehrer - jene, die noch Spaß an ihrem Beruf haben und sich Mühe geben, unser Aufbegehren zu verstehen - haben Angst, ihren Job zu verlieren und kuschen spätestens dann, wenn sie mit den Eltern konfrontiert sind, die statt Freiraum für individuelle Behandlung der Kinder Leistung, Leistung, Leistung fordern.

Eigentlich könnten sie sich auf die theoretischen Leitlinien berufen, wie sie in den „Gesetzlichen Bestimmungen bezüglich Einschulung" beschrieben sind. Hier gilt es als erleichternd, wenn
- Kinder sich etwas zutrauen
- Kinder gut mit neuen Situationen umgehen können
- Kinder bereit sind, sich anzustrengen, um etwas zu erreichen
- Kinder eigene Wünsche anmelden können
- Kinder um Hilfe bitten können
- Kinder selbst die Konsequenzen des eigenen Handelns erkennen dürfen und können
- Kinder neugierig sind
- Kinder viel fragen
- Kinder sich für vieles interessieren

Doch in der Praxis verkehrt sich der gute Wille meistens ins Gegenteil. Dann sind Lehrpläne zu erfüllen und vorgegebene Lernziele unabhängig von den Individuen, die sich in einer Klasse zusammenfinden, zu erfüllen - ohne Rücksicht auf Verluste, und zwar nach einem Notensystem, das der Willkür des einzelnen Lehrers totalen Spielraum lässt.

Statt zu jammern, wollen wir schauen, welche Alternativen es im Moment gibt. Der befreundete Oberstudienrat Wolfgang Römhild, der seine Schuldienstzeit bereits hinter sich hat, sagt: Da kann man nur beten; für die Kinder, für die Lehrer, für die Eltern. Für viele mögen sich darin schon alle Bemühungen zur Veränderung erschöpfen, doch wir wollen die Schulen, die

Alternativen bieten, hinsichtlich ihrer Vorzüge, Regeln und Pflichten untersuchen und anschließend beurteilen, ob sie wirklich echte Alternativen im Sinne einer individuellen Förderung jeden Kindes sind.

Waldorf - Anthroposophische Schulen

Sie lehren nach den Vorgaben Rudolf Steiners - und der hat tatsächlich den Anspruch, dass jedes Kind nach seinem individuellen Entwicklungsstand gefördert wird. Hier ist der Lehrplan nach den seelischen und geistigen Veranlagungen und Begabungen der Kinder ausgerichtet. Und so ist es selbstverständlich, dass die sonst vielfach vernachlässigte künstlerische und handwerkliche Ausbildung gepflegt wird. Die Verwaltung erfolgt durch Lehrer und Eltern gemeinsam. Es heißt zumindest, dass man sich bemühe, auf das Verständnis des Menschen und seiner Lebensgesetze zu achten. Die Schüler werden hier nicht nach Noten bewertet.

Montessori - Reformpädagogische Schulen

Für die Pädagogik der italienischen Ärztin Maria Montessori spricht, dass die Kinder hier weniger geführt als unterstützt werden sollen. Sie sollen ihren eigenen Weg finden und zu kooperativen und intelligenten Menschen heranwachsen dürfen. Ein Grundsatz heißt: Kinder lernen das am besten, was sie jetzt lernen möchten. Deshalb soll dem Kind Zeit und Raum gegeben sein, seine selbst gewählte Arbeit auch selbständig und in aller Ruhe zu Ende zu führen. Nur das führe zur Selbstkompetenz.

Sudbury - Demokratische Schule in USA

Die erste Sudbury-Schule wurde 1968 gegründet. Heute gibt es ca. 30 Sudbury-Schulen, in denen die Schüler selbst entscheiden, was sie lernen möchten. Es gibt keine Unterrichtskurse im herkömmlichen Sinn. Sie kommen nur auf ausdrücklichen Wunsch der Schüler zustande. Die Schüler werden hier nicht bewertet und sie haben in der Schule genauso wie die Mitarbeiter eine Stimme. Sie legen fest, wer im nächsten Jahr an der Schule arbeiten darf. Einmal im Jahr erhalten die Eltern auch Stimmrecht, um den Jahreshaushalt zu verabschieden.

Summerhill - Reformpädagogische Schule in England
Im Gegensatz zu traditionellen Schulen legt diese Internatsschule mehr Wert auf das emotionale Wohlbefinden der Schüler als auf die reine Wissensvermittlung. Es geht um Individualität, nicht um ein Leben, das von Autoritäten bestimmt wird. Jeder Schüler nimmt freiwillig am Unterricht teil. Selbstbestimmung und Selbstverwaltung und das Losgelöstsein von Moralvorstellungen sind Grundlagen dieses Schulmodells. Diese freie Erziehung kennt aber auch Regeln. Allerdings werden diese zum größten Teil von den Schülern selbst aufgestellt.

Ergänzend (bzw. den schon mehr klassischen Aspekt der Erziehung vertretend) zitiere ich aus „Unsere Mission" der Elite-Schule Schloss Salem: „Persönlichkeiten bilden – das ist für uns als international ausgerichtetes Internat und staatlich anerkanntes Gymnasium in privater Trägerschaft Aufgabe und Anspruch glei¬cher¬maßen. Ein Lern- und Erziehungskonzept muss den ganzen Menschen einbe¬ziehen, weil nur Erlebtes und Erfahrenes den Menschen wirklich prägt. Das Streben nach den traditionellen Salemer Tugenden Wahrheitsliebe, Mut und Verantwortung, machen das Lehren, Lernen und Leben in unserer weltoffenen Schüler- und Lehrergemeinschaft zu einer umfassenden, bereichernden und individuellen Erfahrung......Indem Salemer Schüler an Entscheidungs- und Gestaltungsprozessen in Schule und Internat teilhaben, erleben und begreifen sie demokratisches Verhalten als selbstverständlichen Teil des Alltags. Sie lernen, verantwortungsbewusst mit sich, anderen und der Umwelt umzugehen. All das trägt dazu bei, dass sich Menschen zu starken, selbstständigen und frei denkenden Persönlichkeiten entwickeln können."

Stellen wir dann das Klassische Schulkonzept gegenüber, stellen wir fest, dass ein Notenprinzip als Mindestanforderung zur Versetzung gegeben ist. Wissen wird systematisch vermittelt. Lehrer und Schüler stehen in einem autoritären Verhältnis zueinander, die Kommunikation ist mehr in diesem Verhältnis gegeben als zwischen den Schülern. Es geht hauptsächlich darum, (naturwissenschaftliches) Fachwissen und Pflichtbewusstsein zu vermitteln. Selbstbestimmtes Lernen gibt es nur in Ausnahmefällen. -

So werden „Persönlichkeiten" als brauchbare Mitglieder der Gesellschaft herangezogen, in der alles auf Funktionalität im Sinne der Herrschenden ausgerichtet ist, die seelenlos ist und das Individuelle wenn nicht missachtet, dann zumindest gängelt oder unterdrückt.

Aus meiner Sicht kann es aber nur zu einer freien und friedlichen Gesellschaft kommen - und die wünschen sich sicherlich alle - , wenn wir uns um das Individuum kümmern. Jeder von uns ist ein geschlossener Kosmos. Jeder von uns hat seinen individuellen Zugang zum Ganzen: ist mehr phlegmatisch, melancholisch, sanguinisch oder cholerisch mit den Gesetzen des Lebens verbunden, bringt seinen spezifischen Auftrag in die Gemeinschaft ein und ist wertvoll, indem er sich seines Wertes bewusst wird. Je mehr Individuen das tun, je mehr ändert sich auch die Gesellschaft. Je mehr sich darüber klar werden, dass jeder wirklich in seiner Eigenart anerkannt werden will und muss, je mehr Akzeptanz ergibt sich für Unterschiede in den Eigenarten. Dann wird kein Krieg in der Klasse mehr sein. Dann wird kein Krieg mehr zwischen Nachbarn, Ehepartnern, Staaten, Religionen sein.

Vielleicht fragen Sie sich, ob denn damit die Probleme des Lebens wirklich gelöst werden können. Und zu Ihrer Überraschung antworte ich: NEIN. Aber es geht auch nicht um das Lösen von Lebensproblemen, weder in der Schule, noch im Elternhaus, noch sonst irgendwo - es geht allein darum, zu verstehen, warum es diese Probleme überhaupt gibt. Die Entdeckung, die dann zu machen ist, ist (besonders in einem meditativen Zustand) erhellend: Die meisten Probleme machst Du Dir selbst, ein kleiner Teil entsteht durch das Zusammenleben mit anderen, die aber über Zeit die Erkenntnis bringen, dass Du Dir die Probleme anderer zu eigen gemacht hast und diese auch dann bei denen lässt. Dann bleibt also nur noch ein Prozent - und da sei sicher, dass es sich um ein Problem handelt, das zum Leben selbst gehört: es ist das nicht zu vermeidende Sterben.

Dieses eine Prozent ist aber letztlich kein Problem, wenn Du erfahren hast, dass Leben und Sterben zusammengehören.

Zu diesem einen Prozent gehört auch die Liebe. Sie ist wahrhaftig ein „Problem", weil jeder einen anderen Begriff dazu hat. Sie hält sich aber nicht an Grenzen, folgt keiner Konvention, setzt sich über Lehrpläne und Richtlinien hinweg. Sie mag der verbindende Fluss in allen Systemen sein, die die Welt bereithält. Ihr ist es gleichwertig und gleichgültig, ob das Schulsystem dreigliedrig ist, als Gesamtschule konzipiert ist oder Lehrer jung oder alt, sozialistisch, christlich oder orthodox geprägt sind. Die Liebe will wie das Leben selbst entdeckt werden. Ihr Geheimnis will von jedem Einzelnen gelüftet werden.

Also lassen wir auch BITTE jedem Einzelnen, jedem Individuum die Freiheit, das zu lernen, was zur Veredelung der mitgebrachten Eigenarten dient und nicht der Vorstellung einer Obrigkeit entspricht, die gefügsame, angepasste Mitläufer für die verordneten Machtinteressen erzieht.

Lebens(t)räume-Leserinnen und -Leser sind wacher als andere. Das ist die Voraussetzung, um diesen liebevollen Aufruf zur Rebellion im klassischen Schulsystem richtig einzuordnen. Vom Schüler eines Meisters, dem es immer darum ging, das Innerste zu erforschen, sind folgende Worte überliefert:

„Jeder Mensch hat das Vermögen, ein Buddha zu sein.

Mit wachsender Bewusstheit hören Spiele, Rollen, Lügen usw. ganz von selbst auf und erlauben einem menschlichen Wesen zu wachsen und sich in Liebe zu erweitern."

Was ist dann die Basis für die Nicht-Erziehung: Vertrauen (statt Kontrolle).

☞

44
Kern und Schale

Hätten wir keinen Finanzmarkt aufgebaut, gäbe es keine Finanzkrise. Wären wir stets mit dem zufrieden gewesen, was wir hatten, hätten wir nichts für einen Fortschritt getan. Wären wir nicht neugierig gewesen, hätten wir nichts Neues entdeckt. Hätten wir keine Grenzen gezogen (bekommen), brauchten wir keine zu überwinden. Wären wir nicht bedingte Wesen, brauchten wir uns nicht an Bedingungen zu halten. Gäbe es die Welt nicht, brauchten wir sie nicht zu überwinden. -

Alles, was ist, ist Realität. Alles, was ist, ist erleuchtet, ist göttlich. Alles, was ist, ist in Entwicklung. Wir entdecken uns in den Archetypen, erfassen mehr und mehr die Synchronizität von allem, was zwischen Himmel und Erde ist.

Die größte Sackgasse, in die wir laufen können, ist die Vorstellung von besser, weiter, dem Göttlichen näher.

Diese Hybris ist aber weit verbreitet. Insbesondere bei jenen, die einen geistigen Weg gehen. Sie wenden sich von den Niederungen der realen Welt ab, greifen nach den Sternen, wollen vom Göttlichen mehr Anteil haben, entrücken der lauten Welt, gehen in die Stille ihrer imaginären Bergwelt und verkünden vom Gipfelkreuz ihrer Ein-Bildung: Egoistisch zu sein ist schlecht. Wut ergibt sich immer nur aus Angst. Begrenzung bedeutet Leiden. Von etwas abhängig zu sein, ist verwerflich. Verletzlichkeit ist das Synonym für Ganzheit. -

Alles ist richtig. Es kommt auf die Betonung und den Blickwinkel an. Ich stelle daneben: Jeder kann des Anderen Lehrer und gleichzeitig Schüler sein. Das, was oben ist, ist gleich dem, was unten ist. Der Jesus-Weg, in die Welt zu gehen, ist gleich dem Buddha-Weg, sich dem Weltlichen zu entziehen.

Eine Vorstellung, im Ego gefangen zu sein, zeugt eventuell von Unwissenheit. Eine Vorstellung, Erleuchtung bedeute Verwirklichung der weltlichen Aufgabe, zeugt wahrscheinlich genauso von Unwissenheit. Solange wir glauben, unfrei zu sein, im Ego gefangen zu sein, suchen wir nach der Wahrheit. Das beinhaltet den Glauben, dass wir von einer Nicht-Wahrheit zur Wahrheit zu finden hätten. Ein Begriff wie Erleuchtung rechtfertigt sich also nur aus der Annahme, dass wir vor der Erleuchtung gefangen seien im Ego.

Dies gilt nur so lange als wir genau das allein im Blickfeld haben, was die vermeintlich Spirituellsten unter den Spirituellen verlassen wollen: das weltliche Zeit-Raum-Kontinuum, indem wir unser kleines Ich, das Ego, aufbauen, schließlich wissen (können), was wir in unserer Begrenzung und Bedingtheit sind, nachfolgend uns entgrenzen, d.h. verletzlich machen und uns aufmachen für das, was nicht Ich ist und uns mit ihm verschmelzen - dabei erschlaffen, also zum Beispiel keinen Sex mehr haben, der Lust entsagen, von himmlischem Manna (sattvischer Nahrung) leben, nun glücklich wieder allein sind, der Welt entrückt und gern in den Augen der Welt verrückt.

Nehmen wir den Blick aus dieser jenseitigen Perspektive auf, sind wir symbolisch bei dem Archetypus des Narren angekommen, der die Welt durchwandert hat und nun feststellt, ich hätte eigentlich dieses Rad nicht schlagen brauchen, wenn ich dieses Ich, dieses kleine Ego, als ICH BIN anerkannt hätte; wenn ich nichts anderes hätte sein wollen als das, was ich wirklich bin und was ich von Anfang an war: eine individuelle Form, die von Leben durchdrungen ist - wie alles andere auch, das außerhalb dieses Ich ist. Alles mit gleicher Berechtigung und Sinngebung.

Jede individuelle Form ist also Kern und Schale zugleich. Aus dem innersten Wesen entwickelt sich das, was als Möglichkeit eingeboren ist. Mehr nicht, aber auch nicht weniger. Jeder ist, wie er ist: determiniert. Und die moderne Wissenschaft weist dies nach und nach nach, indem sie feststellt, dass es den so genannten freien Willen nicht gibt. Jeder ist begrenzt, löst dann aber auf dem Weg vom Kern bis zur Schale immer mehr Grenzen auf. Dazu gehören Begegnungen, Erfahrungen, Leiden und Probleme. Nichts davon darf vermieden werden, wenn die äußerste Schale erreicht werden soll. - Und was ist dann, wenn ich das Ego in die äußerste Schale geworfen habe? Dann entdeckt jeder für sich, dass er seine eigene Wahrheit darstellt. Außer seiner eigenen Wahrheit gibt es keine (es ist die eine Wahrheit, die jeder in sich hat) - und die bedeutet an diesem Punkt der Entwicklung (nicht vorher), dass ich meine Wahrheit, aus meinem nun großen Ego heraus als subjektive Größe übereigne, das heißt die aus dem Kern des Ich heraus gewordene Frucht dem objektiven ICH BIN selbstlos überlasse. Erst dann gibt es nichts mehr festzuhalten, zu bewahren und zu sichern. Vorher heißt es, der Welt zu dienen, sich verantwortungsbewusst, d.h. mit den Fähigkeiten des Ego in den

Kampf zu begeben: sich auszudehnen, sich zu erweitern, sich um die Welt kümmern. Jeder entspricht dabei seinem mitgebrachten Muster, das sich in einem bestimmten (Temperaments-) Gefüge unterschiedlich präsentiert.

Wer dies anerkennt, weiß, dass das Paradies hier ist, in dieser Welt. Er ist überall in dieser Welt zuhause, hat nichts zu verbessern, sondern nur anzuerkennen, was ist. Denn auch der Rhythmus, nach dem sich etwas entwickelt, ausdehnt, Begrenzungen überwindet, ist individuell unterschiedlich. -

Diese Betrachtung, die aus meinem Innern kommt, wo die Frage zuhause ist, wer oder was mir wohl diese Gedanken eingegeben hat, mündet in der Konsequenz, dass wir immer das haben, was wir brauchen. Zur Zeit eine so genannte Finanz- und Wirtschaftskrise. Diese gäbe es nicht, wenn die Menschen nicht Menschen wären, das heißt in ihrem natürlichen So-Sein begehrend, gierig, für ihre eigene Entwicklung etwas haben wollend. So schufen sie unter anderem das Geld. Hiermit wurde entgrenzt. Austausch ist damit möglich. Doch wahr ist auch: Wäre das Geld nicht geschaffen worden, gäbe es jetzt keine Finanzkrise. -

Gäbe es die Welt nicht, gäbe es keinen Traum, denn die Welt ist Traum, ist Maja, spiegelt uns die Einheit als etwas Geteiltes.

Lasst uns den Schleier wegnehmen und erkennen, dass Liebe ist, dass Freundschaft ist, dass Hingabe ist.

Nur Vorstellungen, dass aus dem Denken geborene Erkenntnisse eine Bewertung von richtig und falsch, wahr und unwahr rechtfertigten, hindern uns die Realität als das zu nehmen was sie ist: wertvoll-wertlos.

PS: Der nach außen gerichtete Verstand formulierte dieses Editorial. Gleichzeitig pochte mein Herz. Auch jetzt. Es fragt: Wer schreibt das? Wer ist das? ES antwortet:
Wir (Ich+Ich+Ich+Ich+Ich+Ich+Ich+Ich…..)

45
„Links" und wach sein

„**W**ir haben soziale Unruhe" - so wird Oskar Lafontaine zitiert. Andere erwarten erst soziale Unruhen - zum Beispiel Gesine Schwan und Theo Sommer. Ihnen ist die vernichtende Kritik der Andersgläubigen gewiss, dass sie mit einer solchen veröffentlichten Meinung erst die sozialen Unruhen provozierten, allen voran unser derzeitiger Bundespräsident.

Man kann ja politisch stehen, wo man will, aber wenn das das Kriterium für Realitätssinn ist, kann man nur „links" sein und muss Gesine Schwan als Bundespräsidentin wählen. Sie hat wenigstens den Mut, zu offenbaren, dass wir mittlerweile im Verhältnis von Kapital zu Arbeit in eine solche Schieflage gekommen sind, dass irgendwann alle Ablenkungsmanöver nichts mehr nutzen werden und die Unterdrückten bzw. Benachteiligten ihre bereits vorhandene Unruhe, die sie meist noch im „stillen Kämmerlein" austragen, über die Stammtische hinaus auch auf die Straße bringen werden.

Wir wissen um das Resonanzgesetz und können im Moment noch davon ausgehen, dass die Mehrheit in der deutschen Bevölkerung darauf vertraut, dass die Krise von jenen gemeistert werden könne, die sich in der Vergangenheit den Ruf erworben haben, sie seien in wirtschaftlichen Bereichen kompetenter als andere. Wie wäre es sonst zu erklären, dass die FDP im Aufwind ist? Sie steht (in der Opposition) für einen Neo-Liberalismus, der längst von der Realität überholt worden ist. Die Theorien eines Milton Friedman (1912-2006) hatten ihre Zeit. Die Wirklichkeit hat Wunschvorstellungen und Modellrechnungen der vermeintlich „besseren" Ökonomen überrollt. Ob wir es wahrhaben wollen oder nicht, die Finanzmärkte sind, wo sie noch immer Kapitalismus, Marktwirtschaft und Wettbewerb unter Ausschluss des Staates, also alles in privater Hand, mit allen Mitteln zu erhalten suchen, so entartet, dass wir z.B. feststellen müssen, dass die Zahl der Milliardäre von ehemals 200 auf über 1000 gestiegen ist und 5 % der Bundesbürger 46 % des Nettogesamtvermögens aller Bundesbürger über 17 Jahre besitzen. Hätte man mehr Resonanz zu den Erkenntnissen des Ökonomen und Nobelpreisträgers George Joseph Stigler gehabt, wären die Auswüchse des Kapitalismus nicht möglich gewesen. Dann hätte es staatliche Reglementierung und keine freien globalen Kapitaltransfers gegeben. Dann müssten die Manager börsennotierter Unternehmen nicht alternativlos Personal entlassen, um ein Sinken des Aktienkurses und damit eine befürchtete feindliche Übernahme des eigenen Unternehmens zu verhindern.

Die Realität spricht eine eindeutige Sprache. Doch es ist zu befürchten, dass Max Planck Recht behält, indem er feststellte, dass sich das System wohl erst ändern kann, wenn die, die es schafften, gestorben sind. -

In diesem Zusammenhang erwähne ich noch einmal das Buch von Tilman Jens „Demenz", in dem er seinen Abschied von seinem verehrten Vater beschreibt. Er geht davon aus, dass der geistige Verfall mit der Aufdeckung der Nazi-Vergangenheit seines Vaters begonnen habe. Er hätte nicht zugeben können, dass das eine Jugendsünde war, für die er einstehe, weil er es damals nicht besser gewusst hätte. Nein, er hat wie die meisten der Jahrgänge 1922-1927, die uns authentisch von ihren Nöten, Zwängen, Einsichten im Dritten Reich hätten berichten können, geleugnet bzw. unter dem Vorwand, sich nicht erinnern zu können, vernebelt, was hätte geklärt werden müssen. - Verpasste Chancen, denn nur über das Verstehen finden wir zum echten Verzeihen! -

Und noch eine Assoziation ergibt sich: In der letzten „Lebens(t)räume"-Ausgabe machte ich auf das Buch der ARD-Korrespondentin Bettina Marx „GAZA - Berichte aus einem Land ohne Hoffnung" aufmerksam (Verlag Zweitausendeins, www.zweitausendeins.de). Auch hier finden sich die Ursachen des Konfliktes bzw. entarteter Entwicklungen in der Vergangenheit. Man buddelt in der Erde nach historischen Beweisen, dass das Land doch den Israelis gehöre und nicht den in der jüngeren Geschichte vertriebenen Palästinensern. Man macht unter diesem Vorwand den Gaza-Streifen zu einem Gefängnis, einem Ghetto, wie es nie ein größeres gab - und es sind jene, die es schaffen, die wie niemand sonst in Ghettos gelitten haben. Die Welt schaut dabei zu. Und die wenigen, die die Dinge beim Namen nennen, werden beschimpft und im Extrem als Terroristen gebrandmarkt.

Wenn wirklich Frieden werden soll, was ja alle angeblich wollen (wenn es nur nach ihren jeweiligen Vorstellungen abliefe), hilft - aus meiner Sicht - nur eines: sich auf die Realität HIER und JETZT zu besinnen. Die Vergangenheit ruhen zu lassen und ein Miteinander ohne althergebrachte Feindbilder zu versuchen. Das bedeutet, Grenzen zu öffnen.

Wie ein friedliches Miteinander aussehen kann, ist beispielhaft in der Charta der Vereinten Nationen beschrieben, ist in der Theorie wunderbar in einer päpstlichen Enzyklika zum Zusammenwirken der Religionen erfasst, ist im Buddhismus des Dalai Lama wach gehalten.

Die ethischen Grundlagen sind da, doch wer setzt sie um? Wo ist das Feld, auf dem diese Erkenntnisse umgesetzt werden und gedeihen können?

Kommunismus und Kapitalismus sind es nicht.

Diktatur und Demokratie (wie wir sie erleben) sind es nicht.

Katholizismus und Islamismus und sonstige -ismen sind es nicht. -

Ein Versuchsfeld bietet die Seele des Menschen, in der die Weisheit des Universums verankert ist. Hier ist die Vielfalt aller Aspekte der Weltenseele zuhause. Hier ringen sie als Persönlichkeitsanteile miteinander und suchen Gleichberechtigung im multiplen Menschen. Wenn Sie dazu eine Anleitung suchen, empfehle ich Ihnen ein Buch, das vor ca. 15 Jahren geschrieben wurde und inhaltlich zeitlos wahr und wunderbar klar ist: „Der multiple Mensch" von Dr. Peter Orban (Schirner-Verlag, ISBN 928-3-89767-454-8).

Über allem ist die Liebe!

46
WÜRDE

„**D**ie Würde des Menschen ist unantastbar. Sie zu achten und zu schützen ist Verpflichtung aller staatlichen Gewalt" - so steht es im Artikel 1, Absatz 1 des Grundgesetzes für die Bundesrepublik Deutschland. Die „staatliche Gewalt" geht letztlich von Dir und von mir aus. Wir sind der Souverän: das Volk. Die Exekutive unseres Willens sollte von der gewählten Regierung ausgehen. Ist das so?

Nicht zufällig ist es der erste Satz im Grundgesetz, der die Würde des Menschen anspricht. Alle nachfolgenden Artikel zur Gesetzgebung leiten sich daraus ab.

So gehört es u.a. zur Würde, dass sich die Persönlichkeit frei entfalten kann, dass jeder das Recht auf körperliche Unversehrtheit hat, dass alle Menschen vor dem Gesetz gleich sind, die Freiheit des Glaubens, des Gewissens und die Freiheit des religiösen und weltanschaulichen Bekenntnisses unverletzlich sind, und jeder das Recht hat, seine Meinung in Wort, Schrift und Bild frei zu äußern und zu verbreiten. -

Im Artikel 18 heißt es dann aber auch, dass derjenige, der diese zur Würde gehörenden Aspekte „zum Kampfe gegen die freiheitliche demokratische Grundordnung missbraucht", seine Grundrechte verwirkt.

Es gibt Politiker, gewählte Volksvertreter, die es als Kampf gegen die freiheitliche demokratische Grundordnung ansehen, dass es mittlerweile bei vielen Wahlen fast zwei Drittel des Volkes sind, die sich nicht für einen Politiker Ihrer Vorstellungen von würdevoller Vertretung entscheiden können.

Es gibt vom Staat unterstützte Initiativen, die Zwangsimpfungen vorsehen, und es gibt Ärzte, die Impfschäden leugnen, von Verantwortungslosigkeit sprechen und ihre Hilfe in Frage stellen, wenn sich jemand der Impfung entzieht, obwohl das Recht auf körperliche Unversehrtheit besteht.

Es gibt einen Machtmissbrauch der so genannten Amtskirchen, der darin gipfelt, dass sie anderen religiösen und weltanschaulichen Gruppen nicht die gleichen Rechte zugestehen, die sie selbst haben, z. B. die Abführung der „Kirchensteuer" durch staatliche Instanzen. Sie bedienen sich bewusstloser Politiker, die ihre Interessen durchsetzen.

Es gibt Abhängigkeiten in der „unabhängigen" Presse- und Medien-Landschaft, die den verantwortlichen Redakteuren keine andere Wahl lassen, als nach dem Willen der politisch Mächtigen zu agieren, wenn sie ihren Beruf weiterhin ausüben wollen.

Es gibt ein Bewusstsein für Gewissensfreiheit. Hin und wieder wird es deutlich, wenn sich aus der Masse der Politiker, die sich sonst dem interfraktionellen Zwang beugen, ein paar erheben und nicht der Leitlinie der Gallionsfiguren folgen. Auch in der Beurteilung der Kriegshelden wird es deutlich, wenn jene geehrt werden, die sich dem Leithammel, der diktatorisch agierte, widersetzten.

Es gibt berechtigte Zweifel, dass in der Judikative der Bundesrepublik wirklich alle vor dem Gesetz gleich behandelt werden. Wie sollte es auch sein, wenn die Wahl der Richter politisch motiviert ist. -

Dennoch: Wir leben in einem Land, das uns die Privilegien schenkt, uns bis zu einem gewissen Punkt - und der ist im Vergleich zu anderen Staaten relativ hoch angelegt - frei zu wähnen und auch würdig behandelt zu sehen.

Der „gewisse Punkt" ist dort erreicht, wo sich die Etablierten eingerichtet haben und ihre Position nicht mehr in Frage gestellt sehen wollen.

Und hier beginnt die grundsätzliche Diskussion zu dem Begriff „WÜRDE". - Was bleibt in der Realität von diesem Begriff, wenn er über allen Gesetzen, Verordnungen, Regeln und Normen seine erstrangige Stellung behalten soll?

In der widersprüchlichen Auslegung, die sich je nach religiösem und politischen Hintergrund ergibt, bleibt ein Synonym für Würde fast allgemeingültig bestehen: die freie Entfaltung des Individuums in seiner Einzigartigkeit.

So heißt ein Wesensmerkmal für die Bundesrepublik: „Ein Verstoß gegen die Menschenwürde ist daher jede quantifizierende Betrachtungsweise menschlichen Lebens, also z. B. die Abwägung vieler Menschenleben gegen ein einzelnes. Jedes Menschenleben ist gleich wertvoll, jeder Mensch besitzt die gleiche Würde. Jeder einzelne hat daher einen Anspruch, dass sich der Staat schützend vor sein Leben stellt."

In der islamischen Welt gilt das ähnlich. Dort wird zu dem Begriff „Würde" kommentiert: „Gott hat durch sein ehrendes Handeln am Menschen jede menschliche Person mit einer unverlierbaren Ehre ausgestattet, die er unter allen Umständen respektiert sehen wollte."

An anderer Stelle finden wir diesen Kommentar: „Wenn wir im Bewusstsein unserer Fehlbarkeit nicht sicher sein können, absolut im Recht zu sein und die volle Wahrheit zu besitzen, dann haben wir uns prinzipiell jedem Mitmenschen gegenüber, egal welcher Rasse, Religion, Kultur, Ideologie er zugehört - tolerant zu verhalten."

Doch auch dies will berücksichtigt werden: „Der Buddhismus hat den Anspruch, jedes menschliche Verhalten und Empfinden erklären zu können und gibt so dem Einzelnen keine Rückzugsräume. Eine individuelle Freiheit, die im buddhistischen Sinne gar nicht existiert, kann und muss auch nicht geschützt oder garantiert werden."

Konfuzius sprach: „Wer seine Pflichten gegenüber den Menschen nicht kennt, wie kann der die Riten und Umgangsformen einhalten?"

So will ich meine eigene Meinung hinzufügen und zunächst abstrakt formulieren, dass die Würde sich aus dem Ergebnis aller in einer Gesellschaft zusammengetragenen individuellen Erkenntnisse ergibt. Diese Erkenntnisse werden in einer gesellschaftlichen Norm, in einem Gesetz verdichtet. Dieses Gesetz muss sich aber entsprechend der sich wandelnden Erkenntnisse der Einzelnen ebenfalls wandeln. Somit ist das, was Würde genannt wird und jedem als höchstes Gut verbrieft und geschützt werden soll, einem Wertewandel unterworfen.

Im Konkreten heißt das, dass die Maßstäbe einer Gesellschaft aus dem Materiellen, dem Seelischen, dem Geistigen, dem Religiösen abgeleitet sind. Die eine Gesellschaft bildenden Einzelwesen sind im Materiellen aufgerufen, Arme wie Reiche in ein gerechtes Wertesystem einzubetten, im Seelischen heißt die Forderung, jedes individuelle Empfinden und jede individuelle Ausdrucksweise als zum Ganzen gehörig zu respektieren, im Geistigen heißt es, dass jedem sein spezifischer Blickwinkel entsprechend seines geistigen Potenzials und seiner Ein-sichtsfähigkeit zugestanden wird, im Religiösen (nicht im konfessionell Gebundenen) findet dann der Einzelne seine Antwort darauf, ob er das Materielle, Seelische und Geistige auf einen Nenner gebracht hat, der vor dem Höchsten bestehen kann.

Angenommen, dieser mein Blickwinkel behielte nach

sorgfältiger Prüfung Bestand, gibt es nur eine Anforderung an den Begriff WÜRDE:

Man übergebe ihn dem freien Fluss der Kräfte. -

Das Grundgesetz der Bundesrepublik ist soweit es auch als ethische Instanz Anerkennung findet, ein bewahrender Hort für diesen „freien Fluss der Kräfte". In einer Gesellschaft müssen jene erkannt und für ein Wächter-Amt benannt werden, die sich für die bis dahin innerhalb der Gesellschaft gefundenen Werte uneigennützig einsetzen. Es sind die Auserlesenen, die geistigen Führer. Doch wir haben heute vielfach „Führer", die unwürdig mit dem Begriff Würde herum hantieren und unreif ihren Ego-Blickwinkel zum allein selig machenden auch in ethischen Fragen erheben wollen. Sie müssen von dem wachsenden Bewusstsein überholt werden, dass jeder Mensch einen eigenen Kosmos darstellt und insofern auch jeder einen eigenen Begriff von Würde hat. Doch die erhabene Weisheit, die grenzübergreifend gewürdigt wird, sich aus einem Entwicklungsprozess über eine lange, lange Zeit ergibt. Insofern ist die Demut vor dem, was nicht unseren vordergründigen Ich-Interessen entspricht, die erste Voraussetzung zum Umgang mit „Würde".

Wo das triebgebundene Ich triumphieren will, gibt es keine Würde, nur Stolz und Überheblichkeit.

Wo das entwickelte Ich im Prozess mit dem Du zu einem Wir-Verständnis gefunden hat, ist Würde.

Hier muss das Ich auch nicht mehr geschützt werden. Hier muss auch nichts mehr garantiert werden. Hier braucht es keinen äußeren Maßstab durch Gesetze. Hier ist das Individuum im Dienst am Höheren. Es beansprucht keine individuelle Freiheit, sondern sieht alle Verantwortung darin, sich das Recht zu nehmen, seine Pflicht zu tun:

Alles so zu behandeln, wie ich möchte, dass ich behandelt werde.

Welchen Begriff von WÜRDE haben Sie?

☙

**47
Erziehung**

Haben Sie die Kraft, das für Ihre Kinder Notwendige zu erkennen und sie dennoch frei zu lassen? Oder zählen Sie zu jenen, die die Erfahrungen ihrer Vergangenheit so absolut vorrangig erachten, dass sie Ihre Kinder nötigen, Ihnen bedingungslos zu gehorchen? - Was macht es aus, ein guter Sohn oder ein guter Vater zu sein?

Meine Erfahrung ist, dass Kinder, die gehorchen müssen, obwohl sie nicht einverstanden sind und sich innerlich auflehnen, falsch, unecht und gespalten werden. Kinder, die sich wehren und weigern, die prinzipiell das Gegenteil von dem machen, was man von ihnen verlangt, sind nicht besser dran; sie sind Opfer des erzwungenen Gehorsams und reagieren nur. Sie haben keine Gelegenheit geboten bekommen, aus ihrer eigenen Kraft zu schöpfen.

Nach meinem Verständnis sollte ein Vater nur der Helfer sein, der sein Kind aus Liebe wach und stark dafür macht, selbst herauszufinden, was sein Weg ist, was ihm entspricht, was unabhängig und frei macht.

Das Kind hört dem Vater zu. Es hat ein natürliches Empfinden dafür, dass der Ältere mehr weiß, mehr Erfahrungen gesammelt hat und deshalb den Respekt verdient, seinen Ausführungen zu lauschen, offen für dessen Argumente zu sein und im Zweifel zu gehorchen.

Ich, der Ältere, der Vater, vertrete die Vergangenheit, mein Sohn, der Jüngere, vertritt die Zukunft. Jetzt, in der Gegenwart, muss dazu eine Brücke gebaut werden - und die heißt: gewaltfreie Kommunikation.

In einer solchen Atmosphäre ist Verständnis für die unterschiedlichen Gegebenheiten vorhanden. Der Sohn sagt dann, wenn er das, was der Vater von ihm verlangt, nicht akzeptieren kann: Vater, tut mir leid, es wäre falsch, unecht und eine Lüge, wenn ich das jetzt machen würde. - Und der Vater schöpft aus der Erfahrung seiner Zeit als Sohn und lässt frei, zwingt nicht, wartet, bis sich aus dem Verstehen heraus der Gehorsam ergibt.

Dieses Verstehen wird sich einstellen. Denn es liegt im Gesetz allen Lebens, dass das Väterliche, sozusagen die gesammelten Erfahrungen aller Väter - aller, die vor den Jungen da waren - lehrend wirken und Respekt verdienen und bekommen. Die Kinder versuchen naturgemäß, die Alten zu verstehen, sind offen für das, was man ihnen liebevoll übermittelt. Sie nehmen auf ihre Weise auf, sind entsprechend ihrer Einzigartigkeit in Resonanz. Das Pro und Contra dazu reift über Zeit heran.

Erfolgt daraus die Rebellion der Kinder, ist dies ein Ausdruck der Einsicht, der individuellen Kraft, des Selbstbewusstseins, der Unabhängigkeit und der liebenden, harmonischen Atmosphäre eines Elternhauses, in dem es eine freie Wahl gab.

Gurdijeff sagte: „Wenn du deine Rechnungen mit deinem Vater noch nicht beglichen hast, kehr um!" - Und genau das geben alle ernst zu nehmenden Schulen als Richtschnur: Solange du deinen Vater (und deine Mutter) nicht ehrst, hast du keine Möglichkeit, ein freies, im wahrsten Sinne des Wortes erwachsenes Leben zu führen. Du erkennst nicht deine Wurzeln, wie willst du dann deine Krone entwickeln?

Diese spezifische Erfahrung in unserem familiären Alltag lässt sich auf alles übertragen, was in diesem Leben von Bedeutung ist.

Geduldig gilt es, jeden Menschen dafür wach zu machen, dass das Leben langweilig, bedeutungslos, trist und impotent ist, solange nicht die richtigen Fragen gestellt werden und die Träume von Geld und Macht wie Seifenblasen zerplatzt sind. Es ist kindisch, davon auszugehen, dass es etwas ohne Risiko geben könnte. Leben ist lebensgefährlich. Und gerade jetzt, am Ende eines Atemzuges von Brahma, der etwa sechsundzwanzig Jahrhunderte dauert, wird es zwingend: Alles Vordergründige geht den Bach runter, muss verloren gegeben werden. Es wird existenziell. Jetzt ist eine neue Richtung einzuschlagen: der Weg nach Innen. Jeder muss sich auf sich selbst besinnen, auf seine ureigene Wahrheit, auf seine wahren Fähigkeiten, auf sein wahres Mensch-Sein.

Und dieses Mensch-Sein wird aus dem Chaos geboren, aus der Krise, in der die bisherigen Werte, die Schein-Sicherheit boten, verloren gegangen sind. Sie liegen in Schutt und Asche - und doch sieht es die Masse nicht. Sie bleibt in ihrem materialistischen Denken und Handeln, bleibt verkopft und verschließt die Herzen.

Aber Du, Du lieber Leser, liebe Leserin, hebe Dich aus dieser Masse heraus. Versuche das Unmögliche - und bringe das Meditative, das Intuitive, das Nicht-Wissen in ein Gleichgewicht zum Rationalen. Verbinde Kopf und Herz, Ost und West, Shakti und Shiva, Yin und Yang. Es ist wie eine Häutung. Denn Du musst alle Konditionierungen der Gesellschaft hinter Dir lassen: die Ideologien, Philosophien, Vorurteile, Trennungen. Alles, woran Du Dich gebunden sahst. Alles, was Deine Persönlichkeit ausmachte. Alles, womit Du Dich identifiziert hast. -

Jetzt bist Du enthäutet. Es tut weh. -

Erinnere Dich der „Söhne Gottes", die es auf sich nahmen, der Massenbewegung zu trotzen und ihren heldenhaften Weg kraftvoll alleine gingen, dem Höchsten zustrebend, dem Gipfel der Erkenntnis, dass víele Wege zu Gott führen (man kann auch sagen viele Götter zu der einen Wahrheit) - und es folglich falsch ist, von irgendetwas als dem allein selig Machenden zu sprechen. Es ist eine Lüge. Eine Irreführung. Ein Verbrechen am Mensch-Sein. Ein anmaßendes, väterliches Verhalten.

In jedem Kind Gottes offenbart sich das selig Machende anders - und es ist nicht an den Geburtsort gebunden -; in einem zeigt es sich als Christusbewusstsein, im anderen als Krishna-, Buddha-, Mohammed-, Gilgamesch- oder Moses-Bewusstsein. Die Resonanz ist in jedem anders angelegt. Doch es muss frei gegeben sein, dieser Resonanz zu entsprechen und seinen eigenen Pfad zu Gott zu wählen. -

Wenn ich Dir das so sage, vertraue ich darauf, dass Du einsichtig bist und über die Zeit unseres Zusammenseins durch „Lebens(t) räume" Dein Herz für dieses, mein kindlich unschuldiges Geheimnis so weit geöffnet ist, dass Du das Überfließen meiner Seele als Zeichen der Freundschaft sehen kannst, die Deine Erkenntnis neben meiner zum Strahlen zu bringen vermag.

48
Leben und Sterben

Es ist Herbst. Themen, die mit dem Sterben und dem Tod zusammenhängen, haben naturgemäß Hochkonjunktur. Und wie immer in der Welt der Polarität bedingt der eine Pol den anderen: Die Beschäftigung mit dem Sterben erzwingt eine Hinwendung zum Leben.

Für manchen ist jüngst der Traum gestorben,

* dass die Iren bei ihrem Nein zum Lissabon-Vertrag für Europa bleiben

* dass die CDU die Wahl verliert und eine Diskussion über eine Verlängerung der Laufzeiten von Atom-Kraftwerken erspart bleibt

* dass Wahlversprechen eingehalten werden

* dass Entlassungen wegen Misswirtschaft ausbleiben können

* dass die Gier nach Macht und Geld eingedämmt und die „dritte Welt" nicht mehr ausgebeutet wird

* dass die Tiere nicht mehr für wissenschaftliche Zwecke gequält und getötet werden

* dass Aufklärung statt Zwang bezüglich Drogen, Impfen, Lernen Einzug halten würden usw.

Die Realität besagt: Träume, die auf Illusionen gegründet sind, müssen sterben. Und was sind Illusionen? Vorstellungen von gut und böse, richtig und falsch! Wenn Sie nur die oben angeführten Beispiele nehmen, können Sie erkennen, dass es offenbar immer Gründe für die Nichterfüllung der Träume gibt. Eine Mehrheit oder der so genannte Zufall haben anders entschieden - und den Traum platzen lassen.

Gibt es denn überhaupt Träume, die erfüllbar sind? JA, jene, die die unsichtbare Realität zu einem Zeitpunkt aufnehmen, da sie noch nicht dingfest ist, materialisiert ist, verwirklicht ist. Wir sprechen dann von Visionen, Eingebungen von Gott. Diese in die Welt einzubringen, bedingt meistens, in einer Minderheit gegenüber den herrschenden Mehrheiten zu stehen und die Erfahrung machen zu müssen, dass man entweder seiner Zeit voraus ist oder aber nicht stark genug ist, den Widerständen zu trotzen und unabhängig von Zeit und Raum seiner Vision treu zu bleiben, d.h. dem göttlichen Wollen treu zu bleiben. Dann meldet sich der Spielkamerad Gottes, der Teufel - und schließt einen Pakt mit uns, dass wir uns mit dem Relativen zufrieden geben und wenigstens unseren persönlichen Nutzen aus unserer

Vision ziehen, indem wir unsere Klugheit, unseren gedanklichen Vorsprung, unsere Taktik und unsere Wendigkeit einsetzen, um wenigstens etwas mehr als der andere zu haben, d.h. bei den Gewinnern in dieser Welt zu sein.

Dafür töten wir scheibchenweise das bessere Wissen in uns. Wir werden einseitig in der Beurteilung von gut und böse. Wir sind dann zum Beispiel gegen das Töten von Tieren und Insekten, aber die grundsätzliche Frage ist nicht angesprochen, was es mit dem Töten an sich auf sich hat. Was ist zum Beispiel mit jenen, die die Zeit totschlagen? Was ist mit jenen, die unsere Wirtschaft ruinieren (töten)? Was ist mit jenen, die wir in unserer Gesellschaft predigen lassen, Gesetze machen und zur Wirkung kommen lassen, die gesunden Menschenverstand und ethische Vorgaben der Völkergemeinschaft missachten (d.h. töten)? -

So ziehen wir im direkten und übertragenen Sinne in den Krieg für jeweils unseren Teil der Erkenntnis bzw. Betrachtung des Ganzen. Jeder will Recht haben, und zwar alleine. Und das ist der nicht erfüllbare „Traum".

Die Konsequenz daraus?

Wir sollten uns dem Leben in seiner Paradoxität stellen: Man baut auf, um wieder verloren zu geben. Man träumt, um die Träume zu verlieren. Was bleibt, ist die Essenz - das wahre Leben. Das Entwickeln vom Samen bis zur Frucht und danach das Verschenken des Gewordenen, damit andere sich daraus nähren.

Im anderen sterben - beim Verzehren der Frucht, im sexuellen Akt, im Überlassen der subjektiven Potenz zum Wohle des Ganzen....

Unter diesen Vorzeichen wird eine Zen-Geschichte verstehbar, die ich Ihnen hier schenken möchte (aus „Ohne Worte - ohne Schweigen"/Paul Reps, O.W. Barth-Verlag):

„Als Seisetsu der Meister von Engaku in Kamakura war, verlangte er größere Räume, da jene, in denen er lehrte, überfüllt waren. Umezu Seibei, ein Kaufmann aus Edo, beschloss, fünfhundert Goldstücke, „ryo" genannt, für die Errichtung einer großräumigen Schule zu spenden. Dieses Geld brachte er dem Lehrer.

Seisetsu sagte: „Sehr gut. Ich will es nehmen."

Umezu gab Seisetsu den Sack voller Gold, aber er war mit dem Verhalten des Lehrers nicht zufrieden. Man konnte mit drei ryo ein ganzes Jahr lang leben, und der Kaufmann erhielt nicht einmal Dank für ganze fünfhundert.

„In diesem Sack sind fünfhundert ryo", ließ Umezu sich vernehmen. „Das hast du mir schon gesagt", erwiderte Seisetsu.

„Selbst wenn ich ein reicher Kaufmann bin, so sind fünfhundert ryo doch eine Menge Geld", sagte Umezu.

„Willst du, dass ich mich dafür bedanke?" fragte Seisetsu.

„Das solltest du", antwortete Umezu.

„Warum sollte ich das?", erkundigte sich Seisetsu. „Der Gebende sollte dankbar sein." -

Seit fast dreißig Jahren sind solche Geschichten mein tägliches Brot. Sie regen mich an, meinen Alltag nach dieser für mich gültigen Wahrheit zu gestalten. Sie mahnen mich, nicht aus den Augen zu verlieren, dass alles vergänglich ist, und dass das, was ich habe, nur auf Zeit geliehen ist. Innerhalb dieser Zeit gebe ich ihm Wert. Ich schätze es, pflege es und trage Sorge dafür. Doch dann kommt die Zeit - wie der Wechsel der Jahreszeiten -, zu der ich loslassen muss, um einer neuen Erkenntnis willen. Für mich persönlich um der Erkenntnis willen, dass ich nicht mehr auf drei Hochzeiten (Centro-Lanzarote, Johanniterhof und „Lebens(t)räume") die Kraft zum löwischen Tanz auf der Bühne des Lebens habe. Ich suche Ruhe. - Vision oder Traum? - Ein Traum könnte es sein, dass meine Vorstellung aufgeht, die Seminarzentren im vorgestellten Zeitraum zu verkaufen. Die Vision geht in jedem Fall in Erfüllung: Zeit und Raum werde ich hinter mir lassen und Ruhe davon finden: im Weggehen von dieser Welt.

49
Schicksalsgesetze

Heute möchte ich mich eingehend mit Rüdiger Dahlkes Buch „Die Schicksalsgesetze - Spielregeln fürs Leben" befassen. Das mache ich, weil ich seit dreißig Jahren dasselbe Weltbild nähre, wie es vom Autor vorgestellt wird, aber auch, um die persönliche Verbundenheit mit ihm zu würdigen. - Im Januar 1980 lernten wir uns kennen. „Schicksal als Chance" führte uns zusammen. In vielfältigen Übungen überprüften wir, dass das, was nun als „Spielregeln" und Gesetzmäßigkeiten des Lebens im Buch beschrieben ist, absolut stimmig ist und eine Matrix darstellt, die Leben an sich beschreibt. In den nachfolgenden fast drei Jahrzehnten haben wir beide, jeder in der Disziplin, die ihm als persönliche Begabung auf den Leib geschrieben ist, unsere Erkenntnisse gesammelt, erweitert und weiter gegeben - und festgestellt, dass jene, die die Gesetze des Schicksals beherzigen, mehr und mehr mit ihrem Leben einverstanden sind, während die Ignoranten im so genannten Teufelskreis herumirren und unfähig bleiben, die Ordnung für ein sinnvolles Leben zu finden.

Jedem sei deshalb empfohlen, die Hierarchie der Gesetze zu verinnerlichen. Dann wird nämlich deutlich, dass die Welt, in der wir leben, polar ist, was bedeutet, dass alles einen Gegenpol hat, dass schwarz weiß bedingt und zu oben unten gehört und zu mit ohne. Ja, dass sogar die Polarität selbst einen Gegenpol braucht: die Einheit. Aus der Einheit ergab sich die Teilung, die Zweiheit. In dieser erkennen wir das Gesetz der Resonanz, das auch Gesetz der Anziehung genannt wird (Wie innen, so außen. Wie oben, so unten. Mikrokosmos=Makrokosmos)

Rüdiger Dahlke wählt dazu das anschauliche, von uns allen zu beobachtende Beispiel, dass der „Teufel immer auf den größten Haufen scheißt". „Das erklärt, wie Geld zu Geld kommt und die Reichen immer reicher, die Armen aber immer ärmer werden."

Dass dem vielfach mit einer Vielzahl von weltlichen Gesetzen entgegen gesteuert wird, kennzeichnet nur die Uneinsichtigkeit und Dummheit, mit der wir umgehen müssen - und die uns immer wieder vom Regen in die Traufe kommen lässt, denn so lange wir nicht die zentralen Gesetze des Schicksals begreifen, meinen wir mit Geboten und Verboten die Welt in Ordnung halten zu können. Dabei verdrängt jedes Volk zumindest die Weisesten in ihren eigenen Reihen. Einer, der für alle sprechen kann, ist Laotse, der chinesische Weise (ca. 500 v.Chr.), der uns im „Tao

Te King" vermittelt: „Je mehr Verbote es gibt, desto weniger tugendhaft werden die Leute sein. Je mehr Waffen es gibt, desto weniger sicher werden die Leute sein. Je mehr Hilfsgelder es gibt, desto weniger selbstbewusst werden die Leute sein. Daher sagt der Meister: Ich lasse das Recht los, und die Leute werden redlich. Ich lasse die Wirtschaft los, und die Leute werden wohlhabend. Ich lasse die Religion los, und die Leute werden heiter und ruhig. Ich lasse das Verlangen nach Allgemeinwohl los, und das Wohl verbreitet sich so allgemein wie das Gras." -

Die meisten von uns, die das lesen, halten dies für weltfremd und unmöglich durchführbar. Und das ist es auch, wenn wir nicht die richtigen Fragen stellen, um ggf. über Zeit dazu die richtigen Antworten zu finden. Ich halte mich an das Dahlke-Buch und wähle in freier Interpretation ein paar Fragen aus, von denen Rainer Maria Rilke sagt: lebe sie, dann werden es eines Tages deine Antworten sein. -

Wie lerne ich, den verdrängten Schatten-Anteil meines Daseins, der Zweiheit bzw. Verzweiflung mit sich bringt, zu integrieren?

Was meint es, wenn gesagt wird, dass im Anfang das Ende liege?

Welche Wege zur Erkenntnis gibt es? Wie werde ich den Urprinzipien gerecht? Was bedeutet es, dass alles Geschaffene nur ein Gleichnis sei? Was bedeutet es, wenn die Liebe „über alle Grenzen geht"? -

Bewusst habe ich in dieser Ausgabe am Kopf der einzelnen Seiten Sprüche veröffentlicht, die alle dem Buch von Rüdiger Dahlke entnommen sind. Wenn Sie sie nicht nur überfliegen, sondern sich tief auf die Aussagen einlassen, haben Sie bereits eine wichtige Anregung, warum es sich lohnt, dieses Buch auf den Nachttisch zu legen und es zu einem Ritual reifen zu lassen, vor dem Einschlafen ein paar Sätze aufzunehmen, sie wirken zu lassen, um am nächsten Morgen wahrzunehmen, dass es den Seinen der Herr im Schlaf gibt. Was? Ein-Sicht in das Wesentliche der Schöpfung.

Dann stehen Sie auf, voller Tatendrang zur Offenbarung Ihres inne liegenden Gesetzes, gereinigt vom Gift derjenigen, denen Sie bis dahin zugestanden, Sie einseitig, parteigebunden, konfessionell oder sektiererisch zu ver-ein-nahmen. In Ihnen erwacht der alte Eros, der Sinnen-Freudige, der nicht käuflich ist und sich nicht für das Befriedigen billiger Lust hergibt, sondern liebevoll seinen Teil zum Wohle des Ganzen beifügt.

„Die Schicksalsgesetze", wie sie immer galten und ewig gelten werden, und wie sie von Rüdiger Dahlke in neuer Form aufbereitet sind, schließen auf Seite 358 mit dem Kapitel „Der Kreis schließt sich". Für uns alle wird anschaulich, dass das, was wir im Außen entweder langatmig zu erklären suchen oder sehnsüchtig noch suchen, manchmal schlagartig in einem Bild erkannt wird: dass alles schon immer da war. - Schaut nur das Bild an. Es zeigt die von Kjell Sandved während über zwanzig Jahren in dreißig Ländern fotografierten Flügel von Schmetterlingen - mit allen von uns genutzten Zahlen und Buchstaben. Und einen Spruch von David Steindl-Rast, dem Zen-Lehrer: „Nur durch die Liebe finden wir Sinn; wenn wir in Liebe aufgehen, werden wir Sinn."

Dieses Buch ist liebevoll geschrieben und liebevoll gestaltet. Es macht Sinn, es liebevoll aufzunehmen: Goldmann-Arkana-Verlag, ISBN 978-3-442-33856-6

50
Weihnachtswunsch: EROS

Zu Weihnachten wünsche ich Ihnen Eros, das Lustgefühl auf wahre Liebe. Dazu gehört die Erkenntnis, dass das, was wir heutzutage mit Eros verbinden, nur einen Teilaspekt seiner ursprünglichen Bedeutung abdeckt. Das Verlorengegangene will wieder entdeckt werden: Spontanität, kindliche Unschuld, instinktive und intuitive Hingabe, Entrücktsein im Wir-Verständnis, Vergnügen, Freude. Danach zu suchen, ist ein Weg zur Befreiung, ein Weg aus Furcht und Eingeengtsein in Pflichten, nichts als Pflichten und Konditionierungen.

Eros führt dann wie selbstverständlich auch zur sexuellen Freiheit, worauf er meist in einem Negativaspekt heutzutage reduziert ist. Wollust, Pornografie, primitive, allein triebgebundene Verhaltensweisen werden ihm zugesprochen. Doch er ist mehr, viel mehr!

Er ist der Türöffner zu Mitgefühl, Liebenswürdigkeit und Wohlwollen. Man muss ihm nur Raum geben, das heißt Ausdruckskraft schenken, indem man das, was einen frustriert, beim Namen nennt und abreagiert. Dann werden das Gefühllose, das Unwürdige, das Erstarrte, das ewig Gestrige überwunden - und wärmende, erneuernde Frühlingsgefühle, die „Schmetterlinge im Bauch" werden frei. Das Neue kommt zum Vorschein. Aller Groll gegenüber den Verhinderern verschwindet allmählich. Es gibt keinen Gedanken mehr an Rache und Vergeltung, stattdessen ist die Seele aufnahmebereit für das Weiterführende, Höhere, Göttliche.

Machen wir gemeinsam einen Anfang: Das Licht wird nun bald neu in der Dunkelheit geboren. Es könnte die geweihte Nacht für Dich sein, in der Du Deiner Mutter (Erde), die Dich aus ihrem Schoß hervorgebracht hat, die Verehrung, Bewunderung, Anerkennung und äußerste Wertschätzung zuteil werden lässt, die notwendig ist, wenn Dein Leben sinnvoll gestaltet werden soll. Denn Deine Beziehung zum Mütterlichen ist ausschlaggebend für Deine Beziehung zum Väterlichen (Himmel). Man könnte auch sagen: Wenn Du in der Mulde, im Schoß, in der Bauchhöhle, in der Tiefe keine irdischen Wurzeln gebildet hast, kannst Du Dich nicht quasi eines Phallus erheben und gen Himmel streben, Dich ausdehnen und eine Krone erwerben. Zu Deiner Mama hast Du den ersten Bezug, von ihr bekommst Du zunächst alles, was Du brauchst. Sie liebt Dich. Du liebst sie. Du spürst aber auch, dass es da noch den Vater gibt, den Deine Mama liebt - und so überträgst Du die Liebe zu ihr auch auf ihn, ohne zu reflektieren, dass er den Samen spendete, der Dich in Mama reifen ließ. Das kommt später. Dann, wenn Du Dich aus Dir selbst heraus aufgerichtet hast und Dich als Individuum behaupten willst. Du entfernst Dich von der Mutter und suchst die Vereinigung mit dem Vater.

Was hat das mit meinem Weihnachtswunsch zu tun, Ihnen Eros schenken zu können? - Es bedeutet, dass ich unter „wahrer Liebe" jene Liebe verstehe, die sich auf das Höhere bezieht, die ihren Nährboden darin hat, dass sie für Gerechtigkeit, Ehrfurcht, Würde, Wertebewusstsein, Religio eintritt und sich von den Fesseln pathologischer Kultur, die moralische Zeigefinger erhebt, löst. Es ist der Weg, auf dem das Leben selbst das Wunder ist, und alles, was dieses Leben bietet, geehrt und geachtet wird. Die Aufnahmekapazität, die der bewusste Mensch nutzt, um zu erfahren, was er zum Wohle des Ganzen beizutragen hat, ist sein anerkannter Schatz. Er erkennt sich, nimmt seine Potenzen und Grenzen wahr, und strebt nach dem Göttlichen - in ihm und außerhalb von ihm. Er und seine Umwelt werden eins, werden geeint. - Das ist Eros in seiner tiefsten Bedeutung. -

Das beschreibt auch den Jesus-Christus-Weg. Doch es wäre mir zu langweilig, diesen Weg in der christlich-biblischen Form nachzukauen. Deshalb wähle ich, um Ihnen möglichst neutraler nahe zu kommen, folgendes Beispiel: Sie kennen die Redensart, dass man aus Wasser Wein machen könne oder solle oder dass dies einer namens Jesus gemacht habe. Die Frage ist eigentlich nicht, wie das gemacht wird, sondern wozu dies dienen soll. Ganz eindeutig geht es hier um eine Wandlung, eine Verwandlung. Und gemeint ist, dass es darum geht, über den Genuss des Weines bewusst (!) die Kontrolle über den gebundenen (Klein-)Geist zu verlieren. Wie Wasser schmeckt, ist uns bekannt, wie der Wein schmeckt, muss uns bekannt werden. Das bedeutet, wir lassen das uns Bekannte hinter uns, gehen ins Unbekannte, um mit etwas vertraut zu werden, das sich unserer Kontrolle entzieht. Wir trinken den Wein und kommen in den Nebel, das Diffuse, das Entrückte. Grenzen verschwinden. Es hat etwas Mystisches, Verzaubertes - wir verlieren die Kontrolle (über das Materielle, Körperliche), geben uns dem Unbekannten hin. - Es führt nach Golgatha, der Schädelstätte. Der Kopf brummt: Verwirrung im

Irdischen, Wohlgefühl in der Nebel-Realität grenzenloser Liebe.

Das Licht wird geboren. Christus wird geboren. JETZT. Weihnachten ist nur die Erinnerung daran, ist im besten Fall das Wachrütteln, uns in jedem Moment bewusst zu machen, dass wir uns auf natürliche Weise entbinden lassen von Hebammen (Lehrern und Meistern), die dem Leben an sich dienen und nicht von Ärzten (verirrten Weltverbesserern), die ihre eigenen materiellen Interessen oder ihr unnatürliches Ausgeliefertsein an das Materielle in überflüssigen Kaiser-Schnitten ausdrücken. In der Geborgenheit eines „häuslichen Kreises" wächst dann von Anfang an das emotionale Bewusstsein, das notwendig ist, um die alten Schriftgelehrten, die einem kaltes Wissen eintrichterten, zu verlassen, die Geld-Herren aus den Tempeln zu vertreiben und daran zu arbeiten, dass ein spirituelles Bewusstsein in allen Instanzen dieser Welt Einzug hält. Hosianna! Hilf doch!

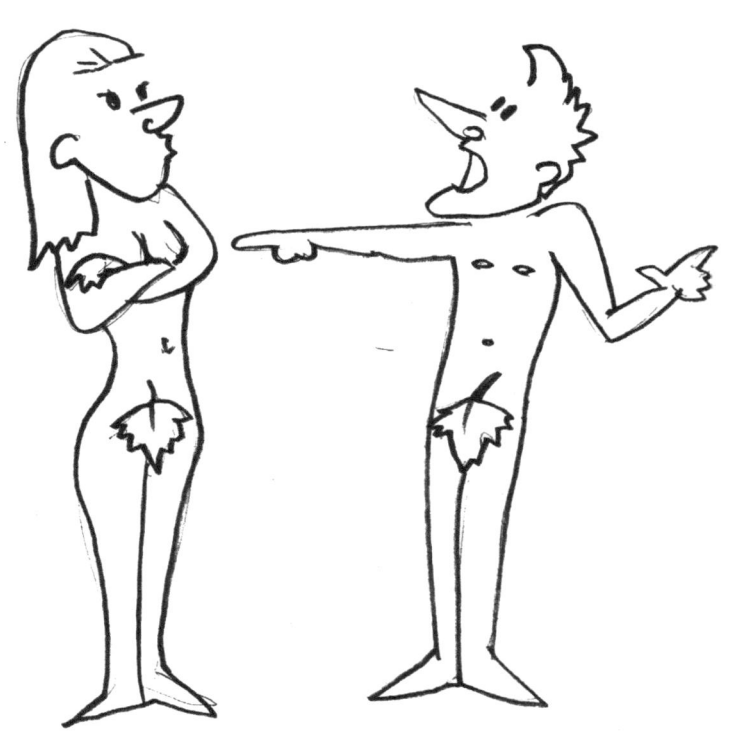

51
Was wir bekämpfen, stärken wir
Versöhnlicher Umgang mit dem Bekämpften

Dies ist ein Geschenk, das sich jeder selbst machen kann. Ich gebe nur die Anregung dazu. Mein Ziel dabei ist, Sie aus der Verwirrung und Verirrung zu befreien, die darin liegt, dass Sie bewusst oder unbewusst die Gesetze der Polarität missachten. Wenn Sie sich über die Wirkung dieser Gesetze im Klaren sind, unterscheiden Sie Schuld und Verantwortung, Sie wollen wieder werden wie die Kinder, um ins Himmelreich zu kommen, d.h. aus dem Irrgarten Welt herausfinden, in dem so viel Spannungen aufgebaut sind, dass ständig irgendwo alle Stricke zu reißen drohen und das absolute Chaos vorprogrammiert erscheint.

Dazu ist es erforderlich, dass Sie bei sich anfangen. Nirgendwo sonst. Es bedeutet, dass Sie sämtliche Projektionen zurücknehmen, nicht mehr mit Fingern auf andere zeigen, keinen für Ihre Nöte und Sorgen verantwortlich machen außer sich selbst.

Zunächst prüfen Sie einmal anhand des nachfolgenden Beispiels, das für Tausende andere stehen kann, wo Sie derzeit angesichts dieser Ausgangsposition stehen:

Sie haben gehört, dass Andre Agassi, der große Tennisspieler, in seinen Memoiren gestanden hat, Drogen genommen zu haben. Daraufhin haben ihn seine ehemaligen Kontrahenten, die sich auch schon einmal Freunde nannten, verurteilt und gefragt, was das nach so langer Zeit noch bringen solle, wem das diene; er hätte es für sich behalten sollen.

Sie haben in allen Medien die einhellige Meinung aufzunehmen gehabt, dass diejenigen, die Drogen nehmen, Betrüger seien und ihrer „gerechten Strafe" zugeführt werden müssten, d.h. von der anständigen Gesellschaft ausgegrenzt gehörten. In der Tageszeitung, die ich beziehe, zeichnet dafür ein Herr Rauschnick (!) verantwortlich. -

Sie haben wahrscheinlich in diesem Zusammenhang nicht gehört, dass es in Deutschland zwar ca. 1.300 „Drogen"-Tote jährlich gibt (gemeint sind jene, die an verbotenen Substanzen verenden), aber im selben Zeitraum mehr als 42.000 Alkohol- und mehr als 105.000 Tabakopfer. -

Was sagen Sie dazu? Vertreten Sie die vorgefertigte Meinung der in Projektionen schwelgenden Massen(-Medien)? Erkennen Sie die „Erbsünde", die sich aus der Genesis, der Paradies-Geschichte, ableiten lässt? Adam beschuldigt zunächst Eva, sie habe ihn verführt. Als diese die Projektion zurückweist, weist Adam Gott die Schuld zu, denn er habe ihm ja dieses Weib gegeben.

Die Klein-Geister steigen hier aus und beharren auf ihrem Stand-Punkt. Bewegen sich nicht in die Tiefen, in denen aufgedeckt werden kann, was das sich ständig erweiternde Übel der Menschheit ist: die Schuld von sich zu weisen.

Die Entschuldung liegt in der Anerkennung, dass wir geteilt sind, dass aus 1 (der Einheit) die 2 (die Zweiheit / Verzweiflung / die Welt in ihrer Verschiedenheit) geworden ist, wonach sich alles über die 2 ausdehnt, sich vermehrt und eine immer weiter entrückende Peripherie schafft. Dass es aber nach dieser Entfaltung einen Weg zurück gibt: in die Einfaltung, hin zur Mitte - von der Schale zum Kern, zum Anfangsgeschehen, zum Kind-Sein, zum unschuldigen Sein. -

Wenn nun Andre Agassi sich zu seiner Absonderung (Sünde) bekennt und zugibt, in der von Geld- und Macht-Interessen beherrschten Welt das teuflische Spiel mitgespielt zu haben und sich mit Drogen aus dem Mittelmaß entfernt zu haben, hat er den Rückweg von der Peripherie zu seinem wahren Kern angetreten: er wird ehrlich, bekennt Verwirrung und Verirrung, reinigt sich von dem Bösen (dem Schatten, der ihn verfolgte) und findet heim zu dem, was er in der Projektion bewundern lernte: den offenen, die Stirn bietenden Umgang seiner Frau mit den Verführern, Lügnern und Scheinheiligen dieser Welt. Nun ist es weder im so genannten Positiven (Licht) noch im Negativen (Schatten) in der Projektion, sondern bei ihm angekommen: die Verantwortung für das, was geschehen ist.

Das ist die Transformation, die für den erwachsenen Menschen not-wendig ist: die (Erb-)Schuld in Verantwortung für den als Individuum zu vertretenden Anteil der Absonderung zu wandeln - den Weg in die Peripherie und wieder zurück als zusammengehörig zu begreifen - und nicht übel zu nehmen.

So verstanden, haben wir eine neue Begriffswelt zu dem, was wir bei den christlichen Kirchen berechtigt beklagen, wenn dort der Schuld-Begriff auf die gläubigen Schafe abgewälzt wird, aber eine Aufarbeitung der eigenen Schuld bis heute nicht erfolgt ist.

Da lobe ich mir doch jene, die wie der verlorene Sohn in der Bibel weggehen von denen, die sie unbedingt halten wollen (Eltern, Kirchen, Sekten, Parteien usw.). Sie schwimmen gegen den Strom, entfernen sich von den sicheren Gefilden der Geborgenheit in einer etablierten Gruppe, stolpern, scheitern, richten sich wieder auf, drehen sich im Kreis - und kommen dorthin, wo sie hergekommen sind. Und siehe da: Für sie wird das Fest gefeiert, nicht für die, die es nicht gewagt haben, sich zu erheben und in der Verwirrung möglicherweise umzukommen.

Das Bild ist eindeutig: der Prozess des Lebens heißt Jesus und Buddha, heißt „Kommt und folgt mir" in die Peripherie (nach außen) und heißt auch „Spring vom Rad des Schicksals ab", komm nach innen: zur Mitte. -

So wünsche ich uns nach dieser Erkenntnis die Erleuchtung, die darin gipfelt, das Gleichgewicht zwischen Licht- und Schattenarbeit herzustellen. Unter dem Christbaum liegt dann das unverhüllte Geschenk der Einsicht, dass insbesondere das Heilige und Heiliggesprochene einen riesigen Schatten wirft. Wir müssen nur hinschauen und darauf achten, dass wir nicht einseitig etwas verherrlichen. Für die Reichen unter uns ist die Armut der Schatten, für die Armen unter uns ist der Reichtum der Schatten (Jesus wird im Stall geboren, Buddha ist ein Königsohn). Sicher ist: Wer seinen Schatten sucht, findet ihn.

52
Wehret den Anfängen - wagt einen neuen Anfang!
2010 wird alles besser...

Bald ist Silvester. Wir werden mit den Freunden in den letzten Stunden des Jahres unsere Ängste, Erwartungen, Hoffnungen, Visionen austauschen - und dann mit den besten Vorsätzen ins Neue Jahr starten.

Einige dieser Vorsätze könnten sein, allen Herausforderungen mit Liebe zu begegnen, Verständnis für Andersartiges aufbringen zu wollen, offen zu sein für Neues, die Schicksalsgesetze zu akzeptieren und alles, was mir entsprechend meiner Resonanz die Welt an Vielfalt bietet, als Spiegel für mich selbst zu nutzen.

Es gab Zeiten, in denen ich mich in meine Pyramide auf Lanzarote zurückgezogen hatte, meditierte, nicht fernsah, keine Zeitung las und mich auf den Standpunkt zurückzog, dass es nichts zu tun gäbe, da ja gemäß einer übergeordneten Gerechtigkeit das so genannte Gute ins richtige Verhältnis zum so genannten Bösen gerückt würde. Meine Energie sei durch das Aussenden von allumfassender Liebe entsprechend meines Soseins ausreichend und wirkungsvoll eingesetzt.

Spirituelle Bewegungen, die gleichzeitig eine politische Stoßrichtung kannten, waren mir verdächtig. Erst recht jene, die vorgaben, einen wertvollen gesellschaftlichen Beitrag mit ihren Aktivitäten zu leisten, wenn sie für eine „Sex-Universität" oder für „freie Liebe" stritten, oder wenn sie „die Erde retten" und „weibliche Spiritualität" als Grundlage für ein Weiterkommen ansahen. Die „Friedensbewegung" war mir in ihrer kämpferischen Haltung genauso suspekt wie der mit Gewalt gepaarte Widerstand gegen Atom.

„Was wir bekämpfen, stärken wir" Das ist nun einmal ein Gesetz, das nicht ausgehebelt werden kann. Wer es nicht wahrnimmt, muss dumm und blind sein. Das wollte ich nicht sein und das will ich auch jetzt nicht - dennoch: Meine Einstellung zum Tun und Nicht-Tun hat sich geändert: Seit ich wieder in Deutschland bin, sehe ich fern, höre Nachrichten, lese Zeitungen, „schaue dem Volk auf´s Maul" - und fühle mich aufgerufen, mich einzumischen und Wachheit anzumahnen. Denn die Mehrheit in unserer Gesellschaft scheint mir in einem Dornröschenschlaf zu liegen, aus dem es nun mit Hilfe von unerschrockenen Liebhabern bzw. Königssöhnen zu erwachen gilt.

So küsse ich jetzt hoffentlich viele auf den Mund, wenn ich sage „Macht einen neuen Anfang, indem Ihr den Anfängen wehrt!"

Ovid empfiehlt in seiner „Remedia amoris" die Liebe bereits im Keim zu ersticken. Es soll eine Hilfe bei Liebeskummer sein. -

Ich nehme das auf, denn ich habe im übertragenen Sinne Liebeskummer und mit mir viele meiner Freundinnen und Freunde. Wir sehen die Bedrohung, dass das Gemeinwesen kollabiert und abzusterben droht. Die Waffe, die ich einsetzen will, ist das Wort. Meine Intention ist es, in ein paar Beispielen deutlich zu machen, wie wichtig es ist, den Anfängen eskalierender Machtansprüche im Großen wie im Kleinen zu wehren, wenn wir wirklich anfangen wollen, unsere Vision von einer Welt zu verwirklichen, in der wir im jeweils anderen unseren Bruder bzw. unsere Schwester erkennen. -

Es ist doch mehr als ein parteipolitisches Geplänkel, wenn es um die Entsendung von Soldaten in Kriegsgebiete geht. Das geht insbesondere jene an, die ihren Sohn, Mann, Bruder oder Freund als Soldat für die Interessen des Vaterlandes entbehren müssen. Warum? Weil die schweigende Mehrheit akzeptiert, dass, um die Versorgung mit Rohstoffen längerfristig zu sichern, ein Land nach dem anderen mit Waffengewalt „demokratisiert" wird. Sie lässt sich einlullen mit den Parolen, dass der Terrorismus unser Land bedrohe. Wache Menschen sehen, dass der Terrorismus wächst, je mehr er bekämpft wird. Wache Menschen sehen, dass die „westliche Welt" sich permanent in die inneren Angelegenheiten vieler Völker einmischt und deren Kultur als Subkultur abqualifiziert und sich anmaßt, die zweifelhaften Errungenschaften unserer Zivilisation überstülpen zu dürfen. Wache Menschen sehen, dass die „Terroristen" Terroristen genannt werden, weil sie sich dagegen wehren, dass mit zweierlei Maß gemessen wird, wenn es um das „Geschäft mit der Angst" geht. Da dürfen zum Beispiel die Verbündeten bzw. Abhängigen westlicher Denkart Atomwaffen haben, diejenigen aber nicht, die bereit sind, Embargos in Kauf zu nehmen, um nicht auch noch vom Menschlichkeit mehr und mehr auffressenden Kapitalismus-Denken geschluckt zu werden. - Deutsche Soldaten haben nichts in Somalia und in Afghanistan zu suchen. Die Alternative dazu ist längst da: der Ausbau von alternativen Energien im eigenen Land, um den Grund wegzunehmen, andere kriegerisch ausbeuten zu dürfen, weil wir sonst möglicherweise nicht mehr so in Saus und Braus (im Verhältnis zu anderen) leben könnten. -

Wehret den Anfängen, die der Friedensnobelpreisträger Barack Obama, mit der Forderung nach weiteren deutschen Soldaten für Afghanistan erhebt! Macht einen neuen Anfang und unterstützt die Kräfte, die sich nicht einschüchtern lassen, wenn es heißt, dass wir sonst den Schutz der Nato oder überhaupt der „Verbündeten" verlieren würden. Einer muss den Ausbruch als Erster wagen und für gesunden Menschenverstand eintreten, auch wenn sich dadurch politische oder wirtschaftliche Nachteile ergeben sollten. Diese Art Isolation wäre eine Auszeichnung für das „Volk der Dichter und Denker". „Nur tote Fische schwimmen mit dem Strom". Deutsche, seid lebendig und sammelt die Kräfte, Euer Mitgefühl, Eure Intelligenz, Euer Vertrauen gegen den Strom der Angst schürenden, organisierten materiellen Interessen einzusetzen.

Wenn ich „Deutsche" gesagt habe, dann bedeutet das, dass ich es für eine kulturelle, deutschspezifische Errungenschaft halte, genug Erfahrungen in Kriegen gesammelt zu haben, um heute eine Seelenführerschaft im internationalen Reigen übernehmen zu können. Über „Made in Germany" haben wir genug Ehrbezeugungen auf der Hardware-Seite erfahren. Die Software kann sich nun in der Mittler-Position zeigen, die wir am besten zunächst im Innern des Landes erproben: Hier muss es uns gelingen, die multikulturelle Gesellschaft, die wir de facto haben, auch im Bewusstsein der Gesamtbevölkerung zu verankern. Das geht nicht, indem man blind alles herein lässt, was nach mehr materieller Sicherheit verlangt (da bekämen wir nur einen Spiegel für unseren eigenen Fortschrittsglauben im Materiellen und den Sicherheitswahn, der sich damit verbindet), sondern nur über die durch mehr Bildung bewusst gemachte Erkenntnis, dass es nur eine Sicherheit gibt: die Unsicherheit im stetigen Wandel von allem. Dazu gehört auch, dass genau unterschieden wird, wer die ethischen und kulturellen Werte, die wir in Deutschland haben, bewahren will und wer sie mit Ignoranz oder gar krimineller und verbohrter fundamentalistischer Energie zerstören will. Es macht da keinen Sinn, vor Angst den Schwanz einzuziehen, nur weil man als politische Leitlinie vorgekaut bekommt, man dürfe nichts gegen israelische Politiker und deren menschenverachtende Handlungsweise im Gaza-Streifen sagen, nur weil sie Juden seien. So wird doch keine Schuld abgetragen. So wird gefördert, was wir haben: versteckten Antisemitismus. Es macht auch keinen Sinn, die Augen davor zuzumachen, dass es „Migranten" gibt, die sich nicht integrieren, sondern nur abkassieren wollen und parallel dazu ihre kulturellen Werte nicht neben die inländischen stellen wollen, sondern sie als vermeintlich besser dagegen setzen. Die müssen bei uns genauso ausgegrenzt werden, wie jeder Deutsche im Ausland, der die Gesetze des Landes, in dem er ist, nicht akzeptiert. Was nützen Gesetze, wenn man ihnen nicht richtende Kraft gibt?

Wer jetzt meint, dies sei damit gleichzusetzen, die Türkei nicht in die Europäische Union aufzunehmen, muss sich fragen lassen, ob er hier nicht denselben Zusammenhang sehen kann, wie er gegeben ist, wenn jemand in eine Organisation oder Partei eintritt, um von innen her Veränderungen zu schaffen, statt von außen nur zu meckern. Haben wir da Angst, dass die Türken den muslimischen Glauben von innen her schneller und radikaler in die europäische Gesellschaft einschleusen könnten, oder meinen wir wirklich, die Menschenrechte, wie sie in der UN-Charta geregelt sind, besser als die Türken umzusetzen?

Da nehmen wir doch nur den Umgang mit der Scientology Kirche in diesem Deutschland. Entgegen fast aller europäischen Länder haben wir diese Glaubensgemeinschaft nicht toleriert, sondern machen von Staats wegen Front dagegen, obwohl trotz breit angelegter Untersuchung und Verfolgung kein Grund gefunden wurde, diese Gemeinschaft zu verbieten. Ich selbst habe allerdings einige konkrete Beispiele zugetragen bekommen, nach denen Mitglieder dieser Kirche erpresserisch tätig waren. Doch das ist wohl in allen Gemeinschaften (leider) zu beklagen, dass sich die Jünger päpstlicher als der Papst verhalten und dogmatisieren, was im Ursprung nur als eine überlegenswerte Richtlinie für ein lebenswerteres Leben gedacht war. Wehret den Anfängen, wieder nur jemanden zu verfolgen, weil er anderen Glaubens ist! Macht einen neuen Anfang und setzt Euch mit diesen Leuten an einen Tisch, um festzustellen, dass es in erster Linie Menschen sind und dann erst Mitglieder einer Kirche, die den Katholiken und Protestanten allerdings einen Spiegel vorhält. Diese schickten so genannte Sektenbeauftragte an die Front, um zu bekämpfen, was ihnen Mitglieder abspenstig macht. Doch wir wissen: Was wir bekämpfen, stärken wir. Unter religiösen Gesichtspunkten sollte jeder Neuanfang entsprechend des Auftrags von Jesus gemacht werden: Du sollst auch Deine Feinde lieben!

Das wünsche ich auch Herrn Brenner, dem Noch-Chefredakteur des ZDF. Ihn haben sie rausgeschmissen, weil er zumindest mehr Rückgrad als viele andere im nie unabhängig gewesenen ZDF-Fernsehen zeigte. Sein „Feind" hat auch einen Namen: Roland Koch. Dieser hat so viele Schlachten in seinem Leben geschlagen, die „radikalst möglich" bedingen würden, ihm keinerlei Führungsaufgaben zu übertragen, da er seine weichen Seiten (siehe sein Mondgesicht) mit einer zur Schau getragenen Schärfe und Unnachgiebigkeit überfrachtet, dass immer wieder Demagogie und Menschenverachtung als herausragende Attribute für ihn sprechen. - Man hätte ihn ganz zu Anfang abwehren müssen, nun hat er in seinem Umfeld viele angesteckt und zu Marionetten seiner aus übertünchter Weichheit und Sinnlichkeit hergeleiteten, extrem machtbesessenen Handlungen gemacht. Jetzt heißt es, einen neuen Anfang zu wagen und ihm liebevoll klar zu machen, dass sein Wahlvolk wach geworden ist und erkannt hat, dass mittlerweile auf der Waagschale der Gerechtigkeit zehn Brenner besser sind als ein Koch, selbst dann, wenn Herr Brenner mit einem Attribut geschmückt wird, was nie zu ihm passte: unabhängig.

Genauso wenig unabhängig sind wir alle. Wir haben jene Informationen, die wir aus den verschiedenen gesellschaftlichen Bereichen über die Medien erhalten, die sich in erster Linie ihre wirtschaftliche Sicherheit bewahren wollen, indem sie schauen (müssen), wer ihnen das Geld zum Überleben gibt. Das sind die Werbung treibende Wirtschaft, die Politiker, die Kirchen, die Gewerkschaften - so ungefähr in der Reihenfolge.

Wenn sich dies aber so extrem zeigt, wie im Zusammenhang mit der „Schweinegrippe", sind einige Journalisten erfreulicherweise doch noch in der Lage, in ihren Medien eine Contra-Meinung einzubringen. Es sind nur wenige, aber das ist der wehrhafte Anfang, dass sich wirklich etwas ändern kann - und wir zu einem neuen Anfang finden, der vorgibt, die Panikmache zu entlarven und die Handlanger der Volksverdummung an den Pranger zu stellen.

Dazu gehört dann auch, dass im Spektrum der Meinungen integriert wird, dass es berechtigte Zweifel an Impfungen insgesamt gibt. Derzeit gibt es dennoch in Kindergärten, in

Schulen und in Betrieben ein intensives Impf-Mobbing. Man wird nach Hause geschickt, und zwar „zu ihrem eigenen Schutz". Hier sollte der neue Anfang wie folgt aussehen: Sie erklären sich mit der Impfung unter einer Bedingung einverstanden: dass Sie eine schriftliche Garantie erhalten, dass die Impfung vor der beimpften Krankheit schützt und keine schweren Impfkomplikationen verursacht. Das Formular dazu können Sie zum Beispiel unter www.impf-report.de anfordern. Von dieser Stelle aus kommt dann auch die Empfehlung, der Forderung auf die schriftliche Garantie noch hinzuzufügen, dass dazu Ihr Anwalt geraten habe, um die Haftungsfrage im Falle einer Impferkrankung zu klären.

Schreiben Sie in der Silvesternacht einen Brief an sich selbst, in dem Sie festlegen, womit Sie dieses Jahr aus eigenem Antrieb und Anspruch füllen wollen. Machen Sie den Anfang, Ihres Glückes Schmied selbst zu sein. Deponieren Sie den Brief bis zum 30. Juni bei einer Freundin oder einem Freund. Lassen sie sich diesen Brief dann aushändigen. Schauen Sie, was Sie sich vorgenommen hatten und was Sie bis zur Hälfte des Jahres verwirklicht haben. Ihnen bleibt ein halbes Jahr, um hellwach und voller Selbstvertrauen für Ihre wahren Werte einzutreten. - Wenn Sie Hilfe brauchen, nutzen Sie Ihre Lebens(t)räume, nicht die der anderen. Jeder lebt in seiner Welt. DIE Welt gibt es nicht. In dieser Feststellung liegt der Auftrag für Ihren Anfang jedes Jahr und grundsätzlich. - In jedem Anfang liegt das Ende. In jedem Ende ein neuer Anfang!

53
Schickt die Philosophen in die Wüste!

Beginnen will ich entsprechend meines Temperaments mit Begeisterung für dieses Buch: „Philosophische Temperamente". Eine solche Sprache, wie sie Peter Sloterdijk findet, um von Platon bis Foucault die Tafelrunde der führenden Denker zu besetzen, ist einmalig, ist analytisch tiefschürfend, damit abgrenzend und unterscheidend, aber gleichzeitig von beseelter, durchgängiger Huldigung an seine Disziplin, die Philosophie. Sie ist, um im Bild zu bleiben, das Artus gleiche Königliche, das bei allen zeitlichen und kulturellen Verschiebungen zum Begreifen der Welt und des Göttlichen triumphierend zumeist sich selbst bestätigt und vorgibt, was man als wertvoll, wichtig, weiterführend zu begreifen hat.

Die von Sloterdijk herauskristallisierten Essenzen des geistigen Schaffens seiner ausgewählten Philosophie-Ritter sind literarische Leckerbissen, die bei analogem Verständnis die Urbilder erkennen lassen, wie wir sie in allen Kulturkreisen finden. Er nennt sie „philosophische Temperamente".

Sie alle haben ihre subjektiven Möglichkeiten eingesetzt, um in heldenhafter Manier den Heiligen Gral der menschlich-göttlichen Existenz zu finden. Peter Sloterdijk lässt Revue passieren:

Schelling: „Aus seiner Assistenz bei der Geburt des Bewusstseins gewinnt Schelling die Einsichten, durch die er zum Ersten unter den großen Theoretikern der Kunst in der Moderne werden sollte."

Schopenhauer: „Auf lange Sicht könnte seine wichtigste geistesgeschichtliche Wirkung darin liegen, dass er den asiatischen Weisheitslehren, dem Buddhismus zumal, mit höchstem Respekt die europäischen Türen geöffnet hat. - Von Schopenhauer könnte der Satz stammen: Nur die Verzweiflung kann uns noch retten; er hatte freilich nicht von Verzweiflung, sondern von Verzicht gesprochen. Verzicht ist für die Modernen das schwierigste Wort der Welt. Schopenhauer hat es gegen die Brandung gerufen. Nach ihm sind die Fragen des Ethischen radikaler als je zuvor offen."

Kierkegaard: „Der metaphysische Grundakt, das Transzendieren, bedeutet eben: sich aus der Zeit zurückziehen, um den Ursprung im Absoluten wiederzugewinnen. Kierkegaard stellt diese Tendenz der Philosophie von Grund auf in Frage; für ihn ist es unmöglich, am Lichtfaden der Begriffe ins Zeitlose aufzusteigen. - Er betrat als Erster das Zeitalter des Zweifels, des

Verdachts und der schöpferischen Entscheidung."

Marx, Nietzsche, Freud: „Sie gelten, vor allem bei Vertretern des christlichen Humanismus, als die Überbringer jener drei penetranten schlechten Botschaften über die Grundkräfte der menschlichen Wirklichkeit, mit denen die Bürger der Moderne seither ihre Rechnung zu machen haben: Herrschaft der Produktionsverhältnisse über die idealistischen Fiktionen; Herrschaft der Vitalitätsfunktionen alias Wille zur Macht über die symbolischen Systeme; Herrschaft des Unbewussten oder der Triebnatur über das menschliche Selbstbewusstsein. Mit dreifacher Stimme scheinen die Dysangelisten ein und dasselbe Verhängnis zu verkünden: Ihr seid Gefangene von Strukturen und Systemen! Die Wahrheit wird euch unfrei machen. - Alle drei wären in dieser Sicht die Überbringer von Wahrheiten, die nicht erheben und verbinden, sondern auflösen und beschweren."

Husserl: „Wie kaum ein Denker vor ihm hat Husserl die Einheit von Denken und Schreiben zur gestischen Synthese gebracht." - Davon offenbar nachhaltig inspiriert lässt uns Sloterdijk Einblick in seine eigene Sprachgewalt nehmen, wenn er sagt: „......die Gegenstände der phänomenologischen Meditation versammeln sich auf dem Schreibtisch des Denkenden zu sublimen Stilleben. Sie sind nicht länger naiv begegnende Objekte aus der sogenannten wirklichen Welt, sondern Figuren im absoluten Film der Intentionalität. Für die Dauer seines Exerzitiums tritt der Beschreibende aus der reißenden Zeit des todwärts gelebten Lebens heraus und überantwortet sich der Gegenwart des absoluten Bewusstseins."

Wittgenstein: „Der Mensch ist ein Seil, das zwischen dem Tier und dem Logiker gespannt ist. - Was die Mitwelt des Philosophen (Wittgenstein) als dessen strenge und anstrengende Aura wahrnahm, war die Hochspannung eines Menschen, der der ständigen Konzentration auf seine Ordnungsprinzipien bedarf, um nicht den Verstand zu verlieren. Als Borderliner des Seins hat es der Philosoph nie mit weniger zu tun als mit dem Block der Welt im Ganzen, auch wenn er nur über die korrekte Verwendung eines Wortes in einem Satz nachdenkt."

Sartre: „Im zusammenfassenden Rückblick erscheint Sartre heute als vorläufig letzter Heros in einer Reihe gewaltiger europäischer Freiheitsphilosophen. - Vielleicht war er der fleißigste, tätigste philosophische Autor des Jahrhunderts. Seine vermeintlichen Schulden bei der weniger bevorzugten Menschheit hat er mit hohen Zinsen zurückgezahlt."

Foucault: „Die nachmetaphysische Herausforderung hat im 20. Jahrhundert eine Reihe von charakteristischen Antworten provoziert, unter denen es einige nicht nur zu prägnanten Projekten, sondern auch zu öffentlicher Resonanz und zu akademischen Wirkungen gebracht haben. Es sind hier vor allem zu nennen: der relativistische Neopragmatismus, die postmarxistische Theorie des kommunikativen Handelns, die Leibphilosophie der neophänomenologischen Schule, die dekonstruvistische Textkritik, die soziologische Systemtheorie und die neokynische Ästhetik des Alltäglichen. Erst vor dem Hintergrund solcher weitläufig verwandten intellektuellen Praktiken gesetzt, tritt die spezifische Differenz des Foucaultschen Denkens in seiner großartigen Eigensinnigkeit und Radikalität hervor. In ihm wird vollends erst erkennbar, was es für ´den Menschen´ bedeutet, aus dem Tode Gottes Konsequenzen zu ziehen."

In der Tafelrunde fehlen noch einige Altvordere. Aus dem Nebel der Zeit tauchen zwei von Sloterdijk erwähnte auf und sind JETZT noch hochmodern: Platon und Hegel.

Hegel: „Seit Hegel kann geleugnet werden, dass die Geschichte im Wesentlichen zu Ende sei. Vieles bleibt in der Welt zu tun - das wird zum Schlachtruf nachhegelscher Diskursschöpfungen. Noch wollen neue tanzende Sterne geboren werden, von denen keine Retrospektive etwas weiß. Ein vorwärtstreibendes Interesse am Unerledigten erwacht; das Unerlöste, Unbefreite meldet seine Ansprüche auf kulturelle und philosophische Berücksichtigung an. Versöhnung will nun viel umfassender gedacht werden, als je ein Idealist sich einfallen ließ."

Platon: Das Feuer, das von Platon ausgeht, schreibt Sloterdijk dessen Vorläufern, namentlich Parmenides und Heraklit zu. Um die Paradoxie allen Lebens auf die Spitze zu treiben, zitiert er aber den Antiplatoniker Friedrich Nietzsche, um uns in einem Brückenschlag über die Zeit herauszufordern, Farbe zu bekennen, ob wir Platon das Denkmal setzen wollen, das ihn - und damit die ganze Philosophie - verehrt oder aber das Denkmal als Symbol für eine dem Denken zuzuschreibende Problematik erkennen, die wir nicht hätten, wenn wir es für wahr hielten, dass alles, was ist, göttlich ist. Das Zitat: „Doch man wird es begriffen haben, worauf ich hinaus will, nämlich dass es immer noch ein metaphysischer Glaube ist, auf dem unser Glaube an die Wissenschaft ruht - dass auch wir Erkennenden von heute, wir Gottlosen und Antimetaphysiker, auch unser Feuer noch von dem Brande nehmen, den ein jahrtausendealter Glaube entzündet hat, jener Christen-Glaube, der auch der Glaube Platos war, dass Gott die Wahrheit, dass die Wahrheit göttlich ist.....wie aber, wenn dies gerade immer mehr unglaubwürdig wird...."

Auf der Rückseite des Covers zum Buch steht, Sloterdijks „brillante Toasts sind die perfekte philosophische Einstiegsdroge". - Ja, es hat etwas Verführerisches, über das Normale hinaus Tragendes, Sloterdijks Interpretationen, seinen Wortspielen und gedanklichen Höhenflügen zu folgen. Ein solcher Geist muss bewundert werden. Im Zirkel der lebenden Philosophen der Jetztzeit gebührt ihm neben Johannes Heinrichs ein Ehrenplatz.

Ich bin ein Hanswurst im Verhältnis zu diesem Akrobaten der Denkkunst. Dennoch nehme ich mir heraus, ihn mit allen Philosophen in die symbolische Wüste des Nichtwissens zu schicken. Alles, was sie von sich geben, ist getrockneter Mist, ist Erkenntnisreichtum, der nichts wert ist, wenn es darum geht, spontan dem Individuum gerecht zu werden, jenem immer wieder sich aus sich selbst heraus erneuernden Universum der Einzigartigkeit, in dem es im raumzeitlichen, scheinbar abgegrenzten Sein einen Impuls gibt, der unsere Denkstrukturen Purzelbäume schlagen lässt, indem er gleichzeitig vorwärts wie rückwärts treibt, Ja oder Nein sagt, für gut wie für böse gleichwertig argumentiert.

Das ist der Ursprung allen Lebens in dieser Welt, dass es paradox ist und dass es DIE Welt nicht gibt, sondern jeder in seiner Welt lebt und deshalb keine Philosophie geeignet ist, außer dem Philosophen selbst eine Richtschnur für die Erfüllung der individuellen Aufgabe zu sein. Auf Zeit mag die Erkenntnis des Anderen dem, der sie aufnimmt, Richtschnur sein. Vertrauensvoll übernimmt der Schüler die Vorgabe des Lehrers. Doch dann kommt der Zweifel, der nichts anderes ist als das Erwachsenwerden: das sich Abwenden von den alten, „gesicherten" (in der Vergangenheit bewährten) Werten. Jeder setzt dann im besten Falle seine eigene „Tafelrunde" zusammen

- und ist in jedem Fall selbst der König, der die Entscheidung trifft, wen bzw. was er ins offensive, aggressive Feld schickt und wen oder was er hinter den Kulissen wirken lässt. Dabei sind alle menschlichen Komponenten mitwirkend: Tatkraft (ich will), Herkunft/Eigenwert (ich bewahre), Kommunikation (mein Wert im Verhältnis zu deinem Wert), Gefühl (innerseelisches Zuhause), Emotion (Ich-Behauptung), Analyse (Begreifen der Halbheit, des Getrennt-Seins), Partnerschaft (Hinwendung zum Andersartigen), Verbindlichkeit (Einlassen auf das Du/Prozess), Erkenntnis (Vereinzelung, vertrauensvoller Bezug zum Höheren), Normierung (Innehalten des Dynamischen, sich Entwickelnden, um es zu prüfen), Rebellion (Sammlung der/des Höchsten, um sich selbst „zum Narren zu halten"), Hingabe (genussreiche Ferien vom rationalen Denken/sich dem Strom des Lebens überlassend - zufrieden sein mit dem, was ist; vor dem Tun gibt es die Phase des bewussten Nicht-Tuns).

Für diese zwölf Aspekte, die in jedem Individuum wild durcheinander gewürfelt und doch sinnvoll für einen gesetzmäßigen Entwicklungsprozess vorgegeben sind, stehen die Philosophen genauso wie die Künstler, die Politiker und die Wissenschaftler.

Jeder möge in seiner Disziplin das Äußerste, das Entrückteste anstreben - dann findet es auf geheimem Wege zu einer höheren Vernunft. Die aber ist nicht von dieser Welt. Sie ist in der Leere der Wüste....

Triffst Du einen Philosophen in der Wüste, schlage ihm auf die Backe!

Triffst Du Peter Sloterdijk, lege ihm einen roten Teppich aus; er könnte Dein verstoßener Bruder sein, der Dir ein Spiegel sein wollte für das, was Dir fehlt.

CR

54
Lehren und Lernen

Unser Titelthema heißt heute „Lehren und Lernen" - und die erste Assoziation dazu ist wohl bei den meisten, dass es stets jene gibt, die von oben herab lehrend den Ton angeben, um denen da unten etwas zu vermitteln, was sie für die übergeordnete Wahrheit halten. Die da oben sind die, die symbolisch oder tatsächlich erhöht auf Kanzel, Empore, Katheder, Podium, Thron sitzen und außer zu vermitteln auch überzeugen, befähigen, helfen, unterstützen, befehlen wollen, was zu lernen sei.

Die Wirkung dieses hierarchisch geordneten Verhaltens ist zwangsläufig unterschiedlich. Sie hängt von vielen Faktoren ab; u.a. von den Fähigkeiten der Lehrenden, vom Vertrauen und der Aufnahmebereitschaft der Lernenden, vom objektiven Wahrheitsgehalt der Lehr- bzw. Lerninhalte, von der in der Gesellschaft gegebenen Akzeptanz der hierarchischen Ordnung.

Ich muss bekennen, dass ich zu dem vorgegebenen Thema mit meiner Meinung meistens keine Mehrheiten in der Bevölkerung erreiche.

Denn ich bin für die Erziehung der Kinder durch die Eltern, nicht durch den Staat und ihre Beamten. Obwohl dies eigentlich auch im Grundgesetz so verbrieft ist, hält man sich nicht daran, weil man politisch kurzfristig und damit meistens auch kurzsichtig einen vermeintlichen Erziehungsnotstand ausmacht, der Sicherheit und Ordnung gefährden würde. Dabei ist zu bedenken, dass jene, die vorgeben, im Namen des Volkes zu sprechen, ja Menschen sind, denen wir glauben wollen, dass sie nach bestem Wissen und Gewissen handeln. Da bleibt mir nur die Feststellung, dass sie wohl selbst so wenig gute Erfahrungen in ihrer eigenen Erziehung erfahren haben, dass sie heute nicht positiv über Erziehung denken und sprechen können - und nachfolgend in ihren Handlungen nur die ihnen selbst zugemuteten Vorurteile, Härten und Ausgrenzungen vor Augen haben und von ihrem inneren Kind verteidigen lassen, wenn sie alles Rebellische, Vielfältige, Außergewöhnliche wieder in eine Uniform pressen wollen. Somit regiert die Angst vor Vertrauen. Und ein indianisches Sprichwort findet kein Gehör, was da im Zusammenhang mit Erziehung heißt: „Wenn man am Gras zieht, wächst es auch nicht schneller." Darin liegt die Erkenntnis, dass man die Welt nicht durch den Rückblick in die Vergangenheit ändert, sondern durch Vertrauen in den Ausblick.

Dieses Thema ist dann allerdings durch die ständige Wiederholung, dass man aus der Geschichte lernen könne und müsse, total geeignet, einen wie mich in die Isolation zu treiben, denn Geschichte ist für mich das Toteste vom Toten, solange nicht der Mythos, der in den historischen Abläufen zu finden ist, auch entdeckbar gemacht wird. Allein das, was ich dem Toten an Leben einhauche, indem ich Gefühle in meiner individuellen Seele zum Vergangenen jetzt einbringe, macht Lust, macht Laune, bringt einen Dschingis Khan, Cäsar, Bismarck oder Kennedy in mein Wohn- oder Klassenzimmer. Tatsache aber ist, dass meine fünf Kinder - genauso wie ich - Geschichtslehrer hatten, die historische Zahlen auswendig lernen ließen, die niemals das damalige Geschehen in einen Sinnzusammenhang zum Heutigen brachten, auswendig lernen ließen statt zum Beispiel im Spiel das Pro und Contra auszuloten, allein den aus der Geschichtsschreibung hervorgehenden Siegern Anerkennung zukommen ließen und nicht einmal hinterfragten, ob es auch einen anderen Blickwinkel geben könnte. Alles Schema F! Doch die Ausnahme verdient hier mit Namen genannt zu werden: Herr Deyda in der Karl-Brachat-Realschule in Villingen-Schwenningen. Der macht Geschichte zum aktuellen Erlebnis - und gewinnt so die Herzen, weniger die quadratischen Köpfe.

Eine Auswirkung dieser nachpreußischen Verhaltensweise ist es, dass die zum Lernen in die unterschiedlichen Lebensschulen geschickten Zeitgenossen kein Vertrauen mehr in die Obrigkeit haben, die kraft Stellung zum Lehren oder Belehren vorgesetzt ist. Die Verweigerung zeigt sich aber nicht durch eine offene Verhaltensweise, sondern durch die Nicht-Annahme des „demokratischen Rechts" und der sich daraus angeblich ergebenden Pflicht, die Volksvertreter zu wählen. Zwischen 33 und 50 % verzichten regelmäßig auf dieses „Recht". Das System nimmt davon aber kaum Notiz; es hält sich an jene, die mitlaufen, egal, wo es hingeht, solange man sie nur in Ruhe lässt bzw. ihnen Sand in die Augen streut, indem ihnen Geschenke gemacht werden, die mit ausufernden Schulden finanziert sind. -

Dort, wo man alles unter Kontrolle halten will, ist für Querdenker kein Platz. Von denen geht die Gefahr aus, dass sie andere anstecken und das mühsam im Lot gehaltene Gefüge stürzen. Dies aber ist ohnehin nicht zu verhindern, da alles (!), was dem Zeitlichen unterliegt, vergehen muss. Es muss verraten werden, d.h. verlassen werden, um aus der Summe konkreter Erlebnisse das Fazit zu ziehen, dass die gemachten Erfahrungen eine Erkenntnis erzwungen haben, wonach das Alte (das, was früher galt) hinter uns liegt, und wir Raum in der kommenden Zeit schaffen sollten, in dem Neues entstehen kann. So wie es Vaclav Havel, der ehemalige tschechische Präsident formulierte:

„Ich denke, wir haben allen Grund zu glauben, dass das Zeitalter der Moderne zu Ende ist. Heute deutet vieles darauf hin, dass wir uns in einem Übergangsstadium befinden, in dem offensichtlich etwas verschwindet und etwas anderes unter Schmerzen entsteht. Es ist, als ob etwas bröckelt, zerfällt und sich selbst erschöpft, während sich etwas anderes, noch Unbestimmtes aus den Trümmern erhebt."

So ist es kein Wunder, dass die Geächteten von einst heute in einem anderen Licht gesehen werden: Judas, Maria Magdalena, Herr Meier und Frau Schmidt.

Schön ist es, dass meine Kinder, die in dem Dorf, in dem wir wohnen, immer wieder von Mitschülern, die offener als ihre scheinheiligen (vordergründig stets freundlichen) Eltern agierten, körperlich und seelisch angerempelt wurden, weil sie aus der „Sekten-Familie" kamen, sich vertrauensvoll aus der kindlichen Betroffenheit in ein Erwachsenen-Stadium überführen ließen, in dem sie dieses zeitweilige Ausgegrenztsein als Auszeichnung begreifen können. Sie sind Freigeister, die offen sind für alle Religionen, das Verbindende suchen und Kameradschaften und Freundschaften über alle kulturellen Unterschiede hinweg pflegen. Sie haben in unseren Seminarzentren ständig erfahren, wie Menschen zusammenwachsen, wenn sie sich zu einem gemeinsamen Anliegen treffen, das das Individuelle, Einzigartige fördert. Sie haben die Wahrheit der „Ringparabel" aus „Nathan der Weise" (W.E. Lessing) erfasst, obwohl sie diese leider nicht mehr als Pflichtlektüre in der Schule behandelten. Sie haben erlebt, wie die dörflichen Machtstrukturen wirken, wie oberflächlich die genährt sind, und wie segensreich es ist, wenn es den Einen gibt, der sich den Vorurteilen entzieht, nicht über die Dinge spricht, sondern sich einlässt und eine eigene Erfahrung mit dem macht, was die taube Masse geißelt.

Lehren und lernen sind die zwei Seiten einer Medaille, wo sich die Positionen austauschen lassen, das heißt: ein wechselseitiges Lehren und Lernen ermöglicht ist. - Wenn der Lehrer nichts mehr von seinen Schülern lernt, ist es Zeit, ihn zu entlassen!

55
Lächeln mit 65

Nächsten Monat, am 9. April, werde ich 65 Jahre alt. - Bis dahin lebte ich viele unterschiedliche Leben in diesem einen Leben. Eines aber hat sich in meiner Ausdrucksweise nicht geändert: meine innere Heiterkeit, die sich in meinem Lächeln spiegelt. Dieses Lächeln gilt jedem, denn ich liebe die Menschen - am meisten, wenn sie mich als Führer akzeptieren. Ja, ich bin ein König, der sich um das Volk stets gekümmert hat: als Herausgeber einer Zeitung, als Geschäftsführer von Seminarzentren, als Familienvater. Ich war mir immer sicher, dass es auf mich ankommt, wenn etwas in meinem Reich entwickelt, gefördert, aufgebaut werden sollte. Der initiatische Funke ging von mir aus. Die Ausführung oblag den Untergebenen, die ich anfangs streng kontrollierte, später aber vertrauensvoll in ihre Eigenverantwortlichkeit entließ. Der Erfolg gab mir immer Recht. -

Parallel dazu ergab sich aber in mir ein Bruch: Durch das Studium des „senkrechten Weltbildes" („Wie oben, so unten"), durch das Erfassen der Analogien bzw. Synchronizitäten und das damit verbundene ständig zunehmende Verstehen meines eigenen Lebensplanes, begleitet von ebenfalls zunehmenden Zweifeln, dass ich wirklich will und in die Tat umsetze, was mein Herz (gleichgesetzt mit Gott, der höheren Instanz) will, verlor ich die Identifikation mit meinem Handeln. Mit der Folge, dass ich mir klar darüber wurde, dass es Zeit wird, weiterzugehen. Alles, was aufgebaut wurde, kann und muss nun verantwortungsvoll nachfolgenden fähigen Führern überlassen werden: mit einem Lächeln.

Die Erkenntnis war nämlich, dass ich mich demütig in den Dienst dessen stellen muss, was ich mir für diese Inkarnation vorgenommen habe - und dies bedeutet, mein kleines Ich (das große Ego) mit all seinen Fähigkeiten für die übergeordnete Aufgabe der Gestaltung dieser Welt zur Verfügung zu halten und loszulassen von einem Werteverständnis, dass die Welt allein mir zu dienen hätte.

Jetzt glaubt bitte nicht, dass ich nun restlos geläutert sei. Ich habe so viele Leichen auf meinem Weg, so viele Verletzte zurück gelassen. Allein: Mir fehlt noch immer die Rück-Sicht. Ich habe nichts zu bereuen, denn ich wusste es - damals - nicht anders, als ich es entschied und viele „über die Klinge springen ließ". So lächle ich über mich selbst. Und ich lächle jenen zu, die darauf warten, dass insgesamt in dieser zu gestaltenden Welt diejenigen gestärkt und gefördert werden, die in die Zukunft blicken, weil sie die Vergangenheit ohnehin nicht mehr ändern können, aber daraus insofern gelernt haben, dass sie erfuhren, dass es immer weiter geht, dass nichts endgültig ist, dass über das Verstehen das Verzeihen kommt, dass aus Feinden Freunde werden, wenn sie das Trennende überwinden und sich für das bis dahin Unverstandene öffnen.

Ich bin heiter und froh, wenn ich an das vermeintlich Böse denke, dessen ich mich aus einem bestimmten (christlichen) Blickwinkel schuldig machte. Genauso heiter und froh bin ich, wenn ich an jene denke, die mich verletzt, getadelt, verachtet, verleugnet, verraten haben. Sie haben mich jenen Punkt des Begreifens finden lassen, an dem ich jetzt bin. Lächelnd gehe ich von hier aus weiter.

Ich gehe einfach, hingegeben an das, was kommt. Ich lächle dem Traurigen wie dem Fröhlichen entgegen. -

Dies ist für mich die Freiheit, die die Reifung mit dem Älterwerden brachte. -

65 werde ich. 65 - nur eine Zahl? Theosophisch addiert (6 + 5) ergibt sich die 11 (1 + 1) und nachfolgend die 2, die nach Hans Endres´ numerologischen Studien die Qualität des Neptunischen in sich trägt. Angeregt durch diesen großen Philosophen und nachfolgend auch von seiner Lebensgefährtin Adele Fischer, habe ich selbst viele Beispiele gesammelt, die bestätigen, dass sich Schicksal über die Zahlen offenbart und immer dann, wenn das Wesentliche für eine bestimmte Zeit erfasst werden will, die Reduktion auf den theosophischen Wert - in diesem Fall die 2 - bestätigt, was sich im Leben ohnehin zeigt. Allerdings gehören zur Feinabstimmung noch andere Zahlen; Beispiel: 9.4.1945 (5) als Geburtsdatum und 9.4.2010 (7) als 65. Geburtstag. - „Neptun bedeutet die Fähigkeit, fortschreitender Bewusstseins-Erweiterung durch intuitive Erkenntnis des Schöpfungssinns, des Logos, wozu ja der Mensch als Erkenntnisorgan Gottes geschaffen wurde." - Das bringt nun mit 65 die „immer neue Lebensfülle" und ist „unerschöpfliche Quelle vitaler Energien und geistiger Ideen".- So folge ich dem vorgezeichneten Weg und werde „weisheitsvoll herrschend und souverän dominierend, alles Bestehende bewältigend und materielle Beständigkeit bewirkend". -

Ist es jetzt an Ihnen, zu lächeln? -

Je wacher wir alle für die Verbundenheit mit allem, was ist, werden, begreifen wir die Zusammenhänge von Buchstabe und

Zahl, von Geist und Materie, Quantität und Qualität. -

Da ist es auch keine Überraschung, dass ich meine Tochter zu jenem Zeitpunkt, da ich für diese Erkenntnis wach wurde, auf den Namen Laris(s)a taufen lassen ließ (la risa - span. das Lächeln).

Auf diese Weise hole ich mir jeden Tag ein vielfältiges Lächeln ab, denn Laris(s)a ist dieses Lachen, ist dieses optimistisch, offen und frei in die Welt blickende Wesen, hingegeben an das, was da kommen mag, voller Vertrauen und Zuversicht. Sie erfährt auf diese Weise, dass der Spruch, der vor zwanzig Jahren in der CENTRO-Pyramide manchem zur Begrüßung auf der „Insel der Glückseligen" zufiel, stimmt:

„Das Lächeln, das du aussendest, kehrt zu dir zurück."

༄

56
Liebesbekenntnis

Es gab eine Phase in meinem Leben, in der ich Keith Sherwood, dem schönen spirituellen Lehrer, dem nahezu alle Frauenherzen wegen seines charismatischen Aussehens und vordergründigen abweisenden Verhaltens zuflogen, übelnahm, dass er kundtat, Liebe gäbe es nicht. Er meinte: in dieser Welt. -

Das ist natürlich eine für ihn typische Provokation gewesen, mit der er darauf aufmerksam machte, wie leichtfertig und anmaßend wir im Allgemeinen mit dem Begriff Liebe umgehen. Auch ich hatte Vorstellungen, die sich im Laufe der Zeit als sehr eng und begrenzt erwiesen - so wie die Welt in ihrer zeiträumlichen Dimension nun einmal ist. Doch wir sprechen gleichzeitig von einer „grenzenlosen Liebe", also von etwas, das über unser weltliches Verständnis hinausgeht.

Solange unsere eigenen Vorstellungen sich mit jenen anderer decken, ist auch immer alles o.k., doch in aller Regel offenbart sich irgendwann für jeden, dass die individuelle begrenzte Vorstellung von Liebe wie eine Seifenblase zerplatzen muss, wenn man im Leben bleiben will. Einige wollen ihre Vorstellungen davon nicht aufgeben und bringen sich oder andere direkt oder indirekt um, sind von Gott und der Welt enttäuscht und hadern in wachsendem Selbsthass mit ihrem Schicksal.

„Gott ist die Liebe" habe ich im Kindergarten gesungen. Wenn dies wahr ist, hat Keith Sherwood Recht, wenn er auf die Welt bezogen sagte, es gäbe keine Liebe, da wir ja gehalten sind, uns von Gott, der Liebe, kein Bild zu machen. Da aber in uns allen ein unzerstörbarer, göttlicher Kern ist, der Wesenskern, ist auch klar, dass wir an diesem Grenzenlosen, Namenlosen, teilhaben - dass also jeder aus Liebe kommt, Liebe ist, Liebe bleibt. - Wie kann ich das behaupten und mit den Mitteln dieser Welt begründen? Nun, ehe unsere individuelle Form geschöpft wurde, war die Idee zu uns bereits im Schöpfungsplan angelegt, so wie jede Idee, die wir zur Gestaltung eines Dinges in dieser Welt haben, schon als geistige Potenz im „Meer der unbegrenzten Möglichkeiten" vorhanden ist. Woher sollte die Idee sonst kommen? Und wenn die manifestierte Idee stirbt, geht sie wieder in die Unsichtbarkeit ein, doch sie geht nicht verloren, bleibt als Erinnerung, als geistiges Gut erhalten. -

Im Bewusstsein, dass ich Liebe bin, unabhängig von begrenzenden Begriffen wie gut und böse, habe und nehme ich mir die Freiheit, meinen Teil dazu beizutragen, dass sich Liebe multipliziert, indem ich meinen (Liebes-)Kern „in die Schale werfe", ins Außen, in die Vielfalt. Mit Rainer Maria Rilke frage ich dann: „Wie sollt´ ich meine Seele halten, dass sie nicht an deine rührt? Wie sie hinheben über dich zu andern Dingen? Ach gerne möcht´ ich sie bei irgendwas Verlorenem, im Dunkel unterbringen. An einer fremden, stillen Stelle, die nicht weiterschwingt, wenn deine Tiefen schwingen, doch alles, was uns anrührt, dich und mich, nimmt uns zusammen wie ein Bogenstrich, der aus zwei Saiten eine Stimme zieht. - Auf welches Instrument sind wir gespannt und welcher Geiger hat uns in der Hand? O, süßes Lied!"

Da wir uns ja schon lange kennen, Sie, die Lebens-t-räume-Leserinnen und -Leser, und ich, und zwangsläufig in der uns vergönnten Zeit auch ein Liebesverhältnis zueinander haben, kennen Sie schon mein „süßes Lied". Vielfach habe ich in den Editorials und in begleitenden Artikeln zu den jeweiligen Titel-Themen „die Hosen herunter gelassen" und meine „nackte Wahrheit" bekannt. Dem einen hat sie gefallen, dem anderen nicht. So ist das Leben. So ist die Liebe.

Wichtig scheint mir, dass wir den „Bogenstrich" vollziehen und die zwei Saiten als die zwei Seiten unserer Betrachtungswinkel begreifen und uns bereichert sehen, wenn daraus Dur und Moll kommen, nacheinander, harmonisch und disharmonisch, aber immer im Gesetz des freien Flusses bleibend, wonach es eine Melodie wird, wenn der einzelne Ton sterben darf.

Unter diesem Aspekt lasse ich Sie teilhaben an der Moment-Aufnahme eines Liebesliedes, das ich meiner Frau widme:

Gut, dass es gewesen ist, gut, dass es im Wesen ist, entsprechend meines Reifegrades gerade das heranreifen zu sehen, was notwendig ist, um die Not zu wenden: Als ich achtzehn war, gab ich darauf acht, dass ich aus den zehn Möglichkeiten, endlich eine feste Freundin zu haben, jene fand, die mich im Ausleben meiner Reaktionen auf die Kindheitserlebnisse zu jenen Aktionen trieb, die meine widdrigen Triebe als befriedigend empfanden. Als ich die ersten reaktionären Ketten los war, wurde ich Aktionär der etablierten Gesellschaft, sang ihre Lieder und wurde gleichzeitig liderlich im Umgang mit mir selbst. Von Karin, der reinen, wach gerüttelt, hat mich Lanzarote durchgeschüttelt und trans - formiert, inspiriert, pyramidal der Erde entführt, ehe ich - plumps

- freudvoll wieder auf ihr landete und mich mit Uschi verbandelte. Hier bin ich auf den Kopf gestellt, so dass man bei mir das Untere öfter für das Obere hält: meine empfindsame, weibliche Seite entwickelt sich aus der Tiefe in die Breite, u.a. dargestellt durch Eleonore, Larissa und Julika, die Mädchen mit 12, 16 und 25 Jahr´. Sie sind wertvolle Geschenke der Liebe, die liebevoll ihren Wert schenken und lebendige Beispiele für mich sind, wie unterschiedlich sich Liebe auszudrücken vermag. In Resonanz dazu sage ich: Danke - und bin an dem orientiert, wohin und wozu mich das Schicksal geführt. Es ist zum Greifen und Begreifen, hat einen Namen und ist namenlos groß.

57
Kinder, Schule, Elternhaus

Bei Schule und Elternhaus geht es um die Entwicklung und Förderung der Kinder. Die Kinder sind es also, um die sich alles dreht. So will ich die Quadratur des Kreises als bewährte Schablone zur Erfassung der in einem Kreisgeschehen gegebenen Gesetzmäßigkeiten einsetzen, um daraus abzuleiten, was den im Mittelpunkt unserer Betrachtung stehenden Kindern wirklich zuträglich ist und was ihre Entwicklung stört bzw. zerstört.

Vollziehen Sie bitte die Worte von J.W. von Goethe nach: „Natur kennt weder Kern noch Schale. Alles ist sie mit einem Male. Dich prüfe Du nur allermeist, ob Du mehr Kern oder mehr Schale seist!"

Die vier Seinsbereiche Körper, Seele, Geist, Transzendenz setze ich analog mit Anlagen/Begabung, Urgrund/Elternhaus, Lehrstoff/Umwelt-Herausforderung, Ziel/Schule/Prüfung gleich. Damit ergibt sich, dass Elternhaus und Schule zum Wohle des Kindes an einem „Strang" zu ziehen haben und die mitgebrachten Anlagen möglichst in ein Gleichgewicht mit den Umwelt-Herausforderungen zu bringen sind.

Dieses Rad steht nicht still, ist nicht statisch. Es bewegt sich dynamisch von Schulklasse zu Schulklasse. So gestaltet sich Leben „in wachsenden Ringen". Es ergibt sich eine spiralförmige Entwicklung. Von Schulklasse zu Schulklasse, von Stufe zu Stufe, baut sich Wissen auf, werden mehr und mehr Antworten auf mitgebrachte Fragen gegeben. Es entsteht eine Spirale, an deren Ende symbolisch alle Fragen beantwortet sind - alles ist auf den Punkt gekommen: ist wieder dort, wo alles hergekommen ist. - „Werdet wieder wie die Kinder" ist erfüllt.

Alles, was dazu dient, ist immer gleichzeitig da. Doch wir bewegen uns in Zeit und Raum, das heißt: alles ist nacheinander zu absolvieren, ist auf einem Entwicklungsweg in dieser Reihenfolge zu erfüllen, andernfalls werden die Gesetze des Lebens unterwandert. Dies wird bestraft: Die Kinder werden nicht gebildet, sondern verbildet. Schulen transformieren nicht, sondern stagnieren als selbstherrliche Prüfinstanz. Eltern bieten keine Herzensbildung und Geborgenheit mehr, sondern ordnen sich der staatlichen Obrigkeit unter. Der Lehrstoff entbehrt der Achtsamkeit auf das, was Kinder an Anlagen mitbringen und schwebt in luftigem, von den Kindern nicht mehr fassbarem Raum.

Aus der Sicht der Kinder, die es ja „einmal besser haben sollen", geht es im Wesentlichen - im Kern - um folgende sinnvolle Entwicklung: Die ihnen am nächsten Stehenden, die Eltern, Geschwister, Großeltern, erfassen das, was sie mitgebracht haben in diese Welt. Sie pflegen es und vermitteln Sicherheit, Vertrauen, Zuversicht in das, was den Eigenwert ihres Kindes ausmacht. Sie herzen es, schenken ihm Wärme und bereiten es darauf vor, dass es im Leben Anziehung und Abstoßung gibt. Sie fördern die Einzigartigkeit ihres Kindes und schicken es erst dann in den Kindergarten, wenn diese Basis geschaffen ist. Das ist bei jedem Kind - je nach Anlage - zu einem unterschiedlichen Zeitpunkt der Fall.

Kinder sind von Natur aus lern- und wissbegierig. Sie öffnen sich freiwillig dem Lehrstoff, wenn die Vermittlung ihr Kind-Sein und die unterschiedlichen Anlagen berücksichtigt. So müsste es klar sein, dass eine Pisa-Studie Schwachsinn ist, wenn sie unterschiedliche Anlagen, die in unterschiedlichen Kulturkreisen mehr oder weniger ausgeprägt sind, über einen Leisten schlägt und Kinder vergewaltigt, entgegen ihrer Anlagen zum Beispiel naturwissenschaftliche Studien zu einem Zeitpunkt machen zu müssen, da sie ihre Lernbereitschaft erst durch das Bereithalten von ihnen entsprechenden Lehrinhalten bestätigt und gefördert sehen wollen. Andernfalls blockieren sie und Schule wird zum Gefängnis.

Eine Schule, die dann durch Notengebung, um sich selbst kreisende Lehrpläne und zeit-räumliche Überforderung für zusätzlichen Druck und Frust sorgt, gehört zum Wohle des Kindes abgeschafft. Sie ist dann nämlich nicht mehr die Instanz, die das, was als natürliche Anlage bei den Kindern zum Wohle des Ganzen gegeben ist, fördert, sondern der unerbittliche Zensor, der abgehoben etwas verlangt, was in ein Wolkenkuckucksheim gehört, aber nicht in ein der Welt zugewandtes, liebevolles, wohlwollendes System.

Diese Betrachtung gerät natürlich sofort in Schieflage, wenn man nicht dem Ausgangspunkt zustimmt, wonach es allen Beteiligten darum ginge, die Kinder zu fördern. - Vielfach nehme ich wahr, dass die Lehrer den Schülern nicht mehr Herr werden. Warum? Weil nun schon über allzu lange Zeit Bildung an den Kindern und deren Bedürfnissen vorbei „gepflegt" wird. Eine geheime Revolution sammelt im Untergrund ihre Vasallen. Sie verweigern die Gefolgschaft. Sie verstehen kein Deutsch mehr - zumindest nicht so, wie es autokratisch vorgetragen wird. - Forscht man nicht mehr nach den Ursachen, können einem die Lehrer Leid tun, denn nun sind sie jener Gewalt ausgesetzt, die sie einst in ihrem Stand selbst ausübten. Es ist nämlich gar nicht so lange her, dass die Lehrer die Schüler als „Hornochsen" und „Milchkühe" beschimpften und sie prügelten, wenn sie nicht gehorchten. Die „Welle" schlägt zurück. - Wer das nicht im Zusammenhang sehen will oder kann, beklagt die „unerträglichen Zustände" an unseren Schulen. Dafür werden Schuldige ausgemacht, die jetzt greifbar sind. Es sind dann die Schüler, insbesondere die „Ausländer", die in ihrer Radikalität mit noch radikaleren Mitteln bekämpft werden müssen. Die Macht ist bei der Obrigkeit, dem Staat, der stellvertretenden Instanz Schule. Basta!

Wenn Elternhaus und Schule tatsächlich zusammenarbeiten würden, würde man von beiden Seiten versuchen, die Herzen der Schüler zu erreichen, den Wesenskern, das Innere. Man würde sie nicht nach deren äußerem Verhalten abkanzeln, sondern geduldig das nachholen, was man über lange Jahre versäumt hat: sich einzufühlen in das, was einem anvertraut wurde.

Ich bin sicher, dass bei solchen Einsichten und nachfolgend konsequentem Vorgehen das wechselseitige Vertrauen entstehen würde, das die Basis für eine nachhaltige, erfolgreiche Bildungsreform wäre. Dann wären die vordergründigen Streitfragen nach dem vermeintlich besseren Schulsystem - z. B. Gemeinschaftsschule, dreigliedrig, G 8 oder G 9 - in sich gelöst. Im Einvernehmen mit den Schülern würden die Angebote parallel bereitgehalten und die Schüler hätten in Abstimmung mit ihren Eltern (!) die freie Wahl, welches Angebot jenes Staates sie annehmen, bei dem alles für das Volk durch das Volk geregelt ist.

Und sollte es diesen Staat nicht geben, muss es zumindest frei gegeben und wesentlich erleichtert sein, die Kinder in Privatschulen zu schicken oder auch zuhause von qualifizierten Lehrern unterrichten zu lassen.

Viele Lehrer, die ich kenne, stimmen mit mir überein, doch sie sehen angesichts des Starrsinns in Kultusministerien und der Trägheit der Verwaltungsinstanzen keine Chance, „etwas zum Besseren zu wenden". Außerdem fehle es auch im Kollegium an Mut, sich der von oben verordneten Lehrpläne zu verweigern bzw. davon abzuweichen, um den eigenen, individuellen Stil zum Wohle der Kinder und Jugendlichen einzubringen - und ggf. über Zeit nachzuweisen, dass mit mehr zwischenmenschlichem Verhalten, bei dem das Herz spricht, mehr zu erreichen ist als durch sachlich kaltes, den Vorgaben blind folgendes Erfüllen der behördlichen Anweisungen.

Aus diesem Blickwinkel im Kreisgeschehen betrachtet, fehlt es offensichtlich an ausreichend revolutionärem Geist bei den Lehrern. Vielleicht ist ja dieser Beitrag ein Anstoß, dem guten Willen auch die Seele einzuhauchen…..

58
Astrologie - „Teufelszeug"

Es ist mir nicht möglich, auch nur ungefähr nachzuvollziehen, wie viele Tausende Horoskope zu Personen, Tieren und Ereignissen ich in den letzten dreißig Jahren studiert habe, um heute feststellen zu können, dass wirklich alles in dieser Welt nach einem gesetzmäßig vorgegebenen Plan verläuft. Die von uns anerkannten Weisen kamen gleichermaßen zu dieser Gewissheit, dennoch ist die Astrologie bei jenen, die heutzutage als klug gelten, vielfach in ihrer Bedeutung nicht anerkannt bzw. verkannt.

Klugheit ist nicht gleichzusetzen mit Weisheit, und sicherlich gibt es mehr Kluge als Weise, doch wo liegt die Grenze zur klugen, in Weisheit einmündende Einsicht, dass in jedem Anfang das Ende begründet ist - und dass, davon abgeleitet, auf das Ende geblickt werden kann, wenn man den Anfang kennt? Kaum einer wird widersprechen, wenn es zum Anfangsgeschehen heißt: Man kommt mit nichts auf die Welt. Keiner wird widersprechen, wenn es zum Ende des Weltenlaufs heißt: Man geht mit nichts von dieser Welt. - Der Gedankengang ist dabei auf das Äußere gerichtet: Keiner nimmt von dem, was er an äußerem Besitz erworben hat, und was er an Bindungen eingegangen ist, etwas mit. So argumentieren die Klugen. Die Weisen sagen: Du bringst alles mit. Es fehlt Dir an nichts. Du bist, der Du bist - ein vollständiger Kosmos. Dein Gang durch diese Welt, von der Geburt bis zum Tod, soll nur die bewusst werdende Bestätigung dafür sein, die dann im Bekenntnis gipfelt: Ich bin, der ich bin.

Nicht mehr und nicht weniger deckt die ernsthaft betriebene Astrologie auf. Sie ist der Spiegel dessen, was ist. Ihre Weisheit liegt darin, dass sie die Klugen in den verschiedensten Fakultäten ihrer Begrenzungen im Fachwissen enthebt und Synchronizitäten von Fachgebiet zu Fachgebiet erkennbar macht. Sie deckt die Grundlagen auf, die aus dem Getrenntsein der fachspezifischen Erkenntnisse herausführen und die analogen Verknüpfungen schaffen, die in die Einheit bzw. Einigkeit und Gemeinsamkeit münden.

Dies „schafft" sie mit Hilfe eines so genannten senkrechten Weltbildes, wie es in der Bibel, dem bedeutendsten Astrologie-Buch, das wir haben, angesprochen ist, wenn es da heißt: Wie im Himmel, also auch auf Erden. - Vermeintlich Kluge und vor allem die unbelehrbaren Buchstabengläubigen meinen, es sei anmaßend oder gar falsch, von der Bibel als einem Astrologie-Buch zu sprechen. Weise wissen, dass es so ist, denn alle aufgepfropften historischen Geschichten, die den Beweis eines lebenden Jesus bieten, beruhen in der Darstellung des idealtypischen Lebensweges von einem, der zum Christus wird, auf dem Tausende Jahre vor Jesus in den verschiedensten Teilen dieser Welt bereits glorifizierten Weg der einen Sonne im Jahreslauf. Die zyklische Zahl zwölf kennzeichnet(e) dabei die Stufen bzw. Stationen mit derselben Qualität, wie sie zum Beispiel den zwölf Jüngern zugesprochen werden. Manche brauchen diese Gleichnisse -und ggf. immer mehr Gleichnisse-, um diese Zusammenhänge verstehen zu können. Sie sollen sie in Hülle und Fülle haben. Die Bibel ist eine Fundgrube dafür. Doch jene, denen es zugefallen ist, über den begrenzten Horizont der konkreten geschichtlichen Ereignisse hinauszublicken, brauchen nicht mehr daran zu glauben, denn sie wissen, dass insbesondere das Markus-Evangelium auf dem kosmischen Wissen beruht, das zu seiner Zeit vom „Himmlischen", vom Widder- bis zum Fische-Zeichen, bekannt war. Markus weist auf seine symbolhafte Weise darauf hin, dass jedes Zeitalter im Rhythmus von ca. zweitausend Jahren seine eigenen Zeichen für den Übergang haben wird. Das mit Moses beginnende Widder-Zeitalter kannte demzufolge das Opfer-Lamm. Das mit Jesus beginnende Fische-Zeitalter kennt das Symbol der Fußwaschung (Füße = Fische-Symbol) als Ausdruck der freiwilligen Selbsterniedrigung, der Demut und Dienstbarkeit, aber auch der Darstellung der Jungfrau mit der Ähre (dem polaren Gegenzeichen der Fische: der Jungfrau). Nun sind wir im Übergang zur Wassermann-Qualität - und so wird es ein neues symbolisches Passah-Fest geben, bei dem mit dem Alten gebrochen und die bis dahin gegebene Kontinuität durchbrochen wird (wie im überlieferten Ritual mit dem ungesäuerten Brot). Dann wird der „neue Wein", der Wein des neuen Zeitalters, den Jesus im Reich Gottes trinken wird (Markus-Evang. 14,25), ausgeschenkt. -

Vielleicht hat mir Dionysos schon einen Schluck davon gegönnt und meine Sinne so heiter gemacht, dass ich mit dem Auslaufen des Fische-Zeitalters auch keine Ambitionen mehr habe, ein „Menschenfischer" zu sein, der ich so lange war. Mir geht es um die wassermännische Rebellion, die Lahmen in den Universitäten und Schulen wieder gehend zu machen, sie zu neuer Kreativität im Umgang mit dem Überlieferten anzuregen, das „alte Wissen", wie es zum Beispiel auch im Schamanismus zu finden ist, zu nutzen - und Zugang zu dem zu finden, was in jeder Historie als Mythos verborgen ist. Symbolisch müssen wir uns dabei in die Lüfte begeben und das Irdische aus einer übergeordneten Perspektive betrachten. Insofern ist die Raumfahrt sogar sinnvoll, wenn wir die richtigen Schlüsse daraus ziehen und uns von jenen abwenden, die uns weiterhin neuen Wein aus alten Schläuchen verabreichen wollen, indem sie uns das alte Auge-um-Auge-Zahn-um-Zahn-Denken als sinnhaft vorgaukeln und dafür „Kriege gegen den Terror" fordern, den sie meist selbst provoziert haben. Es sollte bereits im Fische-Zeitalter erwirkt werden, dass die Tugend „Du sollst auch deine Feinde lieben" erfüllt wird. Da dies gescheitert ist, bleibt uns im Wassermann-Zeitalter nur die Hoffnung, dass wir geeignete Hilfen erhalten, über das Entweder:Oder-Denken hinaus wachsen zu können. Dafür bietet sich ein wirklich ganzheitliches System an, wie es die seriöse Astrologie ist.

Sie war zu allen Zeiten für die Weisen das Instrument, die Mathematik im Schöpfungsplan zu erkennen. Dieses Instrument will mit Liebe geführt werden, um ein Segen für die Menschheit zu sein. Deshalb ist es wichtig, die Spreu vom Weizen auch bei den Astrologen zu trennen - und ggf. die auszusortieren, die die „Mutter aller Wissenschaften" in Misskredit bringen.

Jene, die die Astrologie generell als „Teufelszeug" brandmarken, sind einfach nur dumm - und gegen Dummheit ist bekanntlich kein Kraut gewachsen. Dennoch gilt es, auch diese zu schützen vor dem „mainstream" der Mächtigen, die einfach nicht wahr haben wollen, dass es nicht so weiter gehen wird, wie es über zweitausend Jahre war. Es ist nicht nur ein Paradigmen-Wechsel angesagt, sondern ein absoluter Bruch...

...zum Wohle des Ganzen...

CR

59
Crash

Haben Sie Angst vor dem, was angeblich auf uns zu kommt? - Es sind so viele, die sich derzeit zu Wort melden, um gute Ratschläge zu geben, wie man sein Geld anlegen sollte, damit es nicht bei einer bevorstehenden Währungsreform oder galoppierenden Inflation verfällt, wie man sich am besten auf die Auswirkungen der Sonnen-Eruptionen einstellen solle, wie man die Qualität der Konstellation Pluto im Steinbock in seinem persönlichen Leben umsetzen könne, was im Zusammenhang mit den Weissagungen zu dem möglichen Welt-"Crash" in 2012 zu beachten sei. -

Meine Feststellung ist, dass wir tatsächlich in einer bemerkenswerten Umbruchphase sind. Immer gibt es Veränderungen, immer gibt es Transformation, aber im Moment spitzt es sich zu, dass vieles, was wir als gesichert annahmen, ins Trudeln kommt, sich überholt hat und stirbt. Wenn parallel dazu schon erkennbar wäre, was an diese Stelle treten will und kann, wäre die Krise sicherlich nicht so gravierend. Doch wir befinden uns vielfach in einem Zustand der Leere - und das ertragen wir nicht oder zumindest nur sehr schwer.

Wir vergleichen mit dem, was wir an Werten verschiedenster Art gegenüber heute hatten, wir vergleichen unsere Errungenschaften mit denen anderer Länder und Völker, wir vergleichen, welche Unterschiede im Einkommen der Reichen, die im kapitalistischen System Geld mit Geld machen können, zu dem der Masse der Bevölkerung gegeben sind.

Dieses Vergleichen führt aber immer auf den Holzweg. Konkurrenzdenken verspannt, fördert die Leere in uns und entzieht uns dem wachen Erleben des Augenblicks. Es bleibt einem nichts, als ans Vergangene oder Verlorene zu denken, das nicht mehr ist, oder sich eine Zukunft auszumalen, die noch nicht ist. So etwas führt in den Wahnsinn, den wir gerade erleben. - Wie in allem ist aber auch hier die Wirkung zweifach möglich: entweder bedeutet es, den Verstand zu verlieren oder es ist die Gesundung des Verstandes, was bedeutet, man kann das Denken ein Stück weit hinter sich lassen und seiner Intuition im Hier und Jetzt vertrauen. Dann kann dir dein Kopf nicht mehr einreden, dass es dir nicht mehr reicht, dass du benachteiligt seiest, ungeliebt oder sonst irgendetwas. Wenn du alles, was du hast, von Herzen teilst, vergisst du das Vergleichen, vergisst du das Denken in Zahlen.

In meinem Leben war ich immer angehalten zu verstehen, dass sogar Überfluss erzeugt wird, wenn ich in meiner Umgebung - insbesondere im Johanniterhof - das Gefühl der Fülle herzustellen vermochte und dies mit anderen zu teilen verstand. Denn es geht doch nie darum, mit dem Teilen zu warten, bis wir von allem mehr als genug haben.

Was immer ich getan habe - im Johanniterhof, im Centro - ich habe es mit Liebe getan. Es hat mir Freude gemacht. Meine Frau und meine Kinder, dazu meine Freunde, gaben mir die Rückenstärkung, mich allen liebevoll zuwenden zu können, den zu uns Kommenden Würde zu verleihen und ihren Stolz wieder zu wecken: auf das, was ihre individuellen Fähigkeiten sind.

So bleibt mir ein persönliches Fazit zum Erleben in dieser Krisenzeit, das vielleicht auch deines sein kann:

Die Formen ändern sich laufend, aber nicht die Substanz! -

So könnten wir alle gemeinschaftlich entspannen, loslassen von negativen Gedanken, vertrauen, uns hingeben an das Leben, lieben und die Veränderungen akzeptieren. Das würde uns froher und gelassener machen.

Dabei geht es nicht darum, dass wir anfangen zu schauspielern und lächeln, obwohl wir im Elend sind, vielleicht Schmerzen und Qualen erleiden. Doch wir können in uns beschließen, mit dem, was wir haben, uns freudvoll zu arrangieren; ansonsten werden wir depressiv und verkriechen uns in irgendeinem Winkel unseres So-Seins.

Wenn wir dann eines Tages alle Erfahrungen mit Aufs und Abs gesammelt haben, und nicht mehr willentlich ein Ziel zu erreichen suchen, sondern uns an das Unabänderliche aller Geschehnisse hinzugeben bereit sind, finden wir vielleicht zu jener Erkenntnis, wie sie Buddha nach all seinen Anstrengungen, die richtige Einstellung zu sich und der Welt zu finden, verinnerlichte. Ihm wird Folgendes in den Mund gelegt: „Ich habe der Welt entsagt. Ich habe meinem Königreich entsagt. Heute entsage ich nun auch noch jeglicher Willensanstrengung - ja, sogar dem Wunsch die Wahrheit zu finden. Ich bin todmüde, so tief enttäuscht, dass dies meine zweite Entsagung ist."

Jede nicht gelebte Erfahrung wird uns nachhängen. Also lassen Sie uns auf jeden Fall ganz bewusst diese Zeiten durchleben und die darin zu machenden Erfahrungen total annehmen.

Dann - und nur dann - lösen sie sich in Luft auf. Sie werden zu verarbeiteter Vergangenheit. Unabgeschlossen bestehen sie fort, quälen und verfolgen uns und steigen dann irgendwann später als unbewältigte Vergangenheit wieder auf.

Wenn wir jetzt die zu machenden Erfahrungen umgehen, nicht wirklich mit aller Leidenschaft leben, sondern uns halbherzig verdrücken, wird uns die Zukunft erst recht Angst machen. Unsere Wirklichkeit ist die Gegenwart!

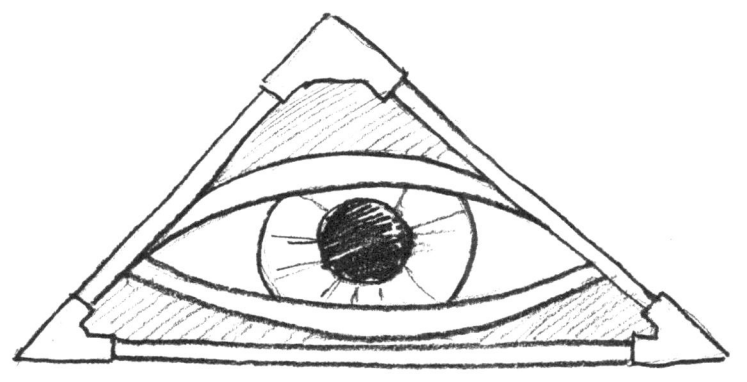

60
Kirchen, Orden, Glaubensgemeinschaften

Das Thema „Kirchen, Orden, Glaubensgemeinschaften" gibt mir die Möglichkeit, Ihnen den Sinn des Lebens näher zu bringen. Dieser Sinn hängt damit zusammen, dass sich Kirchen, Orden, Logen und Glaubensgemeinschaften gleichermaßen darum bemühen, die Quintessenz der Schöpfung - das über die Welt Erhabene, Göttliche - fassbar, begreifbar zu machen.

Gott ist in unserem bildhaften Verstehen der Vater, der König, der über den Dingen Stehende. Da wir ihn nicht als Gestalt, sondern als Geist erfassen, ist er symbolisch in unserem Inneren zu finden. Er vertritt das Jenseitige - das, was nicht von dieser Welt ist, aber in der Welt ist: in der Materie, in unserem Körper.

Diesen König gilt es wie im Schachspiel zu schützen. Es ist der EINE, einzige Gott, die Eins, die in der Polarität dieser Welt wirkt, die in der Quadratur, der Vierheit, erfasst wird. Darin ist der EINE die Quint-Essenz: die HAUPT-Sache, das Prinzip.

Wenn wir dies auf unseren Körper übertragen, ist das Haupt, der Kopf, der wichtigste Teil: die Quint-Essenz. Die vier Teile sind: 1.) der Rumpf bis zum Hüftgelenk, 2.) vom Hüftgelenk bis zum Knie, 3.) vom Knie bis zum Fuß, 4.) der Fuß. - Das, was „einen Kopf größer" ist, ist der Hinweis auf das Jenseitige, auf das nicht mehr Messbare, auf das, was über alle Grenzen geht.

An der Grenze vom Messbaren zum Unermesslichen steht das, was „einen Kopf größer" ist: der Riese, der den weiteren Weg, den Weg in die Zukunft behindert oder eröffnet. - In diesem Sinnzusammenhang begegnen wir Goliath und David. Goliath vertritt die Fortschrittsgläubigen im Materiellen und Körperlichen, die Technik-Besessenen und in ihrer subjektiven Wahrnehmung Gebundenen. David vertritt eine Lebensweise, die auf Vertrauen und Liebe begründet ist, die nicht berechnet und in einem Ursache-Wirkungs-Denken verhaftet ist, nicht kontrolliert und nachträgt, sondern in jedem Augenblick offen ist für das, was kommt.

David gewinnt an der Schwelle zur Zukunft den Kampf gegen Goliath, weil er sich von innen heraus, vom König selbst geliebt weiß. So genährt, liebt er das Leben selbst, wie es ist. So ist er in jedem Moment, dem er offen begegnet, die Zukunft selbst. Wie wunderbar ist es, wenn wir dazu dann erfahren dürfen, dass der Name David „der Geliebte" bedeutet. Er ist damit der siegreiche

Gegenspieler des bösen Geistes, der in der Enge des kausalen Denkens erstarrt und immer nur „warum" fragt, in der Analyse, im Kleinkarierten stecken bleibt und allein in Leistung, Leistung, Leistung einen Lebenssinn erkennt. - „Der Geliebte" kommt ohne Leistung aus; er ist froh, er tanzt, lacht und singt. Er kennt keine Depression.

Natürlich gilt er in der „realistischen Welt" (die ja eigentlich besser als die unrealistische Welt begriffen werden sollte) als verrückt. Was soll's!? Friedrich Weinreb hat diesen Menschen einmal aufmunternd zugerufen: „Du bist zwar ein Rätsel in dieser Welt, doch ein Wunder für den Himmel." - Ja, so ist es. Derjenige, der die Liebe im Spiel des Lebens wahrhaftig lebt, kennt nur die Hingabe an den König, an das Göttliche und Höchste, und nimmt hin, was das Innerste, das Verborgene, das Jenseitige von ihm will. Er erfasst seine Bestimmung, seinen Wert und pflegt keine falsche Bescheidenheit dort, wo er seine Bedeutung in dieser Welt erfahren muss. Er liebt, obwohl alle Welt ihm vorgaukelt, zu berechnen sei besser, und er vertraut, obwohl man ihm ständig einsuggeriert, sich abzusichern biete den größeren Vorteil. -

Vor diesem Hintergrund sollten wir uns die Kirchen, Orden, Logen, Glaubensgemeinschaften betrachten. Sind Sie in ihren Worten und Taten in diesem Geist der Liebe unterwegs? Sind Sie vielfach nur berechnende Institutionen, die sich um den Vorteil im Weltlichen kümmern und vergessen, dass es um die Beziehung vom Äußeren zum Inneren geht - und dass uns das Geschenk zuteil wurde, Geliebte des Jenseitigen, des Irrationalen, des nicht Messbaren zu sein - und dass wir deshalb in dieser Welt als Geliebte Zeugnis abzulegen haben von der unermesslichen Liebe, die alles erträgt, alles glaubt, hofft und duldet, die in der Stille zuhause ist und jede Philosophie und jede Abgrenzung in Sekten und Kirchen als Stückwerk begreift.

Liebe in dieser Welt ist ein Ausdruck der Ewigkeit.

Dies gilt für den Einzelnen wie für die Institutionen, die wir im Titel-Thema ansprechen. Friedrich Weinreb gibt uns allen, insbesondere aber auch den Kirchen, Sekten, Orden, Glaubensgemeinschaften, Logen, Bruderschaften, Geheimbünden usw. einen Hinweis zum rechten Verhalten: „Sei für den anderen da. Aber übertreibe nicht, indem du dich ihm aufdrängst. Wenn er dich braucht, weiß er dich schon zu finden. Gib ihm das Gefühl, dass du offen bist für ALLES. Das sei deine Lebensweise: ein Leben der Beziehung und nicht der Berechnung. Dann lebst du fortwährend die Erneuerung, dann erfährst du Jonathans (Jonathan = der Herr schenkt) Bündnis mit David, dem Geliebten, als ewig.

☙

61
Individualität und soziale Gemeinschaft

Wenn Sie sich mit der Frage beschäftigen „Wer bin ich?", haben Sie einen Geschmack davon, was in dem Thema „Individualität und soziale Gemeinschaft" an Erkenntnissen verborgen sein kann. Das Individuum lässt sich ohne ein Du, ohne ein Gegenüber, mit dem man in einer gemeinschaftlichen Beziehung steht, nicht denken. Wenn es im zwischenmenschlichen Bereich nicht eine Person ist, von dem sich das Individuum vom anders Seienden unterscheidet, so endet die Kette der möglichen Projektionsflächen für das Ich des Einzelwesens beim „lieben Gott": das Geschöpfte bezieht sich auf den Schöpfer.

Es kann also nie um Individuelles oder Gemeinschaftliches gehen, sondern immer nur um sowohl : als auch. - Wie sind die Rahmenbedingungen in einer Gemeinschaft für das Individuum? Ist das Individuum bewusster Teil der Gemeinschaft und stellt ihr zum Wohle des Ganzen das zur Verfügung, was seine einzigartige Potenz ausmacht?

Wenn wir uns die kleinste soziale Gemeinschaft, die Zweier-Beziehung betrachten, haben wir gleichzeitig die am meisten in die Tiefe der Betrachtung reichende Konstellation des Verhältnisses von Individuum zu Gemeinschaft vor Augen, denn im jeweiligen Gegenüber soll sich alles offenbaren, was die Einzigartigkeit an Zustimmung und Ablehnung zu erfahren hat. Der Spiegel ist total - und das halten die wenigsten aus. Es ist die konzentrierte Offenbarung dessen, was es heißt, ein eigener Kosmos zu sein, ausgestattet mit einem mehr oder weniger bewussten Selbst-Verständnis, das sich eigentlich selbst genügt, jedoch die Welt (ggf. in einer Person, zu der man sagt: „Du bist die Welt für mich") als Projektionsfläche sucht, um sein Nicht-Wissen vom Selbst über eine lange Kette von Leben in Wissen zu transformieren - so lange, bis bei dieser Art Selbsterforschung klar ist, dass die ganze Welt - auch der Partner, die Partnerin - nur die Ansammlung von Erlebnissen und Ereignissen, von Veränderungen und Irritationen, von Gedanken, Sorgen, Handlungen und Nicht-Handlungen ist; und dass die ganzen Fragen zum Sinn des Daseins, zur Stellung des Ichs zum Wir, vom Wert des Individuellen im Verhältnis zum Gemeinschaftlichen, die Antwort im Selbst-Bewusstsein finden - und das ist dann auch das Gottes-Bewusstsein. Das ist das ICH BIN, in dem sich alle Fragen erschöpfen und die Antwort als

Erleuchtung erstrahlt, wonach alles, was in Lebensräumen und Lebensträumen geschieht, nichts mehr ist als das zum Spiel der Illusionen in dieser Welt Gehörende.

Um zu dieser Erkenntnis zu kommen, gebrauchen wir unseren Verstand, unseren Intellekt, um ihn irgendwann verloren zu geben, zurückzulassen in den uns verwirrenden, größeren Einheiten der Gemeinschaft: in Familie, Gemeinde, Land, Welt und Kosmos. In der Kontemplation, der Meditation, der Stille, der „Ich-Versenkung" haben wir Wegweiser. Wir schauen nach Innen und finden unseren Lehrer, unseren Guru, der uns den schönen Schein vom Sein unterscheiden lassen lernt. Er wird uns helfen, die Essenz der individuellen Existenz als die Essenz der Existenz der Gemeinschaft zu begreifen. Wenn die Essenz des Individuums die Selbst- oder Gottes-Erkenntnis ist, ist das, was die Gemeinschaft ausmacht, die Essenz der von den Individuen zusammengetragenen Gottes-Erkenntnis. - Je mehr sich eine Gemeinschaft mit den Themen der Welt beschäftigt und sich darin verwickelt, wie zum Beispiel die Katholische Kirche, umso weiter entfernt sie sich vom Wissen der Essenz. Verloren geht diese nie. Doch das Nicht-Wissen um sie wird mehr und mehr genährt statt vermindert. Nur mit Tricks und den Intellekt missachtenden Behauptungen werden die Schlafenden und Dummen dieser Welt für die weltlichen Zwecke der Gemeinschaft eingefangen und missbraucht. Der moderne „Ablass" liegt darin, vom eigentlichen Ziel abzulassen und sich zum Beispiel der Politik und der Wirtschaft zu bedienen und deren Spiel mitzuspielen, statt konsequent einen Weg aus dem Konkurrenz-Verhalten und Parteien-Gezänk aufzuzeigen und vorbildlich zu gehen.

Es ist allerdings auch in den meisten so genannten alternativen Gemeinschaften eine ideologische Enge gegeben, die bedeutet, sich ein bestimmtes weltliches Thema als Leitgedanken „einzuverleiben" und die Essenz darin zu sehen, dass alle - im interfraktionellen Zwang gebeugt - die Meinung des Leithammels bzw. der dumm gehaltenen Mehrheit zu vertreten haben, wenn sie dazu gehören wollen. Eine solche Gemeinschaft hat ihren Spiegel im Individuum, das dann als Schäfchen dem Schäfer hinterherläuft und zum Beispiel in groß angelegter Organisation die Welt und zumindest die Erde retten will. -

Sie ist bereits gerettet, wenn die Reinheit und Klarheit ins

Bewusstsein des Einzelnen einkehrt, dass er ein einzigartiges Selbst ist, das dazu berufen ist, vor der eigenen Haustür zu kehren, um nicht von der Flut des Mülls dieser Welt erdrückt zu werden. Und dieser Müll sind unter anderem die Besserwisser, die einen für eine Gemeinschaft kassieren wollen und etwas für essentiell ausgeben, was bei näherer Betrachtung billiger Tand ist, der mit magischem Zauber oder verbrämter Religiosität an das Individuum verhökert wird.

Das ändert nichts an der Wahrheit des Fazits:

ICH und meine Umwelt sind EINS.

62
Gen-Forschung

Wie auch immer Leben als sichtbarer Ausdruck eines Schöpfungsaktes entsteht, gibt es dabei den Schöpfer und das Geschöpfte. Nach religiösen Gesichtspunkten nennen wir Gott den Schöpfer allen Lebens. Demzufolge wären alle Dinge auf der Erde, Mineralien, Pflanzen, Tiere und Menschen sozusagen die hinterlassenen Fußspuren Gottes. – Diese Fußspuren kann man sehen. Es ist das Geschöpfte. Da wir den Schöpfer selbst nicht mehr sehen, können wir nur über das Geschöpfte versuchen, herauszufinden, wer wohl der Schöpfer war.

Es ist genauso, wenn wir zum Beispiel die Fußspur eines Jaguars im Sand finden. Der Jaguar ist längst weg, doch über die Art der Fußspur können wir im besten Fall auf den Schöpfer der Spur, den Jaguar, schließen. –

Was hat das mit dem Thema Gene, Genforschung, Auswirkungen der Genforschung zu tun?

Wenn wir Gott als den Allmächtigen im wahrsten Sinne des Wortes anerkennen, lässt er in seiner Allmacht auch zu, dass die Wissenschaftler Genforschung betreiben und in ihrem materialistischen Denken über das Zählen der Gene die Vorstellung gewinnen, damit auch das „Buch des Lebens" offenbaren zu können. Es würde demzufolge auch Gottes Zeichen in der Welt entsprechen, dass die Spezies der Philosophen an der Genmanipulation indirekt mitwirken, indem sie die „Bestie Mensch" zu einem den menschlichen Schöpfern, den Gen-Experten, angenehmen Zeitgenossen zu züchten bereit sind. Damit ergäbe sich dann auch, dass die Gen-Makler und Gen-Verkäufer selbstverständlich im Sinne des allmächtigen Gottes handeln, denn sie sind ja alle nur Ausdruck der in der Welt hinterlassenen „Fußspur Gottes".

Wie wunderbar ist es unter diesem Gesichtspunkt erst recht, wenn die Mediziner beweisen können, dass es über die Gen-Übertragung gelingt, bis dahin als unheilbar geltende Krankheiten zu heilen. Sie dürften sich als die besonderen Heilsbringer in dieser Welt Gott gleich verherrlichen lassen.

Nur dann, wenn wir die Welt und alle darauf befindlichen Wesen nicht nur als körperliche Erscheinungen, sondern auch mit einer Seele und mit Geist ausgestattete Geschöpfe betrachten, kommen wir zu einer zusätzlichen Betrachtung der „Fußspur" Gen-Forschung.

Dies liegt aber sehr nahe, da bei aller gigantischen Forschungsarbeit, die erfolgte, nicht herausgefunden wurde, was den Menschen zum Menschen macht.

Wenn wir in diesem Zusammenhang den Weg Jesu durch die Welt betrachten, haben wir das idealtypische Beispiel dafür, wie wichtig es ist, nicht nur das Zähl- und Messbare als zum Leben gehörig zu begreifen, sondern auch das Unermessliche - das, was in allem als göttlicher Funke enthalten ist.

Für den Menschen bedeutet dies, dass er sich bewusst werden sollte, wozu er als einzigartiges Geschöpf in die Welt gesetzt worden ist, um entsprechend dieser Anlage und Aufgabe seine ganz persönliche Verantwortung zu übernehmen. Dabei wird immer wieder die Entdeckung zu machen sein, dass wir in einer polaren Welt leben; was bedeutet, dass es zu allem, was es in dieser Welt gibt, stets ein Pro und Contra gibt – auch zur Gen-Forschung.

Man sagt im Sprichwort „Alles hat zwei Seiten". Besser noch: Jedes Ding hat so viele Seiten wie es Standpunkte zu sich bietet. Von jedem Standpunkt aus lässt sich aber ein und dasselbe, also die Wirklichkeit, anders beschreiben – und alles ist wahr. Es gibt also auch zur Gen-Forschung so viele Wahrheiten wie es Standpunkte zu der Tatsache an sich gibt, dass Gen-Forschung betrieben wird.

Aus meiner Sicht ist es deshalb von jeder Disziplin, wie auch von Wissenschaft, Wirtschaft, Kultur und Religion anmaßend, wenn sie in Anspruch nehmen, allein ihr Standpunkt zur Gen-Forschung sei richtig. Es gibt ein Kriterium, das alle einigen kann: der ethische Anspruch, jeweils im eigenen Bereich alles zu tun, um das Wohl des Ganzen zu erwirken. Wenn hierzu die Vorstellungen abweichen sollten, ist es allerdings die Aufgabe einer über das Konfessionelle hinausgehenden Religion, den Weg zum Schöpfer, zum Allmächtigen aufzuzeigen – und das heißt wohl, anzuerkennen, dass alles aus ihm kommt und alles zu ihm zurückkehren muss.

Im Alltäglichen lässt sich das wohl nur gestalten, wenn wir allen Teilaspekten, die das Thema Gen-Forschung zwangsläufig hat, erst einmal gleiche Wertigkeit und Wichtigkeit geben. Sollten wir dann nach subjektiver Betrachtung werten und das eine oder andere für weniger bedeutsam oder gar für böse halten, finden wir in Goethes Faust den Hinweis zur Gelassenheit: Es sind alles Teile jener Kraft, die (vielleicht) das Böse will, jedoch das Gute schafft.

☙

63
Wahre Liebe

An dieser Stelle dürfen Sie normalerweise mein Editorial zu einem aktuellen Thema erwarten. Heute möchte ich mich zurücknehmen und dafür Rainer Maria Rilke, meinen Lieblingsdichter, zu Wort kommen lassen. Entsprechend meiner gerade aktuellen persönlichen Situation erhielt ich von meiner Freundin Katrin Griep den Abdruck eines Briefes, den am 29. April 1904 der Dichter an seinen Freund Friedrich Westhoff schrieb. Es ist ein Plädoyer für die wahre Liebe, für jene, die wachsen will und gleichberechtigte Partner verlangt, die die Liebe als Arbeit begreifen. Ich bin sicher, dass auch Sie diese Worte wie süßen Honig aufnehmen werden. Seien Sie guten Mutes bei der Umsetzung derselben!

Mein lieber Friedrich,

wir haben durch Mutter in dieser Zeit öfters von Dir gehört, und, ohne Genaueres von Dir zu wissen, fühlen wir doch, dass Du eine schwere Zeit hast. Mutter wird Dir nicht helfen können, denn im Grunde kann keiner im Leben dem anderen helfen; das erfährt man immer wieder in jedem Konflikt und jeder Verwirrung: dass man allein ist.

Das ist nicht so schlimm, wie es auf den ersten Blick scheinen mag; es ist auch wieder das Beste im Leben, dass jeder alles in sich selbst hat: sein Schicksal, seine Zukunft, seine ganze Weite und Welt. Nun gibt es freilich Momente, wo es schwer ist, in sich zu sein und innerhalb des eigenen Ichs auszuhalten; es geschieht, dass man gerade in den Augenblicken, da man fester und - fast müsste man sagen - eigensinniger denn je an sich festhalten sollte, sich an Äußeres anschließt, während wichtiger Ereignisse den eigenen Mittelpunkt aus sich heraus in Fremdes, in einen anderen Menschen verlegt. Das ist gegen die allereinfachsten Gesetze des Gleichgewichts, und es kann nur Schweres dabei herauskommen.

Clara und ich, lieber Friedrich, wir haben uns gerade darin gefunden und verstanden, dass alle Gemeinsamkeit nur im Erstarken zweier benachbarter Einsamkeiten entstehen kann, dass aber alles, was man Hingabe zu nennen pflegt, seinem Wesen nach Gemeinsamkeit schädlich ist: denn wenn ein Mensch sich verlässt, so ist er nichts mehr, und wenn zwei Menschen beide sich selbst aufgeben, um zueinander zu treten, so ist kein Boden mehr unter ihnen und ihr Beisammensein ist ein fortwährendes Fallen. - Wir haben, mein lieber Friedrich, nicht ohne große Schmerzen, solches erfahren, haben erfahren, was jeder, der ein eigenes Leben will, so oder so zu wissen bekommt.

Ich werde einmal, wenn ich reifer und älter bin, vielleicht dazu kommen, ein Buch zu schreiben, ein Buch für junge Menschen; nicht etwa, weil ich glaube, etwas besser gekonnt zu haben als andere. Im Gegenteil, weil mir alles viel schwerer geworden ist als anderen jungen Menschen von Kindheit an und während meiner Jugend.

Da ich immer und immer wieder erfahren, dass es kaum etwas Schwereres gibt, als sich lieb zu haben. Dass das Arbeit ist, Tagelohn, Friedrich, Tagelohn; weiß Gott es gibt kein anderes Wort dafür. Sieh, und nun kommt noch dazu, dass die jungen Menschen auf ein so schweres Lieben nicht vorbereitet werden; denn die Konvention hat diese komplizierte und äußerste Beziehung zu etwas Leichtem und Leichtsinnigen zu machen versucht, ihr den Schein gegeben, als könnten sie alle. Dem ist nicht so. Liebe ist etwas Schweres, und sie ist schwerer denn andere, weil bei anderen Konflikten die Natur selbst den Menschen anhält, sich zu sammeln, sich ganz fest mit aller Kraft zusammenzufassen, während in der Steigung der Liebe der Anreiz liegt, sich fortzugeben.

Aber denke doch nur, kann das etwas Schönes sein, sich fortzugeben, nicht als Ganzes und Geordnetes, sondern so dem Zufall nach, Stück für Stück, wie es sich trifft? Kann solche Fortgabe, die einem Fortwerfen und Zerreißen so ähnlich sieht, etwas Gutes, kann sie Glück, Freude und Fortschritt sein?

Nein, sie kann es nicht......

Wenn Du jemandem Blumen schenkst, so ordnest Du sie vorher, nicht wahr? Aber junge Menschen, die sich lieb haben, werfen sich einander hin in der Ungeduld und Hast ihrer Leidenschaft, und sie merken gar nicht, welcher Mangel an gegenseitiger Schätzung in dieser unaufgeräumten Hingabe liegt, merken es erst mit Staunen und Unwillen an dem Zerwürfnis, das aus aller dieser Unordnung zwischen ihnen entsteht.

Und ist erst Uneinheit unter ihnen, dann wächst die Wirrnis mit jedem Tage; keiner von beiden hat mehr etwas Unzerschlagenes, Reines und Unverdorbenes um sich, und mitten in der Trostlosigkeit eines Abbruchs suchen sie den Schein ihres Glückes (denn um dieses Glückes willen sollte all das doch sein) festzuhalten. Ach, sie vermögen sich kaummehr zu entsinnen, was sie mit Glück meinten.

In seiner Unsicherheit wird jeder immer ungerechter gegen den anderen; die einander wohl tun wollten, berühren einen den anderen nun auf herrische und unduldsame Art, und im Bestreben, aus dem unhaltbaren und unerträglichen Zustand ihrer Wirrnis irgendwie herauszukommen, begehen sie den größten Fehler, der an menschlichen Beziehungen geschehen kann: sie werden ungeduldig. Sie drängen sich zu einem Abschluss, zu einer wie sie glauben, endgültigen Entscheidung zu kommen, sie versuchen ihr Verhältnis, dessen überraschende Veränderungen sie erschreckt haben, ein für allemal festzustellen, damit es von nun ab „ewig" (wie sie sagen) dasselbe bleibe. Das ist nun der letzte Irrtum in dieser langen Kette von aneinander festhaltenden Irrungen. Totes nicht einmal lässt sich endgültig festhalten (denn es zerfällt und verändert sich in seiner Art), wieviel weniger lässt Lebendes und Lebendiges ein für alle Mal abschließend behandeln. Leben ist ja gerade Sichverwandeln, und menschliche Beziehungen, die ein Lebensextrakt sind, sind das Veränderlichste von allem, steigen und fallen von Minute zu Minute und Liebende sind diejenigen, in deren Beziehung und Berührung kein Augenblick dem anderen gleicht. Menschen, zwischen denen nie etwas Gewohntes, etwas schon einmal Dagewesenes vor sich geht, sondern lautes, Neues, Unerwartetes, Unerhörtes. Es gibt solche Verhältnisse, die ein sehr großes, fast unerträgliches Glück sein müssen, aber sie können nur zwischen sehr reichen Menschen eintreten und zwischen solchen, die jeder für sich reich, geordnet und versammelt sind, nur zwei weite, tiefe eigene Welten können sie verbinden. - Junge Menschen, das liegt auf der Hand, können ein solches Verhältnis nicht gewinnen, aber sie können, wenn sie ihr Leben recht begreifen, langsam zu solchem Glück anwachsen und sich vorbereiten dafür. Sie müssen, wenn sie lieben, nicht vergessen, dass sie Anfänger sind, Stümper des Lebens, Lehrlinge in der Liebe, - müssen Liebe lernen, und dazu gehört (wie zu jedem Lernen) Ruhe, Geduld und Sammlung!

Liebe ernst nehmen und Leiden wie eine Arbeit lernen, das ist es, Friedrich, das jungen Menschen not tut. - Die Leute haben, wie so viele andere, auch die Stellung der Liebe im Leben missverstanden, sie haben sie zu Spiel und Vergnügen gemacht, weil sie meinten, dass Spiel und Vergnügen seliger denn Arbeit sei; es gibt aber nichts Glücklicheres als die Arbeit, und Liebe, gerade weil sie das äußerste Glück ist, kann nichts anderes sein als Arbeit. -

Wer also liebt, der muss versuchen, sich zu benehmen, als ob er eine große Arbeit hätte: er muss viel allein sein und in sich gehen und sich zusammenfassen und sich festhalten; er muss arbeiten; er muss etwas werden!

Denn, Friedrich, glaube mir, je mehr man ist, je reicher ist alles, was man erlebt. Und wer in seinem Leben eine tiefe Liebe haben will, der muss sparen und sammeln dafür und Honig zusammentragen.

Man muss nie verzweifeln, wenn einem etwas verloren geht, ein Mensch oder eine Freude oder ein Glück; es kommt alles noch herrlicher wieder. Was abfallen muss, fällt ab; was zu uns gehört, bleibt bei uns, denn es geht alles nach Gesetzen vor sich, die größer als unsere Einsicht sind und mit denen wir nur scheinbar im Widerspruch stehen. Man muss in sich selber leben und an das ganze Leben denken, an alle seine Millionen Möglichkeiten, Weiten und Zukünfte, denen gegenüber es nichts Vergangenes und Verlorenes gibt.

Wir denken so viel an Dich, lieber Friedrich; unsere Überzeugung ist die: dass Du in der Wirrnis der Ereignisse längst aus Dir heraus Deinen eigenen einsamen Ausweg gefunden hättest, der allein helfen kann, wenn nicht die ganze Last des Militärjahres noch auf Dir läge.....Ich erinnere mich, dass nach meiner eingesperrten Militärschulzeit mein Freiheitsdrang und mein entstelltes Selbstgefühl (das sich erst allmählich von Bügen und Beulen, die man ihm beigebracht hatte, erholen musste) mich zu Verwirrungen und Wünschen, die gar nicht zu meinem Leben gehörten, treiben wollte, und es war mein Glück, dass meine Arbeit da war: in ihr fand ich mich und finde mich täglich in ihr und suche mich nirgends anders mehr.

So tun wir beide; so ist Claras und mein Leben. Und Du wirst auch dazu kommen, ganz gewiss. Sei guten Mutes, alles ist vor Dir, und die Zeit, die mit Schwerem hingeht, ist nie verloren.

Wir grüßen Dich von Herzen, Rainer und Clara

☙

64
In jedem Ende liegt ein neuer Anfang…

Mein Gott, aus tiefster Not schrei ich zu Dir. Auf einem Gipfel angekommen, frag ich mich, warum ich mich in diese kalte Zone begeben musste, nur um dieses Gipfelkreuz zu berühren, das dem Himmel näher ist. „Niemand kommt zum Vater, denn durch mich", habe ich als Glaubenssatz angenommen - und fortan alles getan, mein eigenes Golgatha zu erreichen.

Auf dem Weg dorthin habe ich gekämpft, habe Schritt für Schritt, Stufe um Stufe, erfahren, dass ich in diese Welt geschickt wurde, um Impulse für ein bewusstes und Heil bringendes Leben zu geben. Genährt habe ich mich in dieser Zeit aus der Anerkennung und Zuneigung meiner Nächsten. Sie gaben mir die emotionale Rückenstärkung, um immer weiter gehen zu können. Einige der Wegstrecken begleiteten sie mich, dann blieben sie zurück bzw. ich ließ sie zurück, weil ich entsprechend des in mir lebendigen Rhythmus´ und des in mir brennenden Verlangens, diesem Kreuz über mir, dort droben auf der Höhe der Erkenntnis, näher kommen zu wollen, die Geduld verlor.

Doch wo immer ich gerade auf halber Höhe war, es fanden sich neue Wegbegleiter - und wunderbarer Weise auch immer eine Frau, die sich meiner besonders liebevoll annahm. So war ich auch jenseits der Fruchtbarkeitsgrenze unterwegs immer gewärmt - und konnte frohen Mutes und kerngesund auch über extreme (Belastungs-)Grenzen gehen.

Angesichts des Gipfels, dem ich immer näher kam, nahm ich wahr, dass meine Begleiterin, die ich für ihre bärige Natur bewunderte, müde wurde. Sie konnte meinem Rhythmus nicht mehr folgen. Ich versuchte, mehr inne zu halten, passte mich an. Nein, sie wollte ich nicht verlieren! Nein, sie brauchte ich......für was? Ich hielt weiter inne - und fand heraus, dass dieses „brauchen" ein anderes war als jenes, das ich in der Begleitung vorheriger Weggefährtinnen erfuhr. Diesmal war es die Erfahrung, dass sie in mir ist: meine zweite Hälfte, mein Symbolon, meine Dualseele. In der Verschmelzung unserer Körper war es schon offenbar geworden, doch der Verstand hatte immer wieder Zweifel angemeldet, ob es nicht doch eine Illusion sein könnte, ein Wunschdenken, eine egoistische Vorstellung, eine tief sitzende Verlustangst. Das Gesetz „Wie innen, so außen" offenbarte sich in voller Schönheit und Harmonie. Hand in Hand, im Hellen wie im

Dunklen, sollte es weiter aufwärts gehen. -

Doch die Liebe geht über das Gesetz dieser Welt hinaus. Gott ist die Liebe - und damit ist sie grenzen- und haltlos. -

Augenblicklich, plötzlich und unerwartet, ergab sich der Sturz: Kopfüber fiel ich in die Gletscherspalte der Täuschung, dass irgendetwas Gegenständliches in dieser Welt nicht der Zeit und dem Raum unterworfen wäre. Ich streckte meine Hände gen Himmel; ich bat darum, dass nach dem freien Fall die Rettung käme, indem sich die Hände der Geliebten mir entgegenstrecken und mich aus dem Loch des Verlorenseins herausholen...

.....ICH starb....keine Hand zu sehen....keine Rettung in dieser Welt....

.....und dann - genauso plötzlich - öffne ich die Augen (Das DU im Ich öffnete mir die Augen) und sehe die „Treppe", die aus der Tiefe herausführt. Es ist tiefe Nacht, und dennoch sehe ich. Mir ist, als werde ich getragen. Eine unwiderstehliche Kraft zieht mich empor. Am Rand des Abgrundes, in den ich stürzte, angekommen, stelle ich fest, dass es nur noch ein Schritt ist zum Ziel: zum Gipfelkreuz. -

Hier stehe ich JETZT - und ich offenbare mich Ihnen,

denn unsichtbar waren Sie immer meine Begleiter auf diesem Kontinent. Sie waren es, die meinen Aufstieg - teilweise mit dem Fernglas - beobachteten. Sie waren es, die mich förderten, kritisierten, antrieben und aufhalten wollten, die mich unterstützten und benutzten. Ja, „that´s my way" - und angesichts des Gipfelkreuzes frage ich mit den Worten meines Freundes Karl Gamper (aus „Wu Wei"): „Wann nur werden wir das Gefängnis der Trennung und den Kerker der logisch-rationalen Erklärungen endlich sprengen? Wann werden wir unsere Sucht nach Kausalität und Endgültigkeit abstreifen wie ein welkes Blatt, um zu begreifen, dass wir der Un-Logik der Evolution, dem bizarr tanzenden Spiel des Lebens nicht in diesem Übermaß mit der Starre unseres Festhaltens, mit der Kälte unserer gestern erdachten Strategien und der Sturheit unserer Vorstellungen und Urteile antworten müssen.....

....wir können das Schwert der ewigen Kontrolle aus der Hand legen und eingestimmt auf die Stimme der Vernunft jenseits gestern gefasster Konzepte auf das antworten, was der Augenblick bietet...

….Wann beginnen wir, mit Präsenz und Liebe das Leben zu tanzen?" -

Sie sind es, die mich JETZT begleiten, wenn ich mich nach meiner Frau, umschaue - an jenem Punkt, an dem ich gefallen bin. Hier müsste sie doch eigentlich sein, oder? Nein, sie ist weiter gegangen. Über den Gipfel schon hinaus? Ist sie schon am Kreuz vorbei? - Wer folgt wem?

Letzte Fragen. Dann ein Schritt…..und ich weiß (am Kreuz): Sich selbst getrennt vom Ganzen zu sehen, ist die einzige Illusion. Alle anderen Illusionen gehen daraus hervor. - Ich weiß aber (authentisch) auch, dass es keine Illusion war und ist, meine Frau als meine zweite Hälfte zu erfahren, von der ich nie getrennt werden kann. Im Kreisgeschehen dieser Welt ist es möglich, das Symbolon, das Geteilte, wieder zu finden, zu heilen, zu einen. - Der Anfang ist schon gemacht….

65
Atomenergie

Haben Sie Ihre ganz persönliche Verantwortung für das übernommen, was in Japan geschehen ist? Oder zählen Sie zu jenen, die mit Fingern auf jene deuten, die für die Nutzung von Atomenergie eintraten? - Ich erinnere mich, vor ein paar Jahren in einem Editorial geschrieben zu haben, dass sich am besten jeder eine Atombombe in sein Wohnzimmer stellen möge, um zu wissen, welche Verantwortung sich durch den Umgang mit dieser Energiequelle ergibt.

Das war natürlich sinnbildlich gemeint, sollte aber deutlich machen, dass ein JA oder NEIN zur Atomenergie nicht den vordergründigen Wirtschaftsinteressen unterliegen sollte, sondern für jeden eine existenzielle Dimension hat.

Bedeutet das nun nach den jüngsten Ereignissen, dass allein ein NEIN verantwortlich und sinnvoll gewesen wäre bzw. jetzt erst recht ist?

Keineswegs. Möglicherweise hätte ja ein erweitertes Bewusstsein dazu geführt, Argumente einzubringen, die die Nutzung von Atomkraft gerechtfertigt hätten. - Wer keine Angst vor dem Tod hat, muss nicht zwischen verschiedenen Übeln, die es in dieser Welt gibt, wählen, und braucht keine Sorge bezüglich eines Weltuntergangs in 2012 oder eines von Nahost eingeschleppten Krieges oder einer Atom-Katastrophe zu haben. Er/Sie ist im Vertrauen auf eine ausgleichende (göttliche) Gerechtigkeit, weiß, dass alles Sinn macht, auch wenn der menschliche Verstand in seiner Begrenztheit nicht einzusehen vermag, dass in diesen göttlichen Plan selbstverständlich die Zerstörung gehört. -

Wie steht es um Ihr Weltbild? Ist es nicht mehrfach zerstört worden seit sie aus den Kinderschuhen herausgewachsen sind? Was ist denn wirklich zerstört worden? Vorstellungen, die Sie sich machten, wie es sein müsste oder sollte. Mehr nicht. Aber so ist es für uns alle: Wir machen uns abhängig von allen möglichen Energie-Trägern, von Partnern genauso wie von Öl oder Atom. Wir wollen sie nicht verloren geben. Wir haben uns ja so daran gewöhnt. Wir argumentieren uns zu Tode, um unsere Angst vor Verlust zu übertünchen - und dann kracht es doch. Nun ist das Gejammere groß. Das Leid ist kaum auszuhalten. -

Parallel zu diesem Leid kommt so etwas die die Liebe zur Menschheit auf. Das Mitgefühl wächst - und so sind die bösen, bewusstlosen Buben in der Atomwirtschaft die, die das Böse wollen und doch das Gute schaffen.

Die Krise ist immer auch eine Chance. Aus meiner Sicht liegt sie darin, dass wir uns generell unabhängig machen. Das geschieht nicht, indem wir zum Beispiel in einem neuen Rollenverständnis den Partner tauschen oder die Energiequelle austauschen und blind vertrauen, dass das schon gut gehen wird. Nein, das Dilemma ist nur dauerhaft zu lösen, wenn wir in den Schmerz hineingehen, der darin liegt, zum Beispiel höhere Kosten für einen risikoärmeren Energieträger in Kauf zu nehmen, oder uns einzugestehen, dass wir aus Bequemlichkeit Atom akzeptiert haben und somit die Politiker die Vorstellung nähren durften, wir seien zumindest mehrheitlich mehr an der ökonomisch günstigeren Variante interessiert als an der ethischen, dem Fortbestand der Menschheit verpflichteten. So schufen wir die Basis für den Bau der Atommeiler. -

Dieselbe Bewusstlosigkeit lässt uns heutzutage in Kauf nehmen, die dörfliche Struktur mit ihren ehemals kleinen Tante-Emma-Läden zu vernichten, nur weil wir bei den global auf Marktverdrängung ausgerichteten Großmärkten billiger die Waren des täglichen Bedarfs beziehen können. Wie kurzsichtig! -

So schauen wir im Spiegel, was wir da anrichten:

Wir haben die Tugend verloren. Das Wahre, Gute, Schöne ist in den Rachen des Gewöhnlichen und Gemeinen geworfen worden. -

Wenn wir dies erkennen und uns in unseren Entscheidungen unabhängig vom allgemeinen Trend (der dummen, bewusstlosen Mehrheit in allen Lebensbereichen) absetzen, werden wir wieder teilhaben an dem, was nie verloren geht: der Liebe.

In ihrer essentiellen Tiefe kennt sie keinen Hass als Gegenteil, sondern ist frei - frei von Bedingungen, frei von Abhängigkeiten, frei von Berechnungen und Absichten.

Sie ist reines Mitgefühl, ist EINverstandensein. -

Wahrscheinlich entlarvt sie dann die Atom-Lüge, die so viel VerZWEIflung zeitigt.

Lasst uns wach werden und uns den Kriegstreibern verweigern, die aus wirtschaftlichen Interessen jeden Anstand und jede Moral mit „Geiz ist geil" niederknüppeln.

☙

66
Dein Leben –
ein aufgeschlagenes Buch…

Es ist unglaublich, wie viele Leute schreiben - und alle gehen davon aus, dass das, was sie schreiben, bei anderen Interesse findet. Es ist wohl auch so, denn die meisten von uns leben ein Leben aus zweiter Hand. Sie suchen sich Vorbilder, denen sie nacheifern können. Diese sind entweder ganz konkrete Menschen, Schauspieler, Sänger, Politiker - also Zeitgenossen des öffentlichen Lebens, oder aber es sind Ideen, Ideologien, Weisheitslehren, die über die Bücher verbreitet werden. Allgemein ausgedrückt: Sie suchen im Außen, sie suchen Identifikation mit etwas, was sie gerne sein möchten, aber noch nicht sind oder noch nicht haben. Schaut man noch eine Schicht tiefer, muss man in den meisten Fällen davon ausgehen, dass die Leser der Bücher ihre Langeweile überbrücken, die sie wohl hätten, wenn sie nur die Augen zumachten und nach innen blickten; sie suchen Ablenkung und Zerstreuung, wollen nicht in das aufgeschlagene Lesebuch ihres Lebens blicken, wie es von Geburt an feststeht und sicherlich das spannendste Buch überhaupt wäre, wenn es in wachem Zustand gelesen würde, das heißt, es müsste Buchstabe für Buchstabe nachvollzogen werden, was bereits auf den Leib geschrieben ist. -

Es gibt nichts mehr an diesem Buch des Lebens zu verändern. Es ist geschrieben. Es ist herausgegeben. Es ist bei Deiner Geburt veröffentlicht - und Du hast es nun Seite für Seite, Jahr um Jahr, von Ereignis zu Ereignis zu begreifen, dass dieses Buch einzigartig ist. Es handelt von Deinem Leben.

Schlag es auf und stelle fest, dass auch Du, so wie jeder Mensch, zur Hälfte Mann und zur anderen Hälfte Frau ist, denn die Autoren Deines Lebens sind Papa und Mama. Denen bleib auf der Spur. Schau nach innen. Denn so lange Du nicht Deinen inneren Mann und Deine innere Frau gefunden hast, musst Du im Außen suchen.

Als Mann suchst Du die Frau. Als Frau suchst Du den Mann. - Als Mann suchst Du nach dem, was das Weibliche an sich ausmacht: Das Erdhafte, das Verlässliche, die Geborgenheit und Sicherheit, Verwurzelung und Heimat. Als Frau suchst Du das Vorwärtsstrebende, das Verrückte, das Traumhafte, das Unnormale - also das zum Männlichen Gehörende.

Alles ist in Dir. Doch im Außen ist es das Spiel, auf das wir uns einlassen müssen, um irgendwann mit Hermann Hesse sagen zu können: Eigentlich hat es keine Frau gegeben, mit der ich nicht hätte leben können, aber auch keine, ohne die ich nicht hätte leben können. - Das gilt natürlich auch umgekehrt aus dem Blickwinkel einer Frau für das Leben mit Männern. Man muss diese Energien des Wechselspiels von Mann und Frau durchleben, bis irgendwann der innere Beobachter feststellt, es geht nicht um den Mann und es geht auch nicht um die Frau, es geht allein um das Begreifen des Energieaustauschs zwischen dem Femininen und dem Maskulinen. Du begreifst dann als Mann, dass Dein Unterbewusstsein weiblich ist, und als Frau siehst Du, dass Dein Unterbewusstsein männlich ist.

Dann ist die rastlose Suche zuende. Du liest dann weniger Bücher, vielleicht gar keine mehr. Du bist Dir genug. Dein Partner, deine Partnerin, ist frei. Du bist nicht mehr abhängig von ihm bzw. von ihr. Du liebst im Außen, was Du im Inneren gefunden hast. Du gibst Dich hin an das, was Du immer gesucht hast. Du bist im Überschwang Deiner Gefühle und sprühst vor Energie. Du bist glücklich, dass es jemanden gibt, dem Du dieses Übermaß an Empfindungen schenken kannst, aber Du kannst auch allein sein und es Dir „heimzahlen", dass Du solange nach Ersatzbefriedigung im Außen suchtest. - Du bist wie ein offenes Buch und lässt in Dir lesen. Keine Zeile wird unterschlagen, keine Seite überblättert.

Du musst nun keine Bücher mehr als Ersatzbefriedigung als laufende Meter im Bücherschrank haben, denn es gibt nun keinen Besitzanspruch mehr - und damit auch keine Eifersucht. Die Liebe fließt - und damit ist das Abenteuer Leben wieder eröffnet. Es gibt keine Langeweile mehr - Du blätterst jetzt im Katalog Deiner inneren Talente -

und schreibst vielleicht ein Buch....

CR

HIER BEKOMMEN SIE **SCHÖNHEIT!**

Böblingen
0 70 31 - 211 77 11
Bremen
04 21 - 364 98 98
Herrenberg
0 70 32 - 55 11
Karlsruhe
07 21 - 680 79 20

Ludwigsburg
0 71 41 - 299 67 60
Reutlingen
0 71 21 - 381 18 11
Sindelfingen
0 70 31 - 95 26 10
Sindelfingen im breuninger
0 70 31 - 41 36 76

Friedrichshafen
0 75 41 - 286 99 99
Karlsruhe
07 21 - 680 79 10
Leonberg im LeoCenter
0 71 52 - 907 02 72
Sigmaringen
0 75 71 - 74 50 52

Sindelfingen im breuninger
0 70 31 - 73 30 63
Stuttgart-Degerloch
07 11 - 655 909 19
Überlingen
0 75 51 - 949 96 60
 Oldenburg
04 41 - 405 985 85

Stuttgart
07 11 - 46 92 66 10

www.keller-company.de
www.facebook.com/keller.company
www.twitter.com/kellercompany

Planetosophie
Die neue Wissenschaft über den Menschen

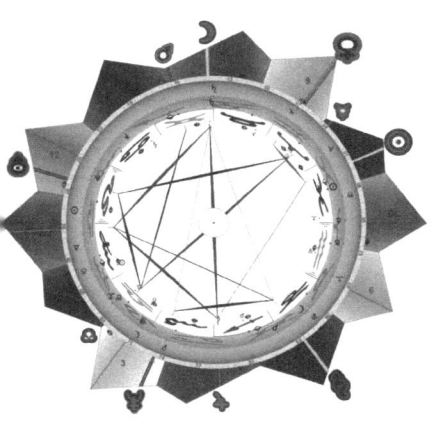

Das Planetogramm ist eine differenzierte, farbige Grafik einer Persönlichkeit, die ganzheitliche Perspektiven des eigenen Lebens vereinfacht und übersichtlich darstellt (dank moderner Computergraphik). Dadurch werden uns größere und sehr wichtige Zusammenhänge im eigenen Leben klar: Wie ist mein Schicksal beschaffen, was kann ich damit machen und obendrein, warum habe ich es bekommen?

Charakteranalysen, Berufsermittlung, Partnerschafts-Analysen, Selbsterkenntnis oder eigene Entwicklungsplanung

sind nur ein paar wichtige Anwendungsmöglichkeiten des Planetogramms. Es ist eine Art Diagnoseinstrument für eine detaillierte Persönlichkeits-Analyse, die so klar und leicht zu erlernen ist, dass es eigentlich jeder verstehen und für sich nutzen kann. Die relativ wenigen Definitionen menschlicher Eigenarten können mit einfacher Logik so kombiniert werden, dass treffende Aussagen über einen Menschen entstehen.
Dadurch können hilfreiche Erkenntnisse ausgelöst werden, die sofort bei Entscheidungsschwierigkeiten oder anderen Unsicherheiten im Leben helfen.

Planetosophie ist die Synthese von Esoterik, Psychologie und Astrologie

Die Deutung des Planetogramms eröffnet ungeahnte Möglichkeiten der Selbstkontrolle durch Bewusstwerdung der eigenen Charaktereigenarten und Funktionsweisen.
Dadurch lassen sich unbewusste und schwierige Probleme leichter und vor allem selber auflösen.
Daher ist das Ziel der Planetosophie:

"Sei dein eigener Therapeut!"

www.planetosophie.com

Das Medium
AMARYLLIS
Sprachrohr des Lichtes
-Mitteilungen aus der jenseitigen Welt-
www.Amaryllis-Medium.de

Gott hat sie erwählt und auserkoren, ein Sprachrohr zu sein zwischen einer irdischen und einer **himmlischen Welt**.

Die Liebe ist eine wunderbare Macht! Sie ist eine Kraft, die in ihrer Reinheit und Lauterkeit etwas Göttliches an sich trägt. Und ein Wesen, das sich aufgibt, um ein Sprachrohr zu sein aus einer Geistwelt, ein solches Wesen ist ein Geschenk für uns.

Dieses Medium, das hat es selbst anklingen lassen, ist als ein Werkzeug ausgebildet worden, das versuchen soll jedenfalls, aus dem Willen Gottes zu reden und zu sprechen und als ein Sprachrohr Lehren durchzugeben oder Fragen zu beantworten von Menschen, die hungern und die dürsten nach solchen Lehren aus unserer Welt.

*ein **Liebesbeweis**, den die jenseitige Welt euch schenken möchte*

dasTrampolin

Herz-Kreislauf-System
Osteoporose
Diabetes
Lymphdrainage

Lebensfreude

Obstipation
Stärkung der Gelenke

ideale Fettverbrennung
Entspannung
Depression

Lebensfreude

Verdauung
Stressabbau
Immunsystem

Muskelaufbau
Bandscheiben
Gleichgewicht
Tiefenmuskulatur

Lebensfreude

Rückengymnastik
Gewichtskontrolle

esuchen Sie uns

- in Bamberg – Moosstr. 97   oder
  - 0951-91705890
  - www.dastrampolin.de

- in Nürnberg – Albrecht-Dürer-Platz 10
  - 0911-23757800
  - www.lebenslust-leben.de

d lassen Sie sich von zertifizierten Trampolintherapeuten
sführlich beraten!

Wir bringen Ihre Ideen zu Papier

Punkt für Punkt...

Westdeutsche Verlags- und Druckerei GmbH
Kurhessenstraße 4–6 · 64546 Mörfelden-Walldorf
Telefon (06105) 938-5600 · Fax (06105) 938-58-5600
E-Mail: info@wvd-online.de · Internet: www.wvd-online.de

aeon

Zentrum für Psychos
und ganzheitliches He

Erblühe in Deinem wahren Sein

**Bringen Sie sich und andere Menschen zum Leuchten
Workshops, Seminare und Ausbildungen**

aeon® Zentrum für Psychosynthese und ganzheitliches Heilen
CH-4053 Basel, Dornacherstrasse 101   www.aeon.ch   willkommen@aec

Franz Bardon
Der Weg zum wahren Adepten

Das Geheimnis der 1. Tarotkarte. Ein Lehrgang der Magie in 10 Stufen. Theorie und Praxis einer Einweihung.

24. Auflage! 393 S., Ln., € 29,60

*

Die Praxis der magischen Evokation

Das Geheimnis der 2. Tarotkarte. Siegel und Beschreibung von 663 Wesen der kosmischen Hierarchie.

560 Seiten, Ln., € 40,00

Rüggeberg-Verlag
Tel./Fax: +49- (0)202 - 592811
www.verlag-dr.de

THEKI®
DER SCHLÜSSEL ZUR UNIVERSELLEN SCHÖPFERKRAFT

Kreative Schöpferkraft
„Theki" erwirkt Gesundung und Quantensprünge

**Der Schlüssel zur
universellen Schöpferkraft**
THEKI ® setzt sich aus drei bewährten Heilmethoden zusammen:
Theta-Healing, Reiki und PHEET.
Besuchen Sie meine Seminare
(veröffentlicht in „Lebens-t-räume")
Infos: www.academie-visvitalis.de
Jeannine Marchand-Tieftrunk
Reiki-Meisterin, THEKI-Meisterin,
Spirituelle Lehrerin, Heilerin
Tel. 0171-4436680

Naturreine ätherische Öle

sind das flüssige Gold der Pflanzen – sie konzentrieren in sich die Kraft der Sonne, des Lichts und der Natur.

Diese Kraft wird gebündelt in einer altbewährten Mischung der wertvollsten naturreinen ätherischen Öle: **Soli-Chlorophyll-Öl S 21**.

Vor über 70 Jahren schon entwickelte der Heilkundige Erich Reinecke diese wirkungsvolle Kräuterölmischung, die Selbstheilungskräfte anregt und entspannend und ausgleichend auf den ganzen Organismus wirkt. Energiebahnen werden geöffnet, energetische Blockaden gelöst. Damit wird das Öl zu einem unverzichtbaren Begleiter bei inneren und äußeren Verspannungen. Es lockert und löst von innen heraus und intensiviert Massage-Behandlungen.

Stärken Sie Ihre Vitalkräfte, indem Sie jeden Morgen einen Tropfen Soli-Chlorophyll-Öl S 21 in Ihren Händen verreiben und das Öl in 10 bewussten Atemzügen direkt aus Ihren Händen tief einatmen.

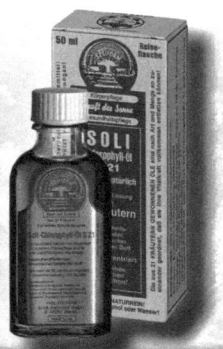

Soli-Chlorophyll-Öl S 21 ist erhältlich in jeder Apotheke unter der Pharma-Zentral-Nummer (PZN) 7364099.

Karin Ziegler
SOLIFORM Erich Reinecke GmbH
Oberstr. 73 a
D-45134 Essen
Tel.: 0049-(0)201-473626
www.soliform.de
info@soliform.de

Der Charakter eines Menschen lässt sich im Gesicht erkennen!

Insbesondere unter medizinischen bzw. naturheilkundlichen Gesichtspunkten sind Physiognomie-Kenntnisse ein überaus wertvolles Hilfmittel. In jedem Fall fördert es Ihre Menschenkenntnis.

Physiognomie-Seminare mit Manfred Müller

– auch für geschlossene Firmengruppen –

zu vereinbaren: Tel. 07231-82599
Website: www.iifapp.de

Kahi Healing
Die magische Berührung

Kahi-Healing
Ein leichter Weg in eine dauerhafte Gesundheit!

Kahi Healing - Die magische Berühru[ng]
ist das weltweit erste 4 dimensionale Heilkonzept. Es wurde v[om]
deutschen Heiler Tom Rietdorf als ganzheitliche Methode [zur]
Wiederherstellung und Erhaltung unserer Gesundheit entwick[elt.]

In Kahi Healing vereint sich das jahrtausenda[lte]
Wissen der chinesischen, vedischen und indischen Me[di]zin mit den neuesten Erkenntnissen aus der Quanten- [und]
Matrixforschung und den russischen Heilmethoden sowie [den]
Erkenntnissen der westlichen Schulmedizin und Naturheilk[un]de zu einem einzigartigen Konzept. Kahi bedeutet „EINSSE[IN"]
und dem wird die neue Heiltechnologie auf allen Ebenen [ge]recht. In vielen Gemeinschaftspraxen arbeiten wir Hand [in]
Hand mit Ärzten und Heilpraktikern.

Kahi Healing ist ein Meilenstein in der moder[nen]
Informationsmedizin. Durch wahrhaft magisch anmute[nde]
Berührungen werden die Selbstheilungskräfte der Klie[nten]
mit einer beeindruckenden Effektivität aktiviert. Durch [das]
unmittelbare Wiederherstellen der menschlichen Energie-
Rhythmussysteme kann sich der Körper zügig regenerie[ren]
und zu seinem ursprünglichen bzw. optimalen Zustand fin[den.]
Unsere Kahi Healing Master Practitioner oder Practitioner [be]gleiten sie einfühlsam in die Wandlungsprozesse.

Tom Rietdorf · Ziegelsham 3 · 84431 Rattenkirchen · Tel. +49 (0) 80 82 / 9 49 97 86 · Fax +49 (0) 80 82 / 9 49 97 87 · E-Mail: info@kahi-hea[ling]

www.kahi-healing.co[m]

es Gute zum 66. Geburtstag!
sere Bestseller der letzten 66 Monate...:

elika Gräfin Wolffskeel von Reichenberg
E 12 SALZE DES LEBENS
hemie nach Dr. Schüßler – Ein Ratgeber für Erwachsene und Kinder

und bleiben und Krankheiten heilen: Immer mehr Menschen setzen die ganzheitliche Heilweise nach Dr. Schüßler (1821–1889). Durch e 12 Mineralsalze können „alle Krankheiten, welche überhaupt heilsind, geheilt werden", zeigte sich der Arzt und Forscher überzeugt. In m Ratgeber gibt die bekannte Heilpraktikerin und Schüßler-Expertin in Wolffskeel praktische Hinweise zur Anwendung im Alltag.

5. überarb. u. erw. Aufl. 2010, 334 S., ISBN 978-3-938396-65-0, 12,95 € (D)

Petra Neumayer & Roswitha Stark
MEDIZIN ZUM AUFMALEN
Heilen durch Informationsübertragung und Neue Homöopathie

Symbole, einfache Striche und Zeichen werden seit Urzeiten und in zahlreichen Kulturen eingesetzt, um Informationen zu übermitteln und die Selbstheilungskräfte zu mobilisieren. Viele Laien und Therapeuten haben diese Heilsysteme inzwischen erprobt und weiterentwickelt und wenden sie in der täglichen Praxis an – mit erstaunlichen Erfolgen. Ein umfassender Ratgeber für Alltag und Therapie – mit Fallbeispielen und Praxisberichten!

3. Aufl. 2010, Broschur, 126 S., ISBN 978-3-938396-04-9, 12,95 € (D)

a Neumayer
ILEN MIT ZAHLEN
der Zahlenmystik bis zum spirituellen Codesystem – Mit großem Praxisteil

en und Zahlenreihen besitzen nicht nur einen quantitativen, sondern einen qualitativen Wert. Gezielt eingesetzt können diese Informationsr Schwingungen wieder in ihren harmonischen Urzustand versetzen. der über 5.000 Jahre alten Zahlenmystik über Heilige Geometrie bis hin irituellen Codesystemen – in diesem Ratgeber erfahren Sie, wie Sie mit en für Heilung und Wohlbefinden arbeiten können.

2. Aufl. 2011, 158 Seiten, Klappenbroschur, ISBN 978-3-86374-013-9, 14,95 € (D)

Andreas Winter
ABNEHMEN IST LEICHTER ALS ZUNEHMEN

Wollen Sie wissen, warum einige Menschen dick werden, obwohl sie vergleichsweise wenig essen? Und andere wiederum schlank sind, obwohl die essen, was das Zeug hält?

Jeder Mensch kann abnehmen und das gewünschte Gewicht halten, wenn er ganz genau weiß, warum er übergewichtig ist. Lassen Sie sich auf eine spannende tiefenpsychologische Analyse ein, mit der jeder dauerhaft schlank werden kann.

3. Aufl. 2009, 109 S., ISBN 978-3-938396-12-4, 14,95 € (D)

mankau
Bücher, die den Horizont erweitern

ben und Internetforum
Autoren: www.mankau-verlag.de

Harmonisierung möglich

bei aller Art von Strahleneinflüssen

Weber Bio-Energie Sys
& Umwelttechnol

Kasseler S
34289 Zieren

Mail: info@weberb
Web: www.weberb
Tel.: +49 (0) 5606
Fax: +49 (0) 5606

WEBER ISIS® BEAMER

„Bei meinen Versuchen hat sich gezeigt, dass ein Isis-Beamer einen Raum harmonisieren kann – was sich auf alle Menschen, Tiere und Pflanzen darin auswirken kann. Sobald eine Belastung durch Strahlen nahe liegt, ganz gleich ob elektrischer oder geopathogener Herkunft, können die Isis-Beamer sinnvoll sein. Ich biete sie in Größen für jeden Bedarf an: zum Umhängen, für kleinere und größere Wohnungen, ganze Häuser oder sogar großflächige Gebäude (Schulen, Firmen). Die Harmonisierung kann durch die Beamer-Form gelingen, die der Heiligen Geometrie folgt. In über 10 Jahren habe ich davon rund 25.000 Stück verkauft. Mehr erfahren Sie in meinem Katalog."

Eckhard Weber

Weitere Produkte
Isis-Orgonstrahler
Isis-Wasseraktivatoren
Isis-Einhandrute
und viele mehr

Bio-Energie Systeme
Weber
Umwelt-Technologien

Bestellen Sie am besten gleich unseren Ka

Bei vielen alternativen Methoden ist die Wirksamkeit nach wissenschaftlichen Kriterien bis heute noch nicht nachzuweisen. Entsprechendes gilt auch für die in dieser Anzeige besch

EARTH OASIS
– Travel –

- Ayurveda
- Spirituelle Erlebnis- und Begegnungsreisen
- Schamanismus, Geistheilung und Gesundheit
- Kultur, Natur, Trekking und Wandern
- Kraftplätze weltweit und Wüstenretreats
- TCM, Yoga, Quigong und Tibetanische Medizin

Besuchen Sie uns unter
www.eo-travel.de

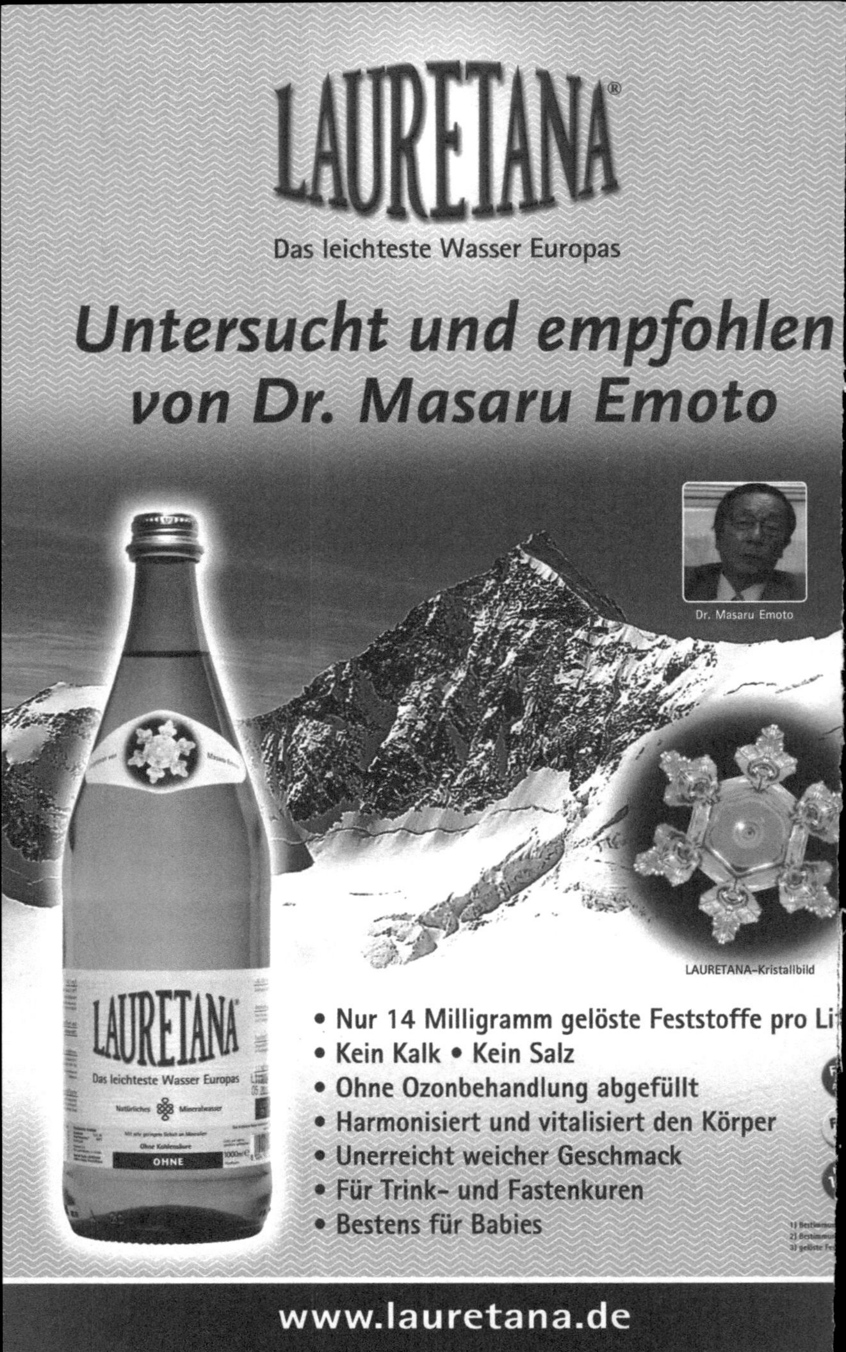

LAURETANA®

Das leichteste Wasser Europas

Untersucht und empfohlen von Dr. Masaru Emoto

Dr. Masaru Emoto

LAURETANA-Kristallbild

- Nur 14 Milligramm gelöste Feststoffe pro Li[ter]
- Kein Kalk • Kein Salz
- Ohne Ozonbehandlung abgefüllt
- Harmonisiert und vitalisiert den Körper
- Unerreicht weicher Geschmack
- Für Trink- und Fastenkuren
- Bestens für Babies

www.lauretana.de